성인 아이 치유를 위한 영적 치유 12단계

Original title: The 12 Steps - A Spiritual Journey by Friends in Recovery. Copyright ⓒ 1988 RPI Publishing Co.
published by arrangement with RPI Publishing Co., P.O.Box 1193, Jullian, CA 92036, U.S.A. All Rights Reserved
Korean Translation Copyright ⓒ 1996, 2011 by Spring of Letters Publishing Co. through Inter-Ko Literary & IP Agency

성인 아이 치유를 위한
영적 치유
12단계

윌리엄 그리피스 윌슨 외 지음
최민수 옮김 | 노용찬 감수

글샘

성인 아이 치유를 위한 영적 치유 12단계

초판 1쇄 발행   2011년 04월 30일
초판 2쇄 인쇄   2025년 03월 12일

지은이	윌리엄 그리피스 윌슨 외
옮긴이	최민수
펴낸이	황성연
펴낸곳	글샘출판사
마케팅	이숙희. 최기원
관리부	이은성. 한승복
교정.교열	송경주. 석윤숙. 강혜숙
주소	경기도 파주시 광탄면 혜음로883번길 39-32
등록번호	제8-0856호

총판 하늘물류센타 **전화** 031-947-7777 **팩스** 0505-365-0691

ISBN 978-89-913-5834-8 03230

Copyright ⓒ 2025, 글샘출판사
이 책의 한국어판 저작권은 인터코 에이전시를 통해 저작권사인 RPI와의 독점 계약한 글샘출판사에 있습니다.
신 저작권법에 의해 한국 내에서 보호를 받는 저작물이므로 무단 전재와 무단 복제를 금합니다.

정가는 뒷표지에 있습니다.
잘못되거나 파손된 책은 구입하신 서점에서 교환하여 드립니다.

✻✻ 글샘은 가정사역을 위한 하늘기획의 또 다른 이름입니다.✻✻

리차드, 에드워드, 중독과 씨름했던 사람들과 회복에 이르는 영적 치유를
결코 경험한 적이 없었던 무수히 많은 사람들을 생각하며

이 책을 특별히 회복의 방법을 찾기 위하여 용기를 보여 주었던
사람들과 그들의 가족들에게 바칩니다.

교재 안에 사용되었던 많은 자료들을 준비하며 연구하는데 참여를 아끼지 않으셨던 많은 분들에게 감사를 드립니다. 그분들이 진정으로 제공해 주었던 많은 의견과 생각들은 이 책의 완성에 큰 공헌을 하였습니다.

CONTENTS

영적 치유를 위한 12단계	**8**
서 문	**11**
역자서문	**16**
12단계와 관련된 성경 구절	**18**
12단계 과정을 위한 준비	**20**
주목할 사항들	**20**
출판사의 글	**20**
독자들을 위한 중요한 지침서	**21**
성인 아이의 일반적인 행동 특성들	**22**

THE SPIRITUAL HEALING

1단계_ 우리의 삶을 스스로 조절할 수 없습니다   **27**

2단계_ 우리의 삶을 회복하시는 능력의 하나님   **37**

3단계_ 우리의 삶을 하나님께 맡기는 이유   **47**

4단계_ 부정은 하나님을 바로 보는 기회입니다   **59**

5단계_ 하나님께 우리의 잘못을 인정하는 삶   **97**

6단계_ 우리의 결함도 제거해 주시는 하나님   **109**

7단계_ 변화를 위해 하나님께 간구해야 합니다   **119**

8단계_ 우리가 상처준 사람들의 목록을 작성하기   **133**

9단계_ 우리가 해를 입힌 사람들의 행복을 위한 책임감   **145**

10단계_ 우리의 잘못을 하나님 앞에서 바로 인정하라   **159**

11단계_ 규칙적인 기도와 묵상으로 하나님의 뜻을 구하기   **171**

12단계_ 영적인 각성을 통해서 모든 문제에 적용하기   **181**

부록1_ APPENDIX ONE   **193**
부록1_ APPENDIX TWO   **201**
부록1_ APPENDIX THREE   **229**
부록1_ APPENDIX FOUR   **291**
부록1_ APPENDIX FIVE   **296**
부록1_ APPENDIX SIX   **298**
부록1_ APPENDIX SEVEN   **300**

영적 치유를 위한 12단계

　　12단계는 특정한 종교 단체가 주관하는 프로그램이 아니다. 우리들은 이 과정을 통해서 개인적인 신학적 성향과 영성이 조화를 이루고 있다는 것을 깨닫게 된다. 그러나 이 과정이 특정한 종교를 지지하는 것은 아니다. 이 과정은 우리의 영성을 회복시키거나 더 깊은 단계로 이끄는 것과 그리고 이러한 과정이 우리들의 삶에 정말로 필요하다는 것을 인식하게 한다. 우리들은 강한 능력자이신 하나님의 인도하심을 따라 삶을 살아가는 것을 배운다. 우리가 경험했던 낙심이나 절망감이 우리의 구주이신 예수 그리스도와의 관계를 단절시키거나 또는 우리가 주님과의 관계를 무시하기 때문이라는 것을 인정하게 되는 것이다.

　　하나님의 능력과 12단계 과정은 우리들의 삶 속에 하나님의 개입을 확장시킬 수 있도록 해주며, 우리들의 빈 공간을 채운다. 그리고 우리들이 겪는 고통을 덜어 줄 수 있는 능력을 우리들에게 제공해 주는 하나의 도구가 된다. 우리들이 이전에 결코 알 수 없었던 기쁨과 사랑, 에너지의 많은 부분들을 이제 우리들이 맛볼 수 있도록 도움을 준다. 먼저 이 과정에서는 열린 마음과 열심히 해 보겠다는 마음가짐이 필요하다. 이 과정을 진행하는 가운데 무엇보다 우리를 향한 하나님의 도우심이 필요하다. 우리들은 갑자기 우리 생각이나 민감성, 사랑의 마음, 자유에 대한 희망들이 보다 더 발전되는 것을 느끼게 될 것이다. 그리고 우리들은 종종 우리가 영적으로, 정서적으로 성장해서 놀라게 될 것이다.

　　이 교재는 영적인 치유의 과정으로 온전한 회복을 위한 도구로서 12단계를 설명하기 위하여 제작된 것이다. 이 교재는 우리들의 진정한 정체성을 되찾아 주고, 우리의 삶 가운데서 부딪치는 여러 문제들에 대한 해답을 찾는데 도움을 주기 위하여, 성경적인 통찰을 사용한다. 문제를 직면하는 우리들은 12단계의 역동성에 의지해서, 신체적이고 정서적이며 영적인 회복의 상태에 이를 수 있는 치유를 경험하게 된다.

하나님의 인도를 전적으로 신뢰하는 것은 이 과정을 진행하면서 매우 필요한 일이다. 이러한 과정 안에서 우리들은 온전한 하나님의 이미지를 회복하는 일이 바로 하나님의 소원이라는 것을 깨닫는다. 하나님은 우리들에게 이 과정을 할 수 있도록 용기를 줄 것이며, 성공을 위한 모든 격려를 아끼지 않으실 것이다. 긍정적인 자세를 취하는 것은 우리들의 회복의 과정에 매우 필요하다. 반대로 부정적인 생각은 우리들에게 손해를 끼칠 수 있으며, 이 과정을 매우 더디게 만들기도 하다. 각 단계에서 우리 자신을 헌신해서 우리들은 하나님의 임재가 바로 우리들 안에 있다는 사실을 발견하게 될 것이다. 그리고 우리들의 부정적인 생각들은 점차 감소될 것이다. 이 과정을 진행하는 데 어떤 정답이나 잘못된 방식들이 있는 것은 아니다. 이 과정을 진행하는 것은 개인별로 다를 수 있다. 그러나 각 사람들은 이 과정을 통해서 성장과 변화를 경험할 것이다.

이 책 안에 있는 각 단계들은 개인이 진행할 수 있도록 초점이 맞추어져 있으며, 그리고 집단으로도 사용할 수 있도록 되어 있다. 이 워크북에 사용된 여러 형식들은 소그룹이라는 형태를 가지고 "가족 그룹"이라는 이름으로 진행할 수 있다. 이러한 "가족 그룹"을 위하여 준비한 내용들을 그룹 안에 다시 모여서 서로 나눌 수 있다.

이 워크북은 많은 은혜와 보상으로 작성이 되었다. 가족 그룹 안에서의 경험은 건강한 가족 형태의 의사소통이 발전될 수 있는 환경을 만들어 준다. 서로가 서로를 신뢰하고 배울 수 있는 그러한 환경이 되는 것이다. 사람들이 자신들의 문제 있는 가정 또는 정서적인 억압 안에서 성장했던 초기의 경험들을 나누어서, 그들은 자신들이 가지고 있던 상처들이 자신들 안에 이미 존재해 있었고, 이제는 그 상처를 치유할 필요성이 있다는 것을 느끼는 것이다. 이러한 소그룹의 "가족 그룹"은 나눔을 위한 보다 깊은 장을 제공해준다. 그리고 가족의 비밀은 이미 숨길 필요가 없다는 것을 인식하도록 만들어 주며, 이제는 자신을 사랑할 수 있도록 준비시켜 준다.

모임에 참여한 사람들은 성인 아이로 인해 자신이 경험했던 소외를 벗어날 수 있는 중요한 발걸음을 시작했다. 이 과정의 중요한 부분이 "가족 그룹" 안에서 안정감을 느끼는 것이다. "가족 그룹" 안에서의 지지와 더불어서 자신이 오랜 시간 동안 억눌리며 가지고 있었던 분노, 수치, 그리고 비애를 표현하는 것을 가능하게 되었던 것이다. 개인들은 과거의 아픔과 상처를 이제는 떠나보내도록 격려를 받게 되며, 이 과정의 결과로서 밝고 명랑한 마음의 평안과 안정을 회복하게 된다.

THE SPIRITUAL HEALING

　　제목이 암시하는 것과 같이 이 12단계는 새로운 삶의 양식을 배울 수 있는 하나의 실험일 뿐만 아니라, 자신의 파괴적인 행위를 벗어버리도록 자신에게 주어진 새로운 영적 치유의 여정과 같은 것이다. 이러한 과정은 자신의 경험을 자유롭게 표현하고 다른 사람들에게 편하게 말할 수 있고, 그리고 수시로 자신의 삶을 즐기며 건강한 관계를 개발 시킬 수 있는 기회를 제공해준다. 그룹 안에서 함께 이 과정을 진행해 나가는 것이 강력한 힘을 가지고 있으며 과정을 더 윤택하게 이끌 수 있도록 만들어 준다. 서로가 친밀한 관계를 발전시키고 세워 나가므로 외로움은 줄어들게 될 것이다. 개인들은 서로에게 위로와 지지를 주고받아서, 서로에 대해서 친밀해질 수 있는 방법을 배우게 된다. 모임 이외의 별도의 교제의 시간은 이 과정에 있어서 매우 중요한 요소이다. 참여자들은 전화를 사용하거나 정규적인 모임 이외의 다른 방법을 통해서 서로 교류하여 친밀감을 가질 수 있도록 격려를 받게 된다.

　　이 책 안에 사용된 12단계에 대한 내용들은 우리들이 가지고 있는 인생의 경험들이 사랑과 격려를 통해 새롭게 세워 나갈 수 있는 기회를 제공해준다. 우리들은 우리들 자신에 대해서 알고 있는 것이 너무나 적다는 것을 깨닫기도 한다. 우리들이 하나님과의 깊은 관계를 발전시켜 나가, 더욱 더 우리 자신을 표현할 수 있게 되는 것이다. 우리들의 지난 과거에 대해서 더 매이지 않는 능력과 의지를 발전시켜 나갈 것이며, 새로운 삶을 세워 나가게 될 것이다. 우리들의 인생이 그렇게 어렵고 복잡하지 않게 되고, 하나님과 우리들의 관계의 깊이는 더욱 더 발전되어 갈 것이다. 우리들의 남은 인생을 위한 매일매일의 여정으로, 이러한 과정들을 열심히 감당하겠다는 우리들의 각오와 이 과정의 성공적인 완성은, 우리들에게 무한한 평안과 감동의 선물로 다가올 것이다.

　　우리는 언제든 편하게 이 과정에 함께 할 것이다. 우리는 성령의 교제 안에서 당신과 함께 이 과정을 시작하기를 원한다.

　　하나님의 축복이 당신에게 있기를 바랍니다.

서문

이 책, 12단계 영적 치유는 이 교재를 사용하는 사람들이 기독교적 관점 안에서 과정을 진행해 나가며, 12단계가 가지고 있는 영적인 능력을 이해할 수 있도록 만들어 주는 쉬운 가이드북이다. 이 교재는 어린 시절의 상처와 아픔 또는 외상을 경험했던 개인들이 사용하기 위한 목적으로 쓰였다. 이 교재는 돌봐주는 성인으로부터 폭력이나 여러 중독, 그리고 역기능적인 행위 때문에, 외상적으로 상처를 받은 어린 시절의 경험을 가진, 성인아이들에게 직접적으로 초점을 맞추고 있다. 1935년 알코올 중독자들을 위한 치유 모임이 시작된 이후로 12단계 프로그램은 수많은 사람들이 그들의 삶을 변화시키기 위한 하나의 방법이 되었다.

이 책 안에는 여러 성경 구절들이 있다. 이러한 성경 구절들은 12단계의 진행 사항과 기독교의 핵심 사이에 조화를 이룰 수 있는 내용들을 제공해준다. 이 교재는 특정한 교단의 신조나 특별한 신앙 고백에 기초하지 않는다. 이 교재의 목적은 성경적 근거를 통해서 12 단계의 이해를 제공하는 것이다. 여러분들이 이 책을 목적에 충실하게 사용할 때, 각 단계들은 여러분 자신의 상처 난 부분을 하나님이 치료하시도록 의지할 수 있는 강력한 도구가 될 것이다. 이 책은 우리들이 하나님과의 관계를 새롭게 갱신하는 것을 통해서, 행복하고 건강하고 온전한 회복을 우리들이 경험하도록 한다. 또한 우리들이 인생의 순위와 균형을 맞출 수 있도록 돕는 영적인 치유 과정이다.

성경 안에 계시된 우리들을 위한 하나님의 계획들은 그리스도인들인 우리들에게 쉽게 받아들여진다. 성숙한 그리스도인들이나 하나님과의 인격적 관계에 이제 눈을 뜬 사람들 모두 다 이 12단계들 안에서 엄청난 가치를 발견할 수 있을 것이다. 매일 주어진 과정들을 개인의 삶 속에 적용하면, 사람들은 점차 자신과 하나님과의 관계를 풍성하게 할 수 있을 것이다. 우리들을 위한 하나님의 계획이 성취되는 것을 목격할 수 있는 효과적인 경험이 될 것이다. 이러한 단계들은 특별히 공식적인 기도 시간이나 성경 공부 시간에 함께 사용하게 될 때, 더욱 더 강력한 결과를 얻을 수가 있다. 성령께서 12단계들에 대한 우리들의 이해를 확장하고 지지해주는 독특한 방법들을 제공해주기 때문이다.

회복을 위한 12단계의 과정은 하나의 영적인 치유 과정이다. 이 과정은 우리가 혼돈과 비애를 경험한 삶의 장소로부터 평화와 안정의 장소로 옮겨다 준다. 많은 변화들이 우리들 가운데 나타나게 될 것이다. 그러나 즉각적으로 일어나지 않을 수도 있다. 이러한 과정에는 시간과 인내가 필요하다. 하나님은 그분의 시간에 우리에게 개입하셔서, 우리가 하나님과 건강한 관계가 되도록, 하나님의 능력을 우리들에게 공급하실 것이다.

회복에 대한 헌신은 우리들 자신과 다른 사람들을 신뢰하는 바탕 위에서 강해질 것이다. 회복의 중요한 신호들 가운데 한 가지는 우리들이 자신을 개방하고, 서로의 의견을 나누어야 한다는 점이다. 그리고 함께 나누는 회복의 과정에서 모든 사람들의 조언과 의견을 귀중하게 여길 때에 발생하게 된다. 우리와 함께 이 과정에 참여하는 모든 사람들은 우리의 삶의 소중한 사람들이 될 것이다. 우리들이 자기 자신을 기꺼이 개방해서 자신을 드러내고자 할 때, 우리가 나누는 것들이 우리를 위한 것이라는 사실을 알게 될 것이다.

우리는 우리 자신을 해치는 못된 습관들이나 고쳐야 하는 행동들이 있을 수 있다. 그것들과 관련한 영향들을 돌아 볼 때에 이러한 행동의 패턴들이 다시 반복될 수 있다는 것을 기억하는 것은 중요한 일이다. 우리들이 성장했던 혼돈된 과정들 때문에, 성인으로 우리 자신의 삶을 성공적으로 조절하는 일에 갈등을 느끼거나 혼란을 경험하는 행동들이 나타나기도 한다. 감정적으로 억압적인 가족 분위기 속에서 성장한 사람들은 자신의 고통을 부인하는 것이나 불편한 것을 외면하는 일에 익숙해져 있다. 성장 초기에 우리들 대부분은 우리의 감정을 표현하지 않는 것이 필요하다는 생각을 했다. 그것은 '우리 안에서 모든 것들을 닫아 버리는 것'으로 나타나게 되었다. 우리는 어린 시절에 우리의 소원과 필요를 표현하는 것이 오히려 거절을 불러 일으켰다는 사실에 대해서 학습되었다. 이러한 거부나 거절은 부적합한 감정을 계속해서 유도해나갔던 것이다. 우리가 노력했는가에 상관없이 우리들이 항상 부정적인 모습으로 보이도록 만들었다.

성인으로서 우리들은 때때로 우리들의 과거를 인정하고 받아들이는 것이 매우 힘들다. 여기에는 우리들이 발전시켰던 적합하지 않은 행동들을 생각해 볼 수 있다. 현재 우리들의 상황 속에서 고통과 두려움 그리고 분노를 경험할 수도 있는데, 그것들은 자유롭게 표현하지 못했던 감정들의 결과였던 것이다. 우리들의 감정을 억압하는 것은 우리들이 어린 시절에 행동했던 대로 우리의 모습을 되돌아보는 것과 같은 것이다. 우리들은 자신의 필요를 솔직하게 개방할 때에 거부를 당할 것이라는 위험스러운 생각을 하기도 했다. 거부당할 것에 대하여 우리들의 대부분은 억압된 감정을 억누르며, 예전과 같은 방식으로 행동하고 있는 것이다. 그래서 우리들은 일을 지나치게 하거나, 음식을 과도히 섭취하며, 약물이나 알코올과 같은 기분을 좋게 만드는 대체품에 의존하고 말았다.

우리들 가운데는 어떠한 사람들은 거부하는 행동을 생존을 위한 주된 방법으로 사용하기도 한다. 거부는 일종의 자신의 책임을 회피하기 위한 행동 유형이다. 우리는 의식적으로 우리 자신이나 다른 사람들에 관한 몇 가지 진실들을 숨기기 위하여 거짓말을 아주 쉽게 해서, 현실을 외면하는 일에 익숙해져 있다. 그리고 우리는 우리 자신에 대한 비밀을 유지하기 위하여 부인하는 행위 자체를 인식하지 못한다. 부인하는 것은 우리 마음에 있는 어떠한 진실들을 막아버리는 역할을 한다. 행동에 대한 결과를 인식하지 못하게 해서, 책임을 회피하도록 만드는 것이다. 부인의 힘은 성경에 베드로가 예수님을 부인하는 것을 통해서 알 수가 있다. 그는 자신이 주님과의 관계를 인정해서 생기는 결과보다는 자신이 예수 그리스도의 제자였다는 사실을 부인해서, 결과적으로 고통스런 상황에 처하고 말았다. 자신이 처형을 당할 것에 대한 베드로의 두려움은 예수님에 대한 사랑보다 더 강력한 것이었다. 이와 비슷한 방법으로 우리는 현실을 받아들이고, 자신의 행동에 대한 결과를 인정하는 것보다, 단순히 그 현장을 모면하기 위한 행동을 선택할 수 있다. 우리들이 속한 직장이나 교회 그리고 가족들에게 지나친 호의를 제공해서, 자신의 진정한 감정을 숨기는 것이 더 쉽다는 것을 발견하였던 것이다. 그리고 계속해서 바쁘게 지내는 것이 자신의 감정을 숨기고 무시하기에 적합하다고 생각하였다. 이것도 거부의 한 방식이라고 말할 수 있다.

우리가 회복의 과정에 들어가서 정직하게 우리 자신을 돌아보면, 역기능적이고 개인적인 내력으로부터 파생된 많은 상처들이 있다는 사실을 보게 된다. 하나님은 우리들에게 자유 의지를 주셨는데, 이것은 우리들의 인생과 이것을 둘러싼 여러 삶의 환경 가운데서 우리들이 대체적인 방식을 선택할 수 있는 것을 가능하게 만들었다. 우리들은 어린 시절의 메시지에 지나치게 관심을 가지지 않도록 하는 것이 중요하며, 그리고 우리들에게 선한 목적을 이룰 수 있는 새로운 행동들을 배워나가는 것을 시작하게 된 것이다. 여러 가지 분주한 활동으로 가득 찬 삶을 사는 것보다, 주님과 조용히 묵상과 기도하면서 관계를 맺는 시간이 필요하다. 우리들은 기도와 자유의지를 효과적으로 사용해서 보다 건강한 선택을 해나갈 수 있다.

이러한 점에서 우리들의 삶은 우리들의 경험으로 구성되어 있다고 말할 수 있다. 우리는 항상 우리들의 삶이나 다른 사람들의 삶 가운데 놓여 있었던 상처들을 인식하지는 못한다. 그러한 상처를 기억하려는 고통이 너무나 크기 때문이다. 우리들이 그것을 잊으려고 얼마나 노력하든지에 상관없이, 이러한 기억들은 계속해서 우리의 삶 가운데 영향을 미친다. 부적절한 행동들이 계속해서 표면에 나타나고, 우리는 그러한 행동들을 변화시키기 위하여, 그것이 무엇인지 인식하며 과거와 화해해야 한다. 또한 정직하게 그러한 현실을 받아들여야 한다.

우리들 가운데 일부는 우리가 기독교인이기 때문에 우리의 삶이 자동적으로 변화가 될 것이고, 평화와 안정 속에 있다는 가르침을 받았을 것이다. 그러나 그러한 태도를 취했기 때문에, 역기능적인 가정환경 속에서 성장한 사람들이 자신의 부정적인 행동을 발견하지 못하고 만다. 어떠한 사람들은 종교에 대한 깊은 헌신이 자신들에게 죄의식을 느끼도록 만들어준다. 그 이유는 자신들의 삶이 죄악과 같다는 것을 알고 있기 때문이다.

여러 중독적인 증상 때문에 고통을 당하거나, 또는 중독의 습관을 가지고 있는 가족 구성원이 있는 가정환경에서 자란 기독교인들에게, 교회의 정죄적인 메시지가 문제를 일으킬 수도 있다. 자신의 결점을 인정하는 것은 자신들이 훌륭한 그리스도인이 아니라는 사실을 인정하는 것과 같다고 생각한다. 그러나 진정한 회복이 시작되고, 12단계의 과정이 진행되면서, 우리들은 우리들 자신이 도움과 위로 그리고 문제를 직면할 수 있는 용기가 필요하다는 사실을 알게 된다.

회복의 과정 속에서 자신이나 다른 사람들에 대해 자신이 가지고 있는 역기능적인 특성들을 인정해서, 이러한 과정이 치료와 회복을 위한 필요한 과정이라는 사실을 알게 된다. 우리와 같은 그리스도인들은 더는 거부하지 않고, 자신이나 다른 사람들에 대해서 정직해져야 한다. 이것은 치료의 과정 속에 매우 중요한 출발점이 된다.

그동안 우리를 억압하였고, 부정적인 상태와 친숙해져 있었던 것에 대한 인정을 하는 것은, 결국 우리가 빛 가운데 서 있는 것과 같게 되는 것이다. 사실 우리는 그동안 그림자 속에 있었다. 주님 앞에 서 있고 그분의 인도를 구하는 것은, 자동적으로 우리 자신을 괴롭혔던 모든 고통의 짐들을 덜어주는 것은 아니다. 그러나 우리들은 이제 그것들을 직면해서 하나님의 도움을 발견하게 되었고, 그 어두움은 조금씩 우리들이 능력과 건강을 되찾으면서 사라지게 된다.

부지런히 이 책의 내용들을 살피고 진행해 나가면서, 우리들은 하나님과 우리들의 관계를 다시 확인하며, 그리고 매일의 삶 가운데 능력을 주시는 하나님의 은혜를 발견할 수 있게 될 것이다. 우리들 가운데 놓여 있는 '그림자'를 두려움 없이 바라볼 수 있는 방법을 배울 수 있을 것이다. 그리고 분노, 부적절한 성적인 행동, 적의적인 태도, 공격성 등과 같은 우리들이 원하지 않는 성향들을 인정할 수 있는 방법을 배울 수 있을 것이다.

　우리들이 기억해야 하는 것은 이러한 과정은 주님을 우리의 삶에 초대해서 그분이 우리를 도우실 수 있도록 그분을 초대하는 것을 포함하고 있다는 사실이다. 왜냐하면 그분을 사랑하는 자는 모든 좋은 것들을 가능하게 할 수 있기 때문이다.

　12단계 프로그램은 우리들이 하나님의 자녀로서 우리들의 신분을 되찾을 수 있도록 만들어준다. 우리들은 하나님의 형상으로 창조되었고, 무한한 은사와 선물을 하나님으로부터 받았다. 우리는 이 과정을 시작하며, 우리가 하나님의 피조물이라는 사실을 다시금 깨달으며, 그분이 우리들에게 평화롭고 활력적인 삶을 경험할 수 있는 기회를 주셨다는 것을 알게 된다. 하나님은 우리의 상처 난 감정을 치유하도록 도움을 주실 것이다. 무가치한 감정, 불안감, 그리고 심한 열등감들은 곧 사라질 것이다. 하나님과 우리들의 새로운 관계에 초점을 맞추는 것은, 다른 사람들의 인정만을 구하려는 우리들의 집착적인 행동을 줄이게 할 것이다. 우리들의 관심은 예수 그리스도 안에서 새로운 삶에 대한 신비한 모험을 해보겠다는 의욕으로 가득 차게 될 것이다.

　하나님의 축복이 당신에게 있기를 바랍니다.

역자 서문

하나님 백성의 전인적인 치유와 회복을 위한 열정과 소망이 이 책을 번역하기로 제 마음을 움직였던 것 같습니다. 본인이 번역한 이 책은 이미 노용찬 목사님께서 번역하신 "성인아이 치유를 위한 12단계"의 초판본이라고 할 수가 있을 것입니다. 비록 이 책과 같은 목적으로 번역된 교재가 있음에도 불구하고 본인이 이 책을 번역 했던 이유는 그만큼 한국 사회와 한국 교회 안에 성인아이의 치유를 위한 본격적인 치유그룹이 절실하다는 이유일 것입니다.

한국 사회에 성인아이의 성향을 가진 사람들이 많다는 것은 장유유서와 부부유별을 강조해 왔던 기존의 유교적인 문화구조에서 비롯될 수 있을 것입니다. 그리고 한국 교회 안에서 성인아이의 패턴을 소유하고 있는 그리스도인들을 쉽게 만날 수 있는 것은 그만큼 교회의 양적인 성장과 신앙의 행위적 표현을 강조해온 한국 교회의 상황과 무관하지 않을 것입니다.

감사하게도 AA 와 같은 알콜 중독자 치유그룹에서도 기본적으로 사용하는 것이 하나님의 말씀에 기원을 두고 있는 12단계라는 사실입니다. 그러므로 이제 한국 교회 안에서 12단계의 모델을 근거로 해서 치유와 회복을 위한 분위기가 진작되어야 한다고 생각합니다. 그런 의미에서 "성인아이 치유를 위한 영적치유 12단계"가 하나의 선택 사항으로 인식되는 것이 아닌 한국 교회 안에서 전인적인 치유와 회복을 위한 필수 과정으로 소개되어야 한다고 생각합니다.

한국 교회는 그동안 제자훈련이 한국 교회의 놀라운 부흥에 신선한 자극을 제공해주었습니다. 제자훈련을 통해서 한국 교회는 놀라운 발전과 성장을 경험하였습니다. 그러나 이제는 한국 교회에서 실시되고 있는 제자훈련에 대한 새로운 변화가 필요하다는 시점에 와 있다고 생각합니다. 그것은 한국 교회 안에서 실시되고 있는 제자훈련이 하나님의 백성들을 주님의 참된 제자로 양육하는 과정 속에서 주님께서 우리에게 보여주신 전인적 치유(Wholistic Healing)의 모범들이 간과하고 있는지는 확인해보아야 한다는 것입니다. 제자훈련이 주님의 제자들로서의 전인적인 치유와 회복을 목적으로 삼는다면 이러한 치유의 과정들이 제자훈련의 과정 중에 필요하며 그런 목적에서 이 책, "성인아이 치유를 위한 영적치유 12단계"가 적합하다고 자신 있게 말할 수 있는 것입니다.

　　현재 매주 본인이 진행하는 성인아이 치유그룹을 통해서 자신의 치유와 회복을 갈망하는 귀한 주님의 백성들과 이 책을 번역 출판하도록 허락하신 글샘 출판사의 황성연 사장님께 깊은 감사의 말씀을 드립니다. 인생의 여정을 함께 걸으며 늘 힘과 지지가 되어 주고 있는 아내이자 친구인 김정희, 그리고 본인의 인생 가운데 웃음과 기쁨을 선사해주고 있는 본인의 자녀들인 겸손, 산성, 예반, 그리고 요한이에게 변함없는 사랑을 표현합니다.

2011년
최 민 수

12단계와 관련된 성경 구절

1단계
우리는 삶을 지배하는 문제에 대해 무력하며 우리의 삶에 대해서 우리 스스로 삶을 조절할 수 없다는 것을 인정한다.

"내 속 곧 내 육신에 선한 것이 거하지 아니하는 줄을 아노니 원함은 내게 있으나 선을 행하는 것은 없노라" 롬 7:18

2단계
모든 능력의 근원이신 하나님이 우리를 온전한 모습으로 회복시킬 수 있다는 것을 믿는다.

"너희 안에서 행하시는 이는 하나님이시니 자기의 기쁘신 뜻을 위하여 너희에게 소원을 두고 행하게 하시나니" 빌 2:13

3단계
우리의 의지와 삶을 하나님의 돌보심에 맡기기로 결심한다.

"그러므로 형제들아 내가 하나님의 모든 자비하심으로 너희를 권하노니 너희 몸을 하나님이 기뻐하시는 거룩한 산 제물로 드리라 이는 너희가 드릴 영적 예배니라" 롬 12:1

4단계
우리 자신에 대해 철저하고 두려움이 없는 도덕적 목록을 만든다.

"우리가 스스로 우리의 행위들을 조사하고 여호와께로 돌아가자" 애 3:40

5단계
우리는 하나님과 자신과 다른 사람들에게 우리가 행한 잘못의 본질을 있는 그대로 인정한다.

"이러므로 너희 죄를 서로 고하며 병 낫기를 위하여 서로 기도하라 의인의 간구는 역사하는 힘이 많으니라" 약 5:16

6단계
하나님께서 이 모든 성품의 결함들을 제거해주시도록 내어 드릴 준비가 완전히 되어 있다.

"주 앞에서 낮추라 그리하면 주께서 너희를 높이시리라" 약 4:10

THE SPIRITUAL HEALING

7단계
우리의 결함을 제거해 주시도록 그 분께 요청한다.

> "만일 우리가 우리 죄를 자백하면 그는 미쁘시고 의로우사 우리 죄를 사하시며 우리를 모든 불의에서 깨끗하게 하실 것이요" 요일 1:9

8단계
우리가 해를 입힌 모든 사람의 목록을 작성하고 그들 모두에게 기꺼이 보상하기로 한다.

> "남에게 대접을 받고자 하는 대로 너희도 남을 대접하라" 눅 6:31

9단계
당사자나 다른 사람들에게 피해를 주는 때를 제외하고, 가능하다면 그들에게 직접적으로 보상한다.

> "그러므로 예물을 제단에 드리려다가 거기서 네 형제에게 원망들을 만한 일이 있는 것이 생각나거든 예물을 제단 앞에 두고 먼저 가서 형제와 화목하고 그 후에 와서 예물을 드리라" 마 5:23-24

10단계
계속적으로 개인적인 목록을 작성하고 우리에게 잘못이 있을 때는 즉각적으로 그것을 인정한다.

> "그런즉 선 줄로 생각하는 자는 넘어질까 조심하라" 고전 10:12

11단계
기도와 묵상을 통해서 하나님과 의식적인 접촉을 증진시키려고 노력하면서, 우리를 위한 하나님의 뜻에 대한 지식과 그것을 실행할 수 있는 능력을 위해서 기도한다.

> "그리스도의 말씀이 너희 속에 풍성히 거하여 모든 지혜로 피차 가르치며 권면하고 시와 찬송과 신령한 노래를 부르며 감사하는 마음으로 하나님을 찬양하고" 골 3:16

12단계
12단계를 걸어온 결과로 영적인 각성을 통해서, 우리는 다른 사람들에게 이 메시지를 전하려고 하며, 또 이 원리들을 우리의 모든 문제에 적용하려고 노력한다.

> "형제들아 사람이 만일 무슨 범죄한 일이 드러나거든 신령한 너희는 온유한 심령으로 그러한 자를 바로잡고 너 자신을 살펴보아 너도 시험을 받을까 두려워하라" 갈 6:1

12단계 과정을 위한 준비

부록 1은 12단계 그룹을 진행하는 가운데 이 과정에 참여하는 사람들을 위한 하나의 예시적인 사항을 포함하고 있다. 이러한 참고 사항은 이미 이 과정을 경험해 본 많은 사람들의 개인적 생각들을 바탕으로 이루어진 것이다. 12과정을 어떻게 진행할 것인지 그리고 어떻게 구성할 것인지에 대한 특별한 가이드라인이라고 말할 수 있을 것이다.

부록 2는 모임의 형태와 12단계의 진행을 위한 유용한 제안들을 포함하고 있다.

부록 3은 매번 모임 시간 동안에 사용할 수 있는 매주 분량의 과제들을 포함하고 있다. 이러한 과제들은 12단계에서 논의할 수 있는 주제들을 제공하는 유용한 도구가 된다.

주목할 사항들

이 책은 각 주제와 관련된 내용들을 제공하기 위하여 고안되었다. 독자들의 개인적인 치료만을 목적으로 사용하는 것은 아니다. 12단계의 과정들과 질문들은 그룹이나 개인적인 용도로 의도된 것이고, 개인적이고 전문적인 치료 과정의 목적으로 사용되는 것은 아니다.

출판사의 글

이 교재를 가지고 과정에 참여하는 사람들은 회복의 과정에 있는 기독교 평신도들이나 목회자들일 것이다. 이 책의 의도는 12단계와 그리스도의 사랑을 이 세상의 모든 상처 입은 영혼들에게 하나님의 메시지를 전하는 것과 같다. 이러한 사명의 핵심적 주제는 중독의 문제나 정서적으로 억압적인 부모 또는 책임 있는 성인으로 말미암아서 어린 시절에 고통을 경험한 사람들의 치유가 얼마든 가능하다는 것이다. 이 책에 그들이 보여주는 은사와 통찰은 기독교 신앙에 깊이 뿌리를 박고 있어서 성경과 하나님의 사랑과 지혜를 통해서 모든 상처 입은 그리스도인들이 온전한 치유와 회복을 경험할 수 있는 것이다.

　　이 책의 의도는 회복을 위한 중요한 도구를 제공해주는 것이다. 이 책은 성경의 진리와 알코올 치유 모임에서 고안된 12단계의 입증된 지혜와 협력하는 가운데 만들었다. 이 교재에서 강조하는 것은 모든 인간들을 위한 하나님의 변하지 않는 사랑이다. 또한 우리는 자기 자신을 이해해야 한다는 것이다.

　　이 책의 철학적인 기초는 12단계 개념들이다. 그것은 여러 형태의 중독의 증상들과 강박적이고 망상적인 행동으로부터 회복되도록 도움을 준다. 알코올 치유 모임의 12단계 전통은 개인의 회복을 위하여 개인적인 비밀보장을 가장 중요한 과제로 간주한다. "회복 안에서의 친구들"은 사람들의 인격적 회복을 추구하기 위하여 동일하게 비밀보장을 매우 중요하게 다루고 있다.

　　"회복 안에서의 친구들"의 사명을 가지고 우리들은 오직 예수 그리스도 안에 우리의 확신과 믿음이 세워지기를 원한다. 우리는 이러한 과정이 하나님과 사람들과의 건강한 관계를 발전시켜 나가기 위한 방법으로 인식되기를 바란다.

독자들을 위한 중요한 지침서

　　만약에 당신이 12단계 그룹과 새롭게 관계를 맺고 있다면, 이 과정에 참여하는 동안 이와 관련한 여러 모임들에도 참석할 것을 제안하고 싶다. 예를 들면 알코올의 성인 아이 그룹이나 동반 의존 익명자 그룹, 또는 알코올 익명자 그룹 등에 참여해서, 당신은 당신의 회복과 관련해서 보다 다양한 이해를 가지게 될 것이다. 또한 이 과정 안에서 발생할 수 있는 여러 다양한 사항들에 관한 정보들을 알게 될 것이다. 12단계 과정이 사용되는 여러 모임들에 참여하여 자신을 나누면, 당신은 12단계와 성경의 진리 사이에 관련되는 유용한 지침들에 대한 자세한 지식들을 알게 될 것이다. 우리는 당신이 성인 아이와 관련한 여러 서적들을 읽어 볼 것을 제안한다. 이러한 서적들은 12단계 과정에 참여하는 당신의 능력을 강화시켜 주며, 이 프로그램에 대한 당신의 인식을 높여 주게 될 것이다.

　　개인적으로 이러한 단계들을 진행하거나 또는 그룹의 일원이 되어 참여하는 것은 당신의 회복을 위한 당신의 신실한 각오를 다지는 것이다. 그리고 이 과정에 포함된 당신의 노력과 시간은 그만큼 가치 있는 일이다. 당신이 매 주 이 과정을 진행하기 전에, 그리고 각 과정을 마치기 전에, 부록에 있는 사항들을 점검해볼 수 있도록 강력하게 권하고 싶다.

　　혹시 당신이 이해하지 못하는 사항이나 분명하게 인식할 수 없는 사항들이 발견된다면, 이것에 대한 다른 도움을 받는 것도 필요하다. 만약에 당신에게 적용하기 힘든 질문들이 있다면 굳이 그 질문에 대한 대답을 찾으려고 하지 않아도 된다.

이 교재의 재개정판은 12단계 과정에 참여한 수많은 개인들로부터 받은 많은 소견서의 결과로 이루어진 것이다. 자신들의 경험을 나누기 위한 그들의 귀한 뜻이 이 교재에 반영되었다. 이 교재를 가지고 과정을 진행해 나갈 때, 소망과 희망에 대한 변화가 충분히 나타나는 것이다.

부록 안의 예시적 모임의 형태들은 오로지 추천을 위한 목적으로 제시한 것이다. 참가자들이 각자의 그룹들을 효과적으로 진행해 나가기 위하여, 어떠한 형태의 모임도 가능하다고 생각해볼 수가 있다.

성인 아이의 일반적인 행동 특성들

약물에 의존적인 성향을 가지고 있거나 또는 정서적으로 억압된 환경 속에서 성장한 개인들과 그들의 가족들에 대한 연구에서 특정한 행동적인 성향들이 보인다고 설명하고 있다. 이러한 행동들은 그러한 환경 속에서 정서적인 손상을 끼치는 병리적인 구조를 가지고 있다고 설명한다. 일반적인 사람들도 이러한 행동들을 보이는 경향이 있지만 특히 역기능적 가정환경의 개인들은 이러한 성향이 더욱 두드러지는 모습을 보인다. 다음의 예시들은 당신의 인생 가운데 역기능적인 성향들이 있는지, 당신이 보다 구체적으로 인식할 수 있도록 도움을 주기 위하여 제시된 것이다.

우리들이 낮은 자존감을 가지고 있을 때, 우리 자신이나 다른 사람들을 존중해주는 자세보다 정죄하고 판단하는 자세를 가진다. 이러한 낮은 자존감은 우리 안에서 완벽주의 성향이나, 다른 사람들을 과도히 돌보려고 하거나, 또는 그들을 지배하고 조종하며 비난하거나 경멸하는 태도로 나타난다.

● 당신이 낮은 자존감이 있다면, 이러한 낮은 자존감이 당신에게 어떠한 행동이나 감정으로 나타나는가?

_____
_____

우리는 우리 자신을 고립시키려 하며 사람들 가운데 특별히 권위적인 사람과 관계가 쉽지 않다는 것을 느끼기도 한다.

- 당신이 다른 사람들로부터 당신 자신을 고립시켰던 예가 있다면 써 보시오.

- 권위적인 사람과 관계에서 무엇이 가장 어려운 부분인가?

우리는 사람들의 인정을 구하려고 하며 그들의 인정을 받기 위해서라면 무엇이든지 하려고 한다. 그래서 우리는 사람들의 인정을 위해서라면 온갖 충성을 보이려고 하며 때로는 우리가 할 수 있는 범위를 넘어서는 행동들도 한다.

- 당신이 가족이나 친구로부터 인정을 받기 위해 행했던 행동들은 무엇인가?

- 인정을 받기 위해 할 수 있는 능력 이상의 과도한 행동을 했던 경우가 있었는가?

우리는 자신에게 화를 내거나 우리 자신을 비난하는 사람들을 무척이나 싫어한다. 이러한 경우에 우리는 불안을 경험하거나, 그러한 사람들에게 과도하게 민감하게 반응한다.

- 당신에게 화를 내는 사람 때문에 당신이 두려움에 빠졌던 기억이 있는가?

THE SPIRITUAL HEALING

- 다른 사람이 당신을 비난하면 당신은 어떻게 반응하는가?

우리는 습관적으로 중독적인 성향을 가진 사람들과 정서적인 관계를 가지려고 한다. 우리는 건강한 사람들과 관계를 원하지 않는 경우가 있다.

- 당신은 혹시 중독적이고 억압적인 성향을 가진 사람들과 관계를 가져본 경험이 있는가?

- 당신은 돌봄과 지지를 받아본 경험이 있는가?

우리는 자신을 인생의 희생자로서, 사랑과 우정의 관계 안에서 다른 사람들에 대한 과도한 관심과 사랑을 제공해주는 자로 살아가기도 한다. 우리는 진정한 동정심과 과도한 사랑을 혼동한다.

- 당신에게 상처를 입혔던 사람과 상처를 당했던 기억이 있는 사건에 대해서 기록하시오.

- 당신이 다른 사람을 도와주기 위하여 당신은 어떤 일을 하였는가?

우리는 과도하게 책임감 있는 성향을 가졌거나 또는 무책임한 행동을 한다. 우리는 다른 사람의 문제를 해결하려고 지나치게 노력하였거나 또는 다른 사람이 나를 책임지기를 기대한다. 이것은 우리들이 가지고 있는 행위나 능력들에 대해서 스스로 자신이 없는 자세를 갖게 만들었다.

● 당신의 삶 가운데 과도하게 책임감을 가지거나 또는 무책임하게 행동했던 경우들이 있는가?

우리는 자신이 세운 기준에 도달하지 못할 때 죄의식을 느끼기도 한다. 우리 자신을 돌보는 대신에 다른 사람의 관심을 더 중요하게 여긴다.

● 최근에 당신의 감정이나 느낌을 표현하는 것을 두려워했던 경우들이 있는가?

우리는 어린 시절에 가졌던 외상적 경험을 부정하거나 또는 축소, 또는 억누르기도 한다. 우리의 감정을 표현하는 것을 무시하거나 우리 삶에 그러한 흔적 자체를 인식하지 못한다.

● 당신이 어떤 일을 하거나 다른 사람들과의 관계 속에서 속상한 경험을 당했을 때 당신은 어떻게 당신의 감정을 표현하는가?

우리는 거부를 당하는 것이나 버림을 당하는 것에 대한 심한 두려움이 있어서, 특정한 사람에게 과도하게 의존하기도 한다. 우리는 그것이 해로운 줄을 알면서도 그러한 관계를 계속해서 유지하려고 한다. 우리들은 상처를 주는 관계를 멈추는 것이나 우리에게 성장과 도움이 되는 건강한 관계에 대한 두려움이 있다.

● 당신은 거부를 당하거나 버림을 당하는 것에 대한 두려움이 있는가?

● 어떻게 당신은 그러한 상황에서 두려운 감정을 표현하려고 하는가?

부정, 소외, 조종, 그리고 죄의식은 가족 역기능의 증상들이다. 이러한 결과로 우리는 절망하고, 무의미하게 느낀다.

● 당신이 가족 역기능의 증상을 가지고 있다면 어느 증상이 가장 심하게 나타나는가?

우리는 다른 사람과 친밀한 관계가 어려울 수도 있다. 그것은 타인에 대한 믿지 못하는 마음과 불안정한 마음을 느끼기 때문이다. 우리는 다른 사람들과 분명한 경계선을 설정하는데 어려움을 가지고 있으며, 그들의 필요와 감정에 휘말리기도 한다.

● 당신이 최근에 다른 사람과 관계에서 어려웠던 경우가 있었는가?

우리는 일을 진행하면서 시작하고 마치는 과정 속에서 힘들게 일을 진행해 나가기도 한다.

● 당신이 최근에 시작했던 계획과 동기가 부족하거나, 열심이 부족해서 다 완성하지 못하고 실패한 경우가 있는가?

우리는 다른 사람을 조종하고 싶어 하는 강한 욕구가 있다. 우리가 마음대로 할 수 없는 그러한 상황이나 상대를 만나면, 우리 마음대로 하기 위하여 과도하게 무리를 한다.

● 당신이 원하는 대로 하지 못할 때, 당신은 어떻게 두려운가?

01단계

우리의 삶을 스스로 조절할 수 없습니다

우리는 삶을 지배하는 문제에 대해 무력하며, 우리의 삶에 대해서 우리 스스로 삶을 조절할 수 없다는 것을 인정한다.

"내 속 곧 내 육신에 선한 것이 거하지 아니하는 줄을 아노니 원함은 내게 있으나 선을 행하는 것은 없노라" 롬 7:18

1단계에서 말하고자 하는 중요한 핵심은 우리가 우리의 삶을 진실하게 보기 전까지 우리들은 자신의 인생을 거짓으로 살아갈 수 있다는 것이다. 우리는 정말로 무력하며 우리들이 살아가는 인생 속에서 내 힘으로 어떻게 할 수 없다는 것을 생각해보는 것은 정말로 끔찍한 일이다. 그러나 우리들은 삶에서 우리의 행동이 항상 평화와 안정이 있는 것은 아니라는 것을 안다. 만약에 알코올이나 다른 가족의 역기능적인 성향 때문에 중독되어 있다면, 우리가 속해 있는 환경이 우리가 가질 수 있는 의도와 동기 그리고 소망 등을 파멸시키고 만다는 것이다. 많은 경우에 그것은 하나님과 분리된 상태에서 발생하기도 한다. 비록 이렇게 하는 것이 우리의 의도는 아니더라도 우리의 행동은 너무나 자주 우리가 원하지 않는 대로 흘러갈 때가 많다는 사실이다.

우리는 인생을 완벽하고 만족스럽게 살기 위하여 주님을 우리의 구주와 주인으로 받아들이는 것이 진정한 믿음이라고 가르침을 받아 왔다. 우리가 지금 이 순간에도 주님을 의존하는 것이 신비한 일이 될 수도 있다. "나는 거듭났습니다. 내 과거의 모든 것은 사라졌습니다. 나는 이제 새로운 피조물입니다. 예수님은 전적으로 나를 변화시키셨습니다."라고 선언하는 것은 우리의 삶의 고통들을 부정하는데 도움을 줄 수도 있다. 하나님의 빛 아래서 우리 삶은 주님을 받아들이는 순간에 성취된다. 그러나 화해는 오랜 인생 과정 속에서 진행되는 것이다.

우리가 여전히 우리의 과거로부터 고통을 느낀다는 사실은 우리와 하나님의 관계가 실패했다는 의미가 아니다. 그리고 우리의 구원이 반감되었다는 의미도 아니다. 이것은 간단하게 우리가 계속적으로 이러한 12단계의 과정들을 거쳐야 하는 것이 필요하며, 우리는 하나님께 우리의 모든 것들을 변화시켜 달라고 간구해야 한다. 이러한 현실을 인정하는 자세는 구원에 대해 우리 상태를 부정적으로 볼 수도 있지만, 절대로 그렇지 않다. 성경은 남성과 여성들이 과거의 실수와 연약한 인간이기 때문에 실패하는 것, 그리고 삶 속에서 경험하는 여러 유형의 유혹들과 시험을 극복하기 위하여 계속해서 투쟁하고 노력하는 모습들을 잘 보여주고 있다.

우리가 무력하다는 증거들이 우리의 삶 가운데 너무나 많이 존재한다는 생각을 해보게 된다. 사도 바울은 로마에 보내는 서신서에서 그가 가지고 있는 치명적인 무력함과 자신의 인생에 대해서 어찌

할 수 없는 자신의 상태를 잘 묘사하였다. 그는 롬 7:14에서 하나님으로부터 분리된 자신의 모습을 설명하면서, 그의 계속되는 죄로 물든 행동에 대해서 기록하고 있다. 자신의 행동에 대한 그의 인정하는 태도는 하나님의 뜻을 행하기 위한 그의 헌신을 방해하는 것은 아니었다. 사도 바울의 배경에 대한 자세한 사항들을 모른다면, 우리는 사도 바울의 자아 의지가 그의 삶 가운데 효과적인 사역을 하는데 문제를 일으킨 것으로 추측해 볼 수 있을 것이다. 우리들이 가진 배경 때문에 우리도 바울과 같이 행동을 할 수 있다. 우리들의 자아의 의지가 우리와 대적하도록 만드는 것이다. 우리는 하나님께 돌아갈 수 있는 능력을 가지고 있으며, 이러한 우리의 선택을 2단계에서 더 자세히 설명할 수 있을 것이다.

우리들은 개인적인 성취에 가장 높은 가치를 부여하는 문화 속에서 살고 있다. 우리들 대부분은 어린 시절부터 높은 성취욕 때문에 기가 죽어 살아왔다. 좋은 성적을 받기 위한 경쟁, 운동과 사업에서 남들보다 성공하는 것, 이러한 것들은 우리 사회의 일반적인 기준이 되었다. 만약에 우리가 경쟁에서 살아남는다면 우리는 승리자가 될 것이며, 훌륭한 사람이 될 것이라고 가르쳤다. 그러나 만약에 우리가 그러한 경쟁에서 실패하고 만다면, 우리는 모든 것을 상실한 자가 되고 나쁜 사람이 되는 것이다. 어린 시절의 우리가 본받을 만한 적절한 모델이 없어서, 우리 대부분은 우리가 누구를 본받아야 할지에 대해서 혼란을 겪기도 하였다. 우리는 계속해서 우리 자신의 가치와 자아 정체감이 무엇인지, 다른 사람들이 우리에 대해서 어떻게 생각하는지 결정하려고 한다. 결코, 우리가 하나님 안에서 어떠한 사람들인지에 대한 기준으로 우리 자신을 평가하지 않는다. 우리의 과거를 돌아볼 때에 우리는 자신에 대해서 '상실한 자'로 규정하며, 우리 자신을 '실패한 자'로 인식하고 만다. 우리의 낮은 자존감은 우리가 승리자가 되려는 생각에서 점차로 멀어지게 만든다. 이러한 환경 속에서 살아가는 것은 극심한 스트레스와 불안을 만들어 낸다.

우리가 성장하면서 우리의 상황은 더욱 악화되었다. 스트레스로 가득 찬 삶은 결코 우리에게 만족을 주지 않았으며, 오히려 문제들만 가득 안겨 주고 말았다. 우리들이 가지고 있는 두려움과 불안함은 증가하면서 공포와 공황의 상황을 만들어 낸다. 어떠한 사람들은 자신이 처한 상황의 결과 때문에 발생한 긴장을 감소시키기 위하여 알코올이나 음식물, 또는 약물과 같은 물질을 사용해서 과거의 타락한 삶으로 다시 돌아가기도 한다. 다른 방법으로 우리의 삶 속에 존재하는 불안과 싸우기 위하여 우리들은 교회 활동이나 일, 관계나 다른 중독이나 억압적 행동으로 우리 자신을 너무나 바쁘게 일에 몰아가기도 한다. 우리 자신이 이제 더는 어떻게 할 바를 모르고, 우리의 삶이 마치 롤러코스터를 타는 것과 같이 심한 굴곡적인 삶을 산다는 것을 깨닫게 될 때, 우리는 바로 이번 1단계를 시작할 준비가 되어 있는 것이다. 우리에게는 결코 다른 방법은 없으며, 우리는 무력하며 우리의 삶을 우리 스스로 다루어 나갈 수 없다는 것을 인정하게 된다. 우리가 우리 안에 있는 이러한 심각한 조건들을 인정하기 시작할 때에 우리는 비로소 도움을 구하는 때가 되는 것이다.

1단계는 그 다음 단계로 나아갈 수 있는 기초를 제공해 준다. 우리들의 상황 속에서 우리들은 자신이 무력하다는 것을 인정하며, 우리 자신의 삶을 조절해 나갈 수 없다는 것을 받아들인다. 이러한 생각에 나 자신을 맡기는 것은 물론 쉬운 일은 아니다. 비록 우리가 그렇게 행동하는 것이 고통과 스트레스를 유발하지는 않더라도, 우리가 삶을 조절하는 것은 무척 어려운 일이다. 우리는 혼란이나 슬픔, 극심한 혼돈과 불면증 그리고 무기력함을 경험할 수도 있다. 이러한 증상들은 우리가 경험하는 내부적인 갈등 속에서 일어나는 아주 흔한 현상들이다. 정신적이고 감정적인 에너지와 결단이 요구될 것이다.

개인적 성찰

1단계에서 우리들은 우리 자신과 우리들의 삶의 현실에 직면하게 된다. 맨 처음에 우리들은 궁극적으로 실패를 인정하게 되며, 우리가 진정 도움이 필요한 자라는 사실을 깨닫게 된다. 1단계를 살펴보면서 우리들은 두 가지의 면들을 발견하게 되는데 그것은 (1) 하나님과 분리되었기 때문에, 우리 안에서 발생한 고통을 덜기 위하여 삶을 자신의 힘으로 감당해 내려고 시도했다는 점이다. 그리고 우리 자신 안에 강박적인 행동들이 있다는 것을 우리들이 인정하는 것이며, 이것이 우리의 행위를 무력하게 만드는 중독으로 이끌었다는 것이다. (2) 자신의 삶을 이제는 자신의 마음대로 조절해 나갈 수 없다는 사실을 인정하는 것이다.

● 당신의 무력함과 당신 자신의 삶을 스스로 어떻게 할 수 없다는 사실을 인정하는 데 있어서 그것을 어렵게 만드는 요인이 있다면 그것은 무엇인가?

"내가 탄식함으로 피곤하여 밤마다 눈물로 내 침상을 띄우며 내 요를 적시나이다 내 눈이 근심으로 말미암아 쇠하며 내 모든 대적으로 말미암아 어두워졌나이다" 시편 6:6-7

● 당신의 삶의 영역들 가운데 고통이 있는 영역은 어디인가?

◆ ◆ ◆

우리의 본능은 우리들이 스스로 자신을 조절할 수 없다는 사실과 우리는 정말로 무력한 존재라는 생각에 반기를 들게 한다. 우리는 인생 가운데 일어나는 모든 일과 다른 사람들의 삶에서 발생할 수 있는 일들에 대해서 전적인 책임을 지는 것에 익숙해져 있다. 역기능적인 환경 가운데서 성장했던 우리들이 그러한 반응을 보이는 것은 정상적인 일이다. 어떠한 사람들은 자신의 일이나 다른 사람들의 일에 대해서 초 책임적인 모습을 가지고 있다. 우리가 저항할 수 없는 고통의 입구에 도달하기까지 우리들은 자유와 새로운 삶에 대한 목적을 향하여 한 발자국도 나갈 수 없다. 우리가 무력하다는 사실은 우리 자신을 전적으로 내려놓기 전에 반드시 인정해야 하는 중요한 사실이다.

● 당신의 삶의 영역 가운데 가장 파괴적인 행동을 보여주는 영역은 어디인가?

● 당신의 삶 속에 있었던 어떠한 특정한 사건이 당신이 심한 고통을 경험하도록 만들었는가?

"내가 오늘 하늘과 땅을 불러 너희에게 증거를 삼노라 내가 생명과 사망과 복과 저주를 네 앞에 두었은즉 너와 네 자손이 살기 위하여 생명을 택하고 네 하나님 여호와를 사랑하고 그의 말씀을 청종하며 또 그를 의지하라 그는 네 생명이시요 네 장수이시니 여호와께서 네 조상 아브라함과 이삭과 야곱에게 주리라고 맹세하신 땅에 네가 거주하리라" 신명기 30:19-20

● 당신의 고통을 깨닫는 것과 당신의 무력함을 인정하는 것은 앞으로 당신의 인생을 선택해 나가는 데 어떠한 영향력을 행사할 수 있다고 생각하는가?

◆ ◆ ◆

우리의 조건을 사실 그대로 인정하는 것을 시작해서, 우리들은 자연적으로 이것에 대한 해답을 찾으려고 한다. 우리는 마치 영적으로 소심한 초보자이거나 아니면 우리가 진정 원하는 삶이 우리가 바라는 대로 되어 있지 않는 것에 대한 의심을 품고 있는 사람일 수 있다. 친구들은 우리들에게 성경을 읽어 보라고 권면하거나, 그것에 관해서 기도하라고 말한다. 그러나 우리의 마음이나 생각에 우리가 무력하다는 것을 인정하기까지 우리가 행동하고 생각하는 모든 것이 믿음과는 별개라고 생각한다. 그 다음에 우리들은 이 과정 속에서 진정 우리가 해야 할 것이 무엇인지를 알아가야 한다.

● 우리가 무력하다는 것을 인정하는 것이 왜 필요하다고 생각하는가?

만일 누구든지 무엇을 아는 줄로 생각하면 아직도 마땅히 알 것을 알지 못하는 것이요   고전 8:2

● 무엇이 당신이 가지고 있는 문제의 현실을 정직하게 보지 못하도록 하는가?

◆ ◆ ◆

1단계는 즉각적으로 모든 것이 해결될 수 있도록 진행하는 단계가 아니다. 우리는 반드시 우리의 과거의 습관이나 성향들 그리고 행동의 패턴들이 여전히 우리 안에 있다는 것을 기억해야 한다. 그러한 요소들은 무의식적으로 우리 안에 잠재되어 있어서, 여전히 우리의 삶에 영향을 미친다. 그래서 우리들은 계속해서 우리들의 행동을 감시할 필요가 있으며, 우리가 가지고 있는 파괴적인 성향이나 생각들이 있는지를 유심히 살펴보아야 한다. 만약 우리가 무력하다는 것을 인정하고 하나님의 도우심을 구한다면, 새로운 행동의 과정들이 우리를 위해서 열리게 될 것이다.

● 당신의 삶의 어떠한 특정한 영역에서 통제와 조절이 필요하다고 생각하는가?

● 당신에게 있었던 파괴적인 행동들이나 습관들의 결과는 어떻게 나타나는가?

"그 날 저물 때에 제자들에게 이르시되 우리가 저편으로 건너가자 하시니 그들이 무리를 떠나 예수를 배에 계신 그대로 모시고 가매 다른 배들도 함께 하더니 큰 광풍이 일어나며 물결이 배에 부딪쳐 들어와 배에 가득하게 되었더라 예수께서는 고물에서 베개를 베고 주무시더니 제자들이 깨우며 이르되 선생님이여 우리가 죽게 된 것을 돌보지 아니하시나이까 하니 예수께서 깨어 바람을 꾸짖으시며 바다더러 이르시되 잠잠하라 고요하라 하시니 바람이 그치고 아주 잔잔하여지더라 이에 제자들에게 이르시되 어찌하여 이렇게 무서워하느냐 너희가 어찌 믿음이 없느냐 하시니 그들이 심히 두려워하여 서로 말하되 그가 누구이기에 바람과 바다도 순종하는가 하였더라" 막 4:35-41

● 제자들은 자신들이 무력하다는 것을 알고, 심한 두려움과 불신의 모습이 있었다. 당신은 인생이 무력하다고 생각할 때, 매우 심한 두려움과 불신이 있는가?

1단계에서 우리가 삶을 스스로 조절해 나갈 수 없다는 것을 인정한다는 것은 우리가 무력하다는 것을 인정하는 것만큼이나 동등하게 어렵다. 우리는 과거에 우리 자신에 관한 사실들을 숨기는 것에 익숙해져 있었다. 우리는 이러한 가면을 벗어버리고 우리가 진정 어떠한 사람인가에 대한 것을 알기 위하여 이제는 정직해질 필요가 있다. 우리가 이러한 행동들을 멈추게 될 때에 우리는 영적인 인도를 받아들이는 것이 필요하다고 느낄 수 있는 단계에 이른다. 이러한 영적인 인도는 우리와 우리의 삶을 새롭게 세워나갈 수 있는 것이다.

● 당신의 삶 가운데 당신이 조절할 수 없는 삶의 영역은 무엇인가?

● 당신 자신이 무력하다고 생각했던 경험이 있었다면 그것은 무엇인가?

"나는 참포도나무요 내 아버지는 농부라 무릇 내게 붙어 있어 열매를 맺지 아니하는 가지는 아버지께서 그것을 제거해 버리시고 무릇 열매를 맺는 가지는 더 열매를 맺게 하려 하여 그것을 깨끗하게 하시느니라 너희는 내가 일러준 말로 이미 깨끗하여졌으니 내 안에 거하라 나도 너희 안에 거하리라 가지가 포도나무에 붙어 있지 아니하면 스스로 열매를 맺을 수 없음 같이 너희도 내 안에 있지 아니하면 그러하리라 나는 포도나무요 너희는 가지라 그가 내 안에, 내가 그 안에 거하면 사람이 열매를 많이 맺나니 나를 떠나서는 너희가 아무 것도 할 수 없음이라 사람이 내 안에 거하지 아니하면 가지처럼 밖에 버려져 마르나니 사람들이 그것을 모아다가 불에 던져 사르느니라 너희가 내 안에 거하고 내 말이 너희 안에 거하면 무엇이든지 원하는 대로 구하라 그리하면 이루리라 너희가 열매를 많이 맺으면 내 아버지께서 영광을 받으실 것이요 너희는 내 제자가 되리라" 요 15:1-8

● 당신의 삶 가운데 개선되기를 원하는 행동이 있다면 그것은 무엇인가?

◆ ◆ ◆

신체적 질병의 치유는 오직 우리가 병이 들었다는 사실을 알게 되었을 때 고칠 수 있다. 우리들의 강박적이고 억압적인 행동의 영적인 치유는 우리가 문제의 존재를 인식할 때 시작되는 것이다. 막

10:51 에서 소경 바디매오가 등장하는데 그는 예수님에게 자신의 병을 고쳐 달라고 부탁을 하였다. 우리가 이러한 진리들을 깨닫기 전에 회복을 향한 우리들의 과정은 중단되어 있었다. 우리의 치유는 우리가 자신의 문제를 인식할 때에 시작되는 것이다.

● 당신이 문제라고 인정할 수 있는 행동이 있다면 그것이 무엇인가?

"이에 스스로 돌이켜 이르되 내 아버지에게는 양식이 풍족한 품꾼이 얼마나 많은가 나는 여기서 주려 죽는구나" 눅 15:17

● 자기중심적인 삶을 살았던 탕자는 자신의 무력함과 도저히 자신의 삶을 스스로 살아갈 수 없다는 것을 알게 되었다. 당신도 탕자와 비슷한 경험을 한 적이 있는가?

◆ ◆ ◆

이번 단계를 진행해 나가면서 우리는 우리 자신의 삶의 조건을 바꾸는 것만으로 진정한 변화가 일어날 수 없다는 것을 알아야 한다. 비록 그러한 유혹을 우리가 받을지라도 외형상으로 일어나는 변화는 문제를 수정할 수 없으며, 아직도 우리 안에 존재하고 있는 것이다. 진정한 치유는 우리의 환경을 변화시킬 수 있다는 믿음을 요구한다. 이번 단계에 대한 우리의 노력과 열의는 우리가 진정한 치유를 시작할 수 있도록 만들어 주며, 그것은 우리 안에서 반드시 일어날 수 있다는 것이다.

● 과거에 당신은 당신의 환경과 삶을 변화시켜 보려고 어떻게 시도하였는가?

"내 속 곧 내 육신에 선한 것이 거하지 아니하는 줄을 아노니 원함은 내게 있으나 선을 행하는 것은 없노라 내가 원하는 바 선은 행하지 아니하고 도리어 원하지 아니하는 바 악을 행하는도다 만일 내가 원하지 아니하는 그것을 하면 이를 행하는 자는 내가 아니요 내 속에 거하는 죄니라" 롬 7:18-20

● 당신의 소원대로 변화하려고 시도했지만, 실패했던 경험들을 기록해 보시오.

◆ ◆ ◆

우리들이 온전한 치유의 과정에 들어가기 시작하면서, 우리들은 점차로 우리들이 결코 혼자가 아니라는 사실을 인식할 수 있게 된다. 주님께서는 우리를 떠나시지 않으시며, 우리를 외롭게 하지 않으신다고 말씀하신다. 우리가 신앙 안에서 성장해 나가면서 우리들은 그분의 지속적인 임재를 경험할 수 있게 된다. 우리의 영적인 능력이 자라게 되는 것이다. 이와 더불어서 우리가 다시 과거로 회귀되지 않도록 깨어 있는 자세가 필요하다. 매일의 주어진 삶 속에서 우리 자신이 무력하며 우리 스스로 삶을 조절해 나갈 수 없다는 사실을 깨닫는다.

● 주님께서 당신 자신은 무력하며, 당신의 삶을 조절해 나갈 수 없다는 사실을 받아들일 수 있도록 어떻게 도움을 베풀어 주시는가?

"나에게 이르시기를 내 은혜가 네게 족하도다 이는 내 능력이 약한 데서 온전하여짐이라 하신지라 그러므로 도리어 크게 기뻐함으로 나의 여러 약한 것들에 대하여 자랑하리니 이는 그리스도의 능력이 내게 머물게 하려 함이라 그러므로 내가 그리스도를 위하여 약한 것들과 능욕과 궁핍과 박해와 곤고를 기뻐하노니 이는 내가 약한 그 때에 강함이라" 고후 12:9-10

- "내가 약한 그 때에 강함이니라"란 구절이 당신에게 의미하는 바가 무엇인가?

◆ ◆ ◆

12단계를 통하여 회복을 향한 우리의 여정을 시작해서, 과거의 진리들이 우리들에게 새로운 의미를 가지게 될 것이다. 우리들이 하나님의 사랑으로부터 결코 분리되지 않는다고 말할 때에 우리는 그것이 무엇을 의미하는지 알게 될 것이다. 하나님 안에서 우리가 가진 믿음과 우리 자신과 다른 사람들에 대해서 새롭게 깨닫게 된 믿음은, 자신에 대한 혹독한 정죄와 심판을 통해서 발생했던 고통과 아픔을 경험하는 가운데서도, 우리들을 지속적으로 붙들어 주는 것이다.

- 자신에 대한 정죄와 판단의 결과로 당신이 경험했던 고통과 아픔은 무엇이었는가?

"자기의 마음을 믿는 자는 미련한 자요 지혜롭게 행하는 자는 구원을 얻을 자니라" 잠 28:26

- 당신 자신을 믿는 것이 왜 지혜롭지 않다고 말할 수 있는가?

02단계

우리의 삶을 회복하시는 능력의 하나님

모든 능력의 근원이신 하나님이 우리를 온전한 모습으로 회복시킬 수 있다는 것을 믿는다.

"너희 안에서 행하시는 이는 하나님이시니 자기의 기쁘신 뜻을 위하여 너희에게 소원을 두고 행하게 하시나니" 빌 2:13

　　우리 자신이 무력하며 우리가 자신의 삶을 조절해 나갈 수 없다는 사실을 직면해서, 그 다음 단계는 우리 자신보다 더 능력을 가진 분의 존재를 인정하는 것이다. 하나님을 믿는 것은 우리가 항상 그 분의 능력을 받아들이는 것을 의미하는 것은 아니다. 기독교인으로서 우리들은 하나님을 알고 있지만, 그분의 능력을 우리의 삶에 늘 초청하는 것은 아니다. 2단계에서 우리들은 하나님에 대한 경험을 할 수 있는 기회를 가지게 된다. 예수님이 요 14:26 에서 말씀하신 바와 같이 성령이 그분의 이름으로 오셨으며, 우리들을 가르치시고, 그분이 가르치신 바를 우리들이 기억할 수 있도록 역사하신다. 이번 과정에서 우리들은 우리 자신과의 관계 그리고 하나님과의 관계를 다시 세워 나가게 된다. 이번 단계의 목적은 그분이 우리들 자신보다 더욱 더 위대한 능력자이시며, 우리의 삶에 가장 중요한 분으로 우리들이 인식하는 것이다.

　　우리들의 대부분은 이번 단계에서 자신이 가지고 있는 주된 문제들을 보여주게 될 것이다. 현재 우리들이 가진 조건들 때문에 우리들은 우리들이 무력하다는 것을 인정할 수밖에 없는 것이다. 우리들은 우리 자신이나 다른 사람을 의지할 수 없다. 심지어 우리들은 하나님이 과연 나를 치료하실 수 있을지에 대한 의심도 가질 수 있다. 우리들은 정신이 나간 사람들과 같이 심한 혼돈과 공황 상태를 우리 삶 가운데 경험할 수도 있는 것이다.

　　우리들이 가지고 있는 신앙적 배경을 의존하는 가운데 어떠한 사람들은 자신들이 가르침을 받은 대로 하나님이 경외의 대상으로서 위엄과 권위를 가지고 계신다고 말한다. 그러나 그들은 하나님을 '사랑의 하나님'으로 인식하지 못하고 있다. 그들은 어린 아이가 잘못을 행할 때에 혼나는 것처럼, 잘못한 일에 대해서 심한 두려움과 죄책감이 있다. 하나님이 자신을 처벌하실 것에 대한 심한 두려움이 그들의 행동이나 생각에 여전히 영향을 미치고 있는 것이다. 하나님을 기쁘시게 못하는 것에 대한 두려움은 성장하면서 죄의식을 통해 더욱 악화되어 갔으며, 수치심을 동반하기도 하였다. 어른이 되어서 두려움의 문제와 죄의식과 수치심의 고통을 종종 경험하기도 한다.

　　우리도 여전히 하나님에 대한 죄의식을 가지고 있는데, 그분이 우리에 대해서 한 없이 실망하실 것이라고 생각하기 때문이다. 이러한 우리의 경험 때문에 어떠한 사람들은 하나님을 거부하기도 한다.

그 이유는 하나님은 우리에게 위로보다는 늘 고통만 주는 분으로 인식하고 있기 때문이다. 하나님이 우리와 함께 계신다는 확신이 있음에도 불구하고, 두려움 속에서 그분의 임재를 의심한다. 심지어 자신의 문제를 인식하고 하나님의 임재를 경험한다고 할지라도, 여전히 의심의 마음은 사라지지 않는다. 이번 단계에서 우리들의 목적은 전적으로 하나님의 인도와 개입을 받아들이며 이것을 통해서 평화와 안정의 여정을 시작할 수 있도록 하는 것이다.

어떠한 사람들은 자신의 삶을 조절하기 위한 자아의 의지와 능력에 대한 믿음이 우리에게 있는 전부라고 생각한다. 우리들은 우리 자신의 삶을 조절해 나갈 수 있는 능력이 없다. 그리고 부서진 자아의 의지와 어린이와 같은 연약성을 가지고 있기 때문에 하나님을 인정하는 것이다. 우리들이 하나님의 진실한 속성들을 깨닫게 되면, 우리들의 어깨는 한결 가벼워지며 우리의 삶을 새로운 각도에서 바라볼 수가 있게 되는 것이다.

기독교가 가지고 있는 위대한 역설 가운데 한 가지는 인간이 결코 하나님께 항복하기까지 완벽하게 자유로울 수 없다는 것이다. 요 8:32 에서 예수님은 "너희가 진리를 알지니 진리가 너희를 자유케 하리라."라고 말씀하셨다. 이번 단계에서 우리들은 하나님이 위대한 능력자라는 사실을 인정하며, 그 분께 우리의 삶을 온전히 드려야 한다는 것을 깨닫게 될 것이다. 우리는 하나님이 우리와 함께 하신다는 사실을 인정한다. 우리는 오직 그 분을 통해서만이 모든 것이 가능하다는 것을 의심하지 않고 인정하게 된다. 만약에 당신이 당신의 조건에 대한 사실들을 받아들이고 위대한 능력자이신 하나님 앞에 자신의 모든 것을 내려놓기로 결심한다면, 당신은 궁극적으로 진정한 자유를 얻을 수 있게 될 것이다.

이번 단계는 우리들에게 희망을 선사하는 단계와 같다. 우리가 진정 예수 그리스도를 받아들이고 우리의 위대한 능력자가 베풀어 주시는 것을 인정한다면, 우리에게는 언제든 도움의 손길이 열리며, 새로운 희망이 생기게 된다. 여기에 바로 우리의 영적인 성장을 위한 중요한 기초가 세워지게 되며, 우리가 소원하는 사람이 될 수 있도록 우리를 도와주게 되는 것이다. 우리에게 요구되는 것은 우리 자신보다 더 위대한 능력자가 바로 우리의 인격적인 주님이라는 사실을 기꺼이 믿고 고백하는 것이다. 우리가 이번 단계를 통해서 진행해 나가고자 하는 것은 우리의 삶 속에 그분의 능력을 초청하는 것이며, 우리가 사랑과 건강 그리고 은혜 안에서 성장하는 것이다.

개인적 성찰

우리 자신보다 더 위대한 능력자를 신뢰하는 것은 믿음을 요구한다. 과거에 우리들이 가지고 있었던 믿음이란 자신의 삶을 스스로 조절해 나갈 수 있는 능력이 우리에게 있다고 믿는 것이었다. 그러나 그러한 능력은 우리 자신의 무가치함을 증명해 보이고 말았다. 이것은 잘못된 생각이었으며 우리가 생각했던 대로 된 것은 아무것도 없었다. 우리들은 예수 그리스도 안에 우리의 믿음을 심는 것(롬

10:8-10)이 필요하다는 것을 알게 되었다. 맨 먼저 우리가 만질 수도 볼 수도 없는 능력자 안에 우리의 신앙을 세워 나간다는 것이 비현실적인 것 같이 보인다. 그러나 모든 만물들 가운데 그분의 영광은 진정한 능력과 사랑 그리고 위엄을 증명한다.

● 하나님에 대한 신앙에 회의나 의심을 가져본 적이 있는가?

● 당신의 신앙은 어떻게 당신보다 위대한 능력자를 받아들일 수 있도록 도와주었는가?

"예수께서 즉시 제자들을 재촉하사 자기가 무리를 보내는 동안에 배를 타고 앞서 건너편으로 가게 하시고 무리를 보내신 후에 기도하러 따로 산에 올라가시니라 저물매 거기 혼자 계시더니 배가 이미 육지에서 수 리나 떠나서 바람이 거스르므로 물결로 말미암아 고난을 당하더라 밤 사경에 예수께서 바다 위로 걸어서 제자들에게 오시니 제자들이 그가 바다 위로 걸어오심을 보고 놀라 유령이라 하며 무서워하여 소리 지르거늘 예수께서 즉시 이르시되 안심하라 나니 두려워하지 말라 베드로가 대답하여 이르되 주여 만일 주님이시거든 나를 명하사 물 위로 오라 하소서 하니 오라 하시니 베드로가 배에서 내려 물 위로 걸어서 예수께로 가되 바람을 보고 무서워 빠져 가는지라 소리 질러 이르되 주여 나를 구원하소서 하니 예수께서 즉시 손을 내밀어 그를 붙잡으시며 이르시되 믿음이 작은 자여 왜 의심하였느냐 하시고 배에 함께 오르매 바람이 그치는지라 배에 있는 사람들이 예수께 절하며 이르되 진실로 하나님의 아들이로소이다 하더라 그들이 건너가 게네사렛 땅에 이르니" 마 14:22-34

● 베드로의 경험은 자신보다 위대한 능력자를 신뢰하는 결과를 어떻게 보여주고 있는가?

◆ ◆ ◆

신앙은 실제로 행동하는 모습을 통해서 성장한다. 우리들은 우리들의 행동을 통해서 믿음을 증명하거나 보여주게 된다. 그러면서 우리의 신앙은 더욱 강해지는 것이다. 우리가 예수 그리스도에게 요청하는 순간마다 그리고 우리의 절대적인 능력자에게 도움을 요청할 때마다 우리들의 믿음은 강해지며 성장한다. 우리는 마침내 우리가 온전히 그분에게만 의존해야 하고 그분은 결코 우리를 떠나지 않는다는 사실을 받아들이게 된다. 우리가 필요로 하는 것들은 그분에게 요청하며 그분의 능력을 의지하는 가운데 나타난다.

- 당신의 신앙이 자라고 있다는 것을 알 수 있는 최근의 사건은 무엇인가?

"가라사대 너희 믿음이 적은 연고니라 진실로 너희에게 이르노니 너희가 만일 믿음이 한 겨자씨만큼만 있으면 이 산을 명하여 여기서 저기로 옮기라 하여도 옮길 것이요 또 너희가 못할 것이 없으리라" 마 17:20

- "겨자씨만큼 작은 믿음"이 비유하는 의미는 무엇인가?

"예수께서 이르시되 할 수 있거든이 무슨 말이냐 믿는 자에게는 능히 하지 못할 일이 없느니라 하시니. 곧 그 아이의 아버지가 소리를 질러 이르되 내가 믿나이다 나의 믿음 없는 것을 도와 주소서 하더라" 막 9:23-24

- 하나님이 당신을 회복시켜 줄 것을 믿기 때문에 삶에서 변화된 부분이 있다면 그것은 무엇인가?

◆ ◆ ◆

신앙에 대한 가장 위대한 비밀 중의 하나는 성령이 항상 우리 안에 내재해 계셔서 우리가 기쁨의 삶을 살아갈 수 있도록 도와주신다는 것이다. 그분의 위대한 소원은 우리와 영원히 함께 하는 것이다. 우리가 그분의 임재를 경험하고 인정하면 그분은 우리와 더 가까이 함께 하신다.

● 당신과 하나님의 관계에 대해서 기록해보시오.

"여호와는 마음이 상한 자를 가까이 하시고 충심으로 통회하는 자를 구원하시는도다 의인은 고난이 많으나 여호와께서 그의 모든 고난에서 건지시는도다 그의 모든 뼈를 보호하심이여 그 중에서 하나도 꺾이지 아니하도다 악이 악인을 죽일 것이라 의인을 미워하는 자는 벌을 받으리로다 여호와께서 그의 종들의 영혼을 속량하시나니 그에게 피하는 자는 다 벌을 받지 아니하리로다" 시 34:18-22

● 예수님과 당신의 관계가 어떻게 당신의 깨어진 심령을 치료할 수 있다고 생각하는가?

◆ ◆ ◆

위대한 능력자이신 우리 주님과의 관계가 깊어질수록 우리들은 우리 자신의 부족하고 모난 부분들을 회복하기 위하여 그분의 도우심을 구할 수 있게 된다. 2단계에서는 우리들이 적합하지 못한 상태임을 알려준다. 사전은 이러한 적합하지 않은 상태를 가리켜서 '개인이 가지고 있는 질병의 명확한 인식 없이 자신의 사회적인 의무를 수행하거나, 개인적인 용무들을 감당할 수 있는 능력의 결핍'으로 정의를 내리고 있다. 우리들은 여전히 자신의 행동에 책임을 지기보다는 다른 사람들이나 환경에 비난을 돌린다.

● 당신이 생각하는 당신의 적합하지 못한 부분들은 무엇인가?

_____
_____

"우리는 우리 자신이 사형 선고를 받은 줄 알았으니 이는 우리로 자기를 의지하지 말고 오직 죽은 자를 다시 살리시는 하나님만 의지하게 하심이라" 고후 1:9

● 당신이 생각해볼 때, 당신의 과거의 자아는 언제 어떻게 죽었다고 생각하는가?

_____
_____

◆ ◆ ◆

우리들이 가지고 있는 어린 시절의 외상적 경험 때문에, 우리들은 반항적이고, 냉담하며, 쉽게 화를 잘 내고, 자기중심적이며, 자신을 억압하는 성향을 가지게 되었다. 이러한 조건들은 우리들의 삶이 정말로 균형 있는 삶으로 회복이 필요하다는 것을 알려준다. 만약에 우리들이 위대한 능력자를 믿는다면, 그래서 그분이 우리의 삶을 회복시켜 주신다는 것을 인정한다면, 우리들은 회복될 수 있다. 만약에 우리들이 아무런 준비 없이 이러한 시도를 하게 된다면, 우리들의 부정적인 영향으로 인해 외부의 도움에 의존해서 또다시 우리 자신을 속이는 결과를 낳고 말 것이다. 예수 그리스도의 도움으로 우리는 이러한 거짓된 행위들을 치료할 수 있게 된다.

● 위의 여러 조건들 가운데 당신에게 부정적인 영향을 주었던 조건들은 무엇인가?

_____
_____

"너희 안에서 행하시는 이는 하나님이시니 자기의 기쁘신 뜻을 위하여 너희에게 소원을 두고 행하게 하시나니" 빌 2:13

● 하나님이 어떻게 당신을 치료하실 수 있다고 생각하는가?

◆ ◆ ◆

　　예수 그리스도가 우리들을 돕는 방법들 가운데 한 가지는 우리들이 우리의 상태를 명확하게 볼 수 있도록 돕는 것이다. 또한 우리들과 비슷한 경험을 가진 사람들과 관계를 맺도록 인도하시는 것이다. 우리들이 이야기를 나눌 때에 그러한 경험들은 명확해지며, 모임 가운데 '정서적 안정'을 유지할 수 있게 된다. 우리들은 모든 걱정, 우울, 강요, 그리고 강박관념들이 건강하지 않다는 것을 보게 된다. 우리가 과거에 위대한 능력자를 의지하지 않고, 자신의 힘과 능력만을 믿으며 자기 스스로 조절해 나가려고 했던 사실들이 너무나 터무니없었던 것을 알게 된다. 그분은 우리들이 가지고 있었던 파괴적인 행동들이 우리 자신이나 다른 사람들에게 도저히 용납될 수 없다는 사실을 깨달을 수 있도록 도와주신다. 우리가 그분의 능력을 의지할수록 우리의 삶의 질은 개선되는 것이다.

● 우울이나 강박관념, 그리고 억압적인 행동들이 당신의 삶을 어떻게 힘들게 하였는가?

◆ ◆ ◆

● '정서적 안정'을 유지하기 위하여 당신이 할 수 있는 것은 무엇인가?

　　"우리가 무슨 일이든지 우리에게서 난 것 같이 스스로 만족할 것이 아니니 우리의 만족은 오직 하나님으로부터 나느니라" 고후 3:5

2단계_ 우리의 삶을 회복하시는 능력의 하나님

● 당신과 하나님의 관계가 당신의 삶에 어떠한 변화를 가져다주었는가?

◆ ◆ ◆

　　우리가 이 과정을 시작했을 때에 우리들은 즉각적인 결과를 기대할 수도 있을 것이다. 어린 시절부터 우리들은 우리가 바라는 일들이 「지금 당장 여기서」 발생하지 않았을 때, 분노하거나 혼란을 경험하였다. 이러한 과정 속에서 갑작스런 변화는 사실 일어나지 않을 수도 있다. 우리가 정말 찾고자 하는 진정한 회복을 위해서는 인내와 꾸준하게 감당해내고자 하는 의지가 필요하다. 우리들 가운데 어떠한 사람은 매우 독특해서 자신들이 생각해 볼 때에 나름대로의 회복이 진행되고 있다고 생각하기도 한다. 그리고 어떠한 사람들은 즉각적인 안정을 경험할 수도 있으며 또 어떠한 사람들은 이 과정이 모두 마칠 때까지 아무런 변화를 느끼지 못할 수도 있다. 여기에는 일정한 규칙이 존재하지 않는다. 당신의 회복은 가장 당신에게 적합한 순간에 찾아올 수 있기 때문이다.

● 회복에는 지속적인 인내와 노력이 요구된다는 사실에 대해 어떻게 생각하는가?

　　"너는 알지 못하였느냐 듣지 못하였느냐 영원하신 하나님 여호와, 땅 끝까지 창조하신 이는 피곤하지 않으시며 곤비하지 않으시며 명철이 한이 없으시며. 피곤한 자에게 능력을 주시며 무능한 자에게는 힘을 더하시나니 소년이라도 피곤하며 곤비하며 장정이라도 넘어지며 쓰러지되 오직 여호와를 앙망하는 자는 새 힘을 얻으리니 독수리가 날개 치며 올라감 같을 것이요 달음박질 하여도 곤비하지 아니하겠고 걸어가도 피곤하지 아니하리로다" 사 40:28-31

● 위대한 능력자로서 주님은 어떻게 당신에게 새 힘을 주시는가?

◆ ◆ ◆

2단계에서는 온전한 회복을 약속한다. 이러한 마음의 상태를 이루기 위해서는 겸손해야 한다. 겸손은 교만과 공격적인 성향이 없는 부드러운 마음을 가지는 것이다. 우리들 대부분은 겸손의 부재 때문에 삶이 엉망이 되기도 한다. 겸손을 발전시키는 것은 이 과정에서 매번 다루어지는 중요한 주제이다. 우리들은 우리가 가진 교만을 내려놓아 진정한 겸손을 체험하게 된다. 빌 2:5 에서 우리는 그리스도와 같이 낮아지는 자가 되어야 한다.

- 당신의 삶 가운데 공격적인 성향이나 기질이 있는가?

- 특별히 당신의 삶에서 어느 영역이 겸손해야 한다고 생각하는가?

"내가 확신하노니 사망이나 생명이나 천사들이나 권세자들이나 현재 일이나 장래 일이나 능력이나 높음이나 깊음이나 다른 어떠한 피조물이라도 우리를 우리 주 그리스도 예수 안에 있는 하나님의 사랑에서 끊을 수 없으리라" 롬 8:38-39

- 예수 그리스도와 당신의 관계는 어떠한 상태인가? 그 관계가 더 깊어질 수 있는가?

◆ ◆ ◆

우리들이 1단계에서 주장하는, 우리가 무력하다는 것과 우리 스스로 삶을 조절해 나갈 수 없다는 사실을 전적으로 받아들일 수 있는 준비가 되어 있을 때, 우리는 하나님께 우리의 삶을 전적으로 위탁할 수 있다. 그리고 우리가 예수 그리스도를 우리의 위대한 전능자로 받아들일 때, 우리는 하나님의 돌보시는(제3단계) 것에 우리의 삶을 전적으로 위탁할 수 있다. 결코 이것에 대해서 혼란은 존재하지 않는다. 중요한 것은 성경에서 말하는 "이제 자다가 깰 때가 되었다"(롬 13:11)의 말씀을 주의 깊게 듣는 것이다. 믿음 안에서 성장해 나가면서 당신은 다음의 여러 단계들을 감당해 나갈 수 있게 될 것이다.

- 1단계 또는 2단계를 진행하는 가운데 여전히 당신이 그리스도를 당신의 삶 가운데 주인으로 인정하는데 어려운 점이 있다면 그것은 무엇인가?

- 당신이 그 문제를 해결하기 위하여 할 수 있는 것은 무엇인가?

"두려워하지 말라 내가 너와 함께 함이라 놀라지 말라 나는 네 하나님이 됨이라 내가 너를 굳세게 하리라 참으로 너를 도와주리라 참으로 나의 의로운 오른손으로 너를 붙들리라" 사 41:10

- 당신이 하나님으로부터 도움을 받기 원하는 부분은 무엇인가?

"하나님이 세상을 이처럼 사랑하사 독생자를 주셨으니 이는 그를 믿는 자마다 멸망하지 않고 영생을 얻게 하려 하심이라 하나님이 그 아들을 세상에 보내신 것은 세상을 심판하려 하심이 아니요 그로 말미암아 세상이 구원을 받게 하려 하심이라" 요 3:16-17

- 하나님이 약속하신 '풍성한 삶'을 얻기 위한 도구로서 12단계를 어떻게 생각하는가?

03단계

우리의 삶을 하나님께 맡기는 이유

우리의 의지와 삶을 하나님의 돌보시는 것에 맡기기로 결심한다.

"그러므로 형제들아 내가 하나님의 모든 자비하심으로 너희를 권하노니 너희 몸을 하나님이 기뻐하시는 거룩한 산 제물로 드리라 이는 너희가 드릴 영적 예배니라" 롬 12:1

3단계는 모든 단계들의 중심이 되는 단계이다. 이번 단계의 핵심은 우리의 의지와 삶을 하나님의 돌보시는 것에 위탁하려고 결심을 하는 것이다. 3단계는 안정적이고 평화로운 삶을 세우는데 있어서 모퉁이 돌과 같은 역할을 하는 단계이다. 1단계와 2단계에서 우리들은 우리의 삶을 하나님의 돌보시는 것에 맡기기 위한 기초적인 작업들을 하였다. 이제 이번 3단계에서 그 동안 했던 작업들을 한 번 더 되새기면서, 실제로 우리가 어떻게 하면 우리의 의지와 삶을 하나님께 위탁할지 깊이 있게 생각해 볼 것이다. 이와 같은 과정들은 12단계의 전체적인 과정들을 보다 굳건하게 다지는데 도움을 준다.

이 과정에 참여하는 우리들은 우리가 살고 있는 세상에 대해 부정적인 생각으로 참여하는 경우도 있을 것이다. 그러한 사람들은 어린 시절에 상처를 입었던 경험을 가지고 있거나, 자신의 삶 속에서 원칙도 없이 주먹구구식의 양육이나 돌봄을 받았던 경험이 있던 사람들이다. 과거에 경험했던 영향들 때문에, 우리들은 하나님을 무정하며 정죄하는 분으로 이해할 수 있다. 그러한 경험들의 근거가 무엇이든 간에, 우리들이 가지고 있는 두려움을 버리는 것이나 하나님께 온전히 의지하는 것에 대해 너무나 힘들어 한다면, 우리들의 회복은 지연될 것이다. 만약에 우리들이 어린 시절에 극심한 외상을 가지고 있다면, 우리들은 누군가를 의지하는 것에 대해서 심지어는 하나님께도 저항할 수가 있다. 이번 3단계에서 우리들은 하나님의 손에 우리의 인생을 드리며, 우리의 믿음이 더 한층 강화될 수 있도록 노력하게 되는 것이다.

성경에 등장하는 인물들은 종종 하나님의 의지에 거역하는 행위를 보여주었다. 성경은 이러한 몇 가지의 예들을 소개하고 있다. 그러나 마지막에서 보여주는 것은 결국 하나님의 인도의 결과라는 사실이다. 이스라엘 백성들을 광야 생활 속에서 인도하는 모세의 모습이나 자신의 아들 이삭을 바치려는 아브라함의 순종, 그리고 주변 사람들의 지속적인 비난에도 불구하고 방주를 만드는 노아의 모습들을 통해서 알 수가 있다. 이러한 행동들의 핵심을 히 11:6 은 함축적으로 설명한다. "믿음이 없이는 하나님을 기쁘시게 하지 못하나니 하나님께 나아가는 자는 반드시 그가 계신 것과 또한 그가 자기를 찾는 자들에게 상 주시는 이심을 믿어야 할지니라."

현실에 대하여 우리들이 가지고 있는 부정적인 인식은 우리들의 행동에 영향을 미쳐서 우리의 행동이 강박적이고 혼돈적인 모습으로 나타나기도 한다. 이러한 역기능적인 행동에 대해 우리들의 책임감을 인정하는 것은 너무나 어려운 일이다. 우리는 결코 "좋은 사람"이라는 인식이 없다. 부정하는 행동은 우리들이 취했던 유일한 행동이나 다름이 없었으며, 이러한 부정은 진정 우리 자신이 누구인가에 대한 자신의 진정한 모습을 볼 수 없게 만들었다. 부정의 행동은 마치 창문을 닫고 우리에게 비추는 태양을 피하는 것과 같다. 3단계에서 우리들은 그 닫힌 문을 열고 비로소 빛의 세계로 들어갈 준비를 하게 될 것이다. 하나님에 대한 우리의 신뢰는 우리가 빛의 세계로 들어가는 중요한 원천이 되며 빛을 통해서 우리의 행위를 살펴볼 수 있게 되는 것이다.

3단계는 무언가 결정을 유도하는 단계이다. 이제 결정할 시간이 된 것이다. 맨 처음 단계에서 우리들은 우리들의 상황을 인식하고 우리 자신보다 더 위대한 분이 계시다는 사실을 인정하였다. 비록 우리들이 이제 하나님이 어떠한 분이신가를 알게 되었다고 할지라도, 진정 하나님께 우리의 삶을 온전히 의지하는 것은 정말로 어렵다는 것을 발견하게 된다. 그러나 만약에 우리의 존재에 대한 심각한 고민과 의문을 가지고, 우리가 사랑하는 사람이나 대상들 예를 들면, 가족이나 직장, 건강 그리고 우리 삶의 소중히 여기는 것들의 상실을 경험한다면, 하나님의 인도를 절실하게 바랄 것이다. 지금 바로 여기서 우리들의 인생은 더욱 아름다워질 수 있으며, 과거의 강박적이고 혼란스런 행동 때문에 파괴된 우리의 인생이 새롭게 회복될 수 있다. 우리는 이것을 발견하는 것으로만 만족해서는 안 된다. 우리들은 계속해서 이 과정들을 진행해 나가야 하며, 다음 단계에서 우리들이 가진 역기능적인 상태들을 구체적으로 인식해야 한다. 기억해야 하는 것은 우리들의 연약 때문에 언제든 중도에 포기할 수 있다. 그렇기 때문에 인내와 하나님의 치유를 구하려는 용기가 필요하다.

우리들이 하나님의 의지에 우리의 인생을 위탁하는 것을 통해서, 우리들의 파괴된 자아의 성향들은 점차로 약해지고 영향을 덜 미치게 된다. 종종 혼란과 슬픔이 이러한 과정들을 성공적으로 진행하는 것에 대한 걸림이 되기도 하지만, 우리가 하나님 앞에서 결심을 하고 앞으로의 치유를 위해서 나가고자 하는 결단은 매우 중요한 행동의 원천이 된다. 그리고 이것은 단순히 감정적인 차원에서 행동하는 일은 아니다. 우리의 삶을 바꾸고자 하는 노력은 지속적으로 우리가 가지고 있는 과거의 습성들, 우리가 행동했던 강박적인 행동들, 그뿐만 아니라 우리의 능력, 잠재성, 기술 그리고 야망까지 포기해야 하는 것을 의미하는 것이다. 여기에서의 핵심적인 열쇠는 우리의 의지적이고 이성적인 생각 속에서 분명한 결단을 내려야 하며, 이러한 과정조차 하나님께 의지하고자 하는 전적인 믿음의 자세를 요구한다.

우리의 삶을 내려놓고 과거의 짐들에 더는 구속당하지 않으려는 결심을 통해서, 우리들은 우리 자신에 대해 보다 세밀하게 인식할 수 있게 된다. 우리가 더욱 하나님을 신뢰하는 것을 배울수록 우리들도 우리 자신을 신뢰할 수 있게 되며, 사람들을 신뢰하는 지경까지 확장될 수 있게 된다. 하나님의 의지에 맡기고자 하는 우리들의 결정은 전적인 삶의 모든 영역들 속에서의 회복을 보여준다. 우리가 우리의 부정적인 행위로부터 자유롭게 돼서, 우리들은 매일 매일의 주어진 삶을 가치 있게 살아갈 수 있게 된다. 우리들의 성급함과 조바심은 사라지고, 우리들은 하나님의 사랑을 깨닫게 되며, 그 사랑을 다른 사람들과도 나눌 수 있게 된다. 우리들의 삶은 변화 되어서 하나님과 살아 있는 관계가 되고, 점차로 하나님 나라의 귀한 사역자로 쓰임을 받게 되는 것이다.

개인적 성찰

이번 단계에서 우리들은 중요한 결정을 내리게 된다. 이제 우리의 삶 가운데 하나님의 개입이 필요하다는 것을 인식해야 하며, 그리고 우리 자신을 그분께 온전히 드려야 할 때인 것이다. 우리들의 삶을 온전히 하나님께 복종해야 한다는 것을 결정해야 한다. 그분은 점차로 우리의 삶을 인도하시며 그리고 우리는 그분의 인도를 받아들이는 것이다. 하나님은 우리들에게 인생을 어떻게 살아가야 하는지를 깨닫게 하신다. 그래서 우리가 과거의 부정적인 영향으로부터 자유롭게 되며, 이제는 인생의 새로운 기쁨과 즐거움을 누릴 수 있도록 하신다. 이번 단계는 우리들이 과거의 중독과 낙심, 그리고 질병과 두려움을 강화시켰던 모든 행위들로부터 벗어날 수 있는 기회를 제공해준다.

● 하나님의 돌보심에 인생을 온전히 위탁하기를 원하는 당신의 결심을 기록해보시오.

"너는 마음을 다하여 여호와를 의뢰하고 네 명철을 의지하지 말라. 너는 범사에 그를 인정하라 그리하면 네 길을 지도하시리라" 잠 3:5-6

● 하나님께서 당신의 어떠한 영역에서 당신을 인도해주시기를 희망하는가?

"주는 나의 하나님이시니 나를 가르쳐 주의 뜻을 행하게 하소서 주의 영은 선하시니 나를 공평한 땅에 인도하소서" 시 143:10-11

● 성령께서 어떻게 당신의 삶을 인도해나가신다고 생각하는가?

◆ ◆ ◆

우리들 가운데 많은 사람들은 이 단계를 진행해 나가면서 우리들의 삶의 특정한 부분만 그분께 드리는 것으로 생각한다. 우리들이 우리 자신의 삶을 스스로 조절해 나갈 수 없다는 사실을 인정할 때, 우리들의 가장 어려운 부분도 하나님께 내려놓을 수 있게 된다. 우리들은 자신의 삶의 어떠한 영역들은 스스로 할 수 있다고 생각할 수도 있는데, 그 이유는 자신이 그만한 능력을 가지고 있어서 적어도 그러한 부분은 잘 할 수 있다고 생각하기 때문이다. 그러나 우리들은 하나님과 거래할 수 없다. 우리는 반드시 우리의 전체적인 삶을 하나님께 드릴 준비를 해야 하며, 우리의 모든 삶의 영역들 속에서 그분의 인도를 통한 회복을 간구해야 한다. 우리가 진정 이러한 사실들을 받아들일 때, 우리의 회복에 대한 여정은 비로소 시작되는 것이다.

● 당신의 삶에서 특별히 어떠한 영역들을 하나님께 위탁하기를 원하는가?

● 하나님을 신뢰하지 못하는 당신의 삶의 영역은 어떠한 것이며, 그 이유가 무엇인가?

"그러므로 형제들아 내가 하나님의 모든 자비하심으로 너희를 권하노니 너희 몸을 하나님이 기뻐하시는 거룩한 산 제물로 드리라 이는 너희가 드릴 영적 예배니라"
롬 12:1

● 삶에서 스트레스를 줄이기 위하여 당신의 삶을 어떻게 하나님께 산 제사로 드리는가?

◆ ◆ ◆

　　이번 단계는 마치 우리들이 자신의 정체성을 상실하는 것처럼 느낄 수 있다. 우리들이 마치 모든 것을 상실한 것처럼 느끼는 것이다. 무엇이 일어났는지 아무것도 모르는 것이 사실 더 두려운 것이다. 우리들 대부분은 우리들이 살아가고 있는 환경을 스스로 개선하도록 노력하였다. 우리들의 행위의 대부분은 어린 시절에 형성된 것이었으며, 현재의 모습에 많은 영향을 미쳤던 것이다. 우리들 내부의 깊은 곳에서는 두려움과 다른 사람에 대한 분노, 비난, 폭력의 잔재들이 남아 있을 수도 있다. 어린 시절에 우리들은 이것을 고치려고 노력했으며, 다른 사람들로부터 버림당하지 않기 위하여, 사람들에게 좋은 면을 보이려고 애써 왔다. 그러나 남은 것은 깨져버린 약속들이며 부서진 꿈들이었다.

● 어린 시절에 가졌던 부정적인 경험들이 지금도 당신에게 영향을 미치고 있는가?

　　영접하는 자 곧 그 이름을 믿는 자들에게는 하나님의 자녀가 되는 권세를 주셨으니. 이는 혈통으로나 육정으로나 사람의 뜻으로 나지 아니하고 오직 하나님께로부터 난 자들이니라 요 1:12-13

● 어린 시절에 예수님과 당신의 관계가 어떠하였는가?

◆ ◆ ◆

　　우리들이 성장했던 환경은 종종 우리가 하나님을 신뢰할 수 있는 믿음에서 벗어나게 하였다. 우리들이 하나님께 드렸던 기도는 아무런 응답이 없었고, 우리는 하나님이 사랑이 많으신 분인지에 대한 의심을 가지기도 하였으며, 어떻게 사랑이 많으신 분이 나에게는 잔인한 분인지에 대해서 고민도 하였다. 이번 단계는 다시 시작할 수 있는 계기를 만들어 주는 단계이다. 우리가 이번 단계를 진행해 나가면서 우리 안에 잊혔던 어린 시절의 생각들을 다시 떠올리게 될 것이다. 그러면서 우리들은 하나님의 치유하시는 사랑이 우리의 어린 시절의 상처를 만지시고 계신다는 것을 눈으로 보게 될 것이다. 예수님은 우리들에게 어린이와 같지 않으면 아무도 천국에 들어갈 수 없다고 말씀하셨다. 이러한 주님의 말씀은 우리들이 어린아이와 같은 상태에 있을 지라도 하나님의 무한한 사랑과 은혜를 받는데 조금도 지장이 없다는 사실을 깨닫게 하는데 도움을 주는 것이다. 이러한 마음으로 우리들은 우리 안에 있는 어린 아이와 같은 심정을 기대할 수 있으며, 이러한 어린 아이와 같은 심정은 따스한 사랑과 돌봄을 받으려는 마음이 생기도록 만들어 준다.

● 3단계는 당신의 과거의 상처를 회복시켜 주는데 어떻게 도움을 주고 있는가?

"수고하고 무거운 짐진 자들아 다 내게로 오라 내가 너희를 쉬게 하리라. 나는 마음이 온유하고 겸손하니 나의 멍에를 메고 내게 배우라 그리하면 너희 마음이 쉼을 얻으리니. 이는 내 멍에는 쉽고 내 짐은 가벼움이라 하시니라" 마 11:28-30

● 무거운 짐을 내려놓기 위하여 주님 앞에서 당신은 어떻게 하는가?

◆ ◆ ◆

하나님을 신뢰하는 것과 그분의 도우심을 받아들이는 법을 배우는 것은 우리의 삶의 질을 개선시켜 나가는데 큰 도움을 준다. 우리는 우리의 짐을 스스로 짊어지고 나갈 필요가 없다. 우리의 과거의 고통의 대부분은 우리가 홀로 남겨진 결과이기도 하다. 하나님의 임재를 통해서 우리들의 자존감은 상승될 것이며, 우리들은 정말로 가치 있는 존재라는 사실을 강하게 인식하게 될 것이다. 사랑을 받을 수 있는 우리의 능력은 더욱 커져갈 것이며 우리들은 교제와 나눔을 하는 가운데 이러한 마음을 확신하게 될 것이다.

● 당신의 자존감이 성장하고 있다는 것을 당신은 어떻게 느낄 수 있는가?

"여호와께 피하는 것이 사람을 신뢰하는 것보다 나으며 여호와께 피하는 것이 고관들을 신뢰하는 것보다 낫도다" 시 118:8-9

● 사람을 의지하는 가운데 실패한 경험이 있는가?

◆ ◆ ◆

예수 그리스도는 아버지 하나님의 뜻을 받아들이는 가운데 자신의 삶을 온전히 드리는 본을 보여 주셨다. 십자가에서 죽임을 당하시고 부활의 승리가 진정한 모습인 것이다. 지상에서 사역을 하는 동안에 주님이 보여주신 우리들을 향한 사랑은 악의 도전에 정면으로 맞서는 것이었다. 주님은 강하신 분이셨고 한 번도 굽히시지 않으셨는데, 그것은 성부 하나님에 대한 전적인 신뢰에 있었던 것이다. 우리도 또한 유혹의 상황이나 도전 앞에서 강해질 수 있는데, 그것은 하나님이 어떠한 분이신가? 그리고 그분이 결코 우리를 포기하지 않으신다는 사실을 우리들이 분명히 믿고 있기 때문이다.

● 성부 하나님의 뜻에 전적으로 순종하시는 예수님의 모습은 어떠한가?

"조금 나아가사 얼굴을 땅에 대시고 엎드려 기도하여 이르시대 내 아버지여 만일 할 만하시거든 이 잔을 내게서 지나가게 하옵소서 그러나 나의 원대로 마옵시고 아버지의 원대로 하옵소서 하시고" 마 26:39

● 예수님의 십자가에서 드린 위의 기도 내용은 3단계의 주제를 어떻게 표현하고 있는가?

◆ ◆ ◆

우리의 인생 가운데는 우리들이 짊어져야 할 십자가가 있다. 어떠한 사람들은 자신의 과거의 잘못된 행동의 영향들을 지금도 경험할지도 모른다. 여러 가지의 중독적인 성향들, 약물, 파괴적인 행위들, 성, 알코올, 돈과 음식 등, 우리들은 신체적인 죽음뿐만 아닌 영적인 죽음을 직면하기도 한다. 우리가 이러한 유혹들로부터 돌아서서, 우리를 사로잡고 있는 짐을 그분께 내려놓으라는 하나님의 초청을 받아들이게 되는 것이다.

● 당신이 지금도 짊어지고 있는 삶의 힘든 십자가가 있다면 그것이 무엇인가?

"내가 그리스도와 함께 십자가에 못 박혔나니 그런즉 이제는 내가 사는 것이 아니요 오직 내 안에 그리스도께서 사신 것이라 이제 내가 육체 가운데 사는 것은 나를 사랑하사 나를 위하여 자기 자신을 버리신 하나님의 아들을 믿는 믿음 안에서 사는 것이라"
갈 2:20

● 그리스도와 함께 살아가는 당신의 삶이 매일의 삶 가운데서 어떻게 도움을 주고 있는가?

◆ ◆ ◆

우리는 3단계의 내용들을 매일 실습하는 것이 중요하다는 점을 기억해야 한다. 그래야 우리들이 변할 수가 있는 것이다. 우리들은 더욱 평안을 경험할 것이고, 모든 잘못과 모든 사람들에 대해서 책임감을 더는 가질 필요가 없다는 것을 느끼게 될 것이다. 우리가 이전에는 경험하지 못했던 평화와 안전이 우리들에게 찾아오게 될 것이다. 우리의 눈은 열릴 것이고, 인생에서 새롭고 힘찬 발걸음을 시작할 것이다. 우리들은 점점 하나님이 우리의 인생을 인도하신다는 것을 인식할 것이다. 우리 주위에 있는 사람들은 우리가 더욱 안정감이 있고 신뢰할 만한 사람이라는 것을 인정하게 될 것이다.

● 3단계가 당신의 삶을 변화시킬 수 있도록 기여할 수 있는 점들은 무엇인가?

"너의 행사를 여호와께 맡기라 그리하면 네가 경영하는 것이 이루어지리라"
잠 16:3

● 당신의 앞길을 하나님께 맡기는 것이 성공적인 결과를 만들어 줄 수 있다고 생각하는가?

회복의 과정에 있어서 우리가 얼마 정도의 진전이 있었는가에 상관없이, 우리들은 계속해서 우리의 인생을 주님이 돌보시는 것에 위탁하며 깨어 있도록 힘써야 한다. 방심하는 것은 지혜로운 생각이 아니다. 우리는 이러한 면들을 충분히 인식하면서 매일 이 과정에 최선을 다해야 한다. 이번 3단계의 내용을 실행하고 실천하도록 노력하는 자세가 특별히 중요하다. 하나님에 대한 우리의 신뢰의 자세가 미래의 승리를 보장해주는 것이다.

● 삶 속에서 3단계를 실제로 삶에 적용하기 위해 어떠한 계획을 세우며 실천할 것인가?

"내가 진실로 진실로 너희에게 이르노니 나를 믿는 자는 내가 하는 일을 그도 할 것이요 또한 그보다 큰일도 하리니 이는 내가 아버지께로 감이라. 너희가 내 이름으로 무엇을 구하든지 내가 행하리니 이는 아버지로 하여금 아들로 말미암아 영광을 받으시게 하려 함이라" 요 14:12-13

● 하나님의 뜻에 순종하기로 결심했을 때 당신의 인생에 생기는 큰 변화는 무엇인가?

"여호와의 말씀이니라 너희를 향한 나의 생각을 내가 아나니 평안이요 재앙이 아니니라 너희에게 미래와 희망을 주는 것이니라. 너희가 내게 부르짖으며 내게 와서 기도하면 내가 너희들의 기도를 들을 것이요. 너희가 온 마음으로 나를 구하면 나를 찾을 것이요 나를 만나리라. 이것은 여호와의 말씀이니라 나는 너희들을 만날 것이며 너희를 포로된 중에서 다시 돌아오게 하되 내가 쫓아 보내었던 나라들과 모든 곳에서 모아 사로잡혀 떠났던 그 곳으로 돌아오게 하리라 이것은 여호와의 말씀이니라" 렘 29:11-14

● 하나님께서 돌보시는 것에 위탁할 때 하나님으로부터 받을 수 있는 축복들은 무엇인가?

◆ ◆ ◆

당신이 살아 온 과정들은 주님과 동행하는 사람들과 같이 평안과 안정, 그리고 돌봄을 받기 원하는 많은 사람들도 경험하는 과정이다. 우리들의 매일의 과제는 계속해서 하나님의 인도를 구하는 것이다. 우리는 주님과 날마다 동행해야 한다.

"볼지어다 내가 문 밖에 서서 두드리노니 누구든지 내 음성을 듣고 문을 열면 내가 그에게로 들어가 그와 더불어 먹고 그는 나와 더불어 먹으리라" 계 3:20

다음의 기도문을 반복해서 기도하는 것이 매일 우리의 삶의 여정을 능력 있게 살아가도록 도움을 제공해줄 것이다.

제3단계의 기도문

사랑하는 주님, 나의 삶을 온전히 당신께 맡기며,
당신의 뜻 가운데 내가 거하며 행할 수 있게 하옵소서.
당신이 나의 삶의 여정을 인도해주실 것이라는 믿음을 가지고,
당신의 뜻을 행할 수 있을 것이라는 희망을 가지고 이 세상 가운데 나아갑니다.
성령의 능력과 사랑, 그리고 내가 행하는 모든 일 속에서의 당신의 인도를 믿습니다.
아멘.

영적인 일기

주님과 영적인 여정을 하며, 의미 있는 경험을 하기 위하여 영적인 일기를 작성하는 것은 주님과의 관계를 깊게 하는데 도움을 준다.

다음의 여백들은 당신의 온전한 회복과 치유를 위한 영적인 여정의 경험들을 기록하도록 제시된 것이다.

04단계

부정은 하나님을 바로 보는 기회입니다

우리 자신에 대해 철저하고 두려움이 없는 도덕적 목록을 만든다.

"우리가 스스로 우리의 행위들을 조사하고 여호와께로 돌아가자" 애 3:40

    4단계는 우리들이 지금까지 해온 과정들의 성장을 위한 발판을 제공하는 단계이다. 여기서 우리들은 우리 자신의 행위들을 살펴보면서 자신에 대한 이해를 확장하게 된다. 자신을 발견하려는 모험은 이번 단계에서 시작하여 7단계에까지 계속될 것이다. 이 기간 동안 우리들은 개인적인 목록을 작성하거나 그룹 안에서 서로 자신의 이야기를 나누며, 우리의 결점을 극복하기 위하여 하나님을 초청한다. 우리 자신에 대해서 작성하는 시간에 정직하게 이 과정에 참여하는 것은 매우 중요한 일이며, 이것은 우리 자신을 회복하기 위한 아주 중요한 밑거름이 된다. 인생에 관한 우리 내면의 깊은 감정들을 인정하고, 우리 자신을 알아가는 것을 방해하는 모든 장애물을 극복할 수 있는 마음의 준비를 해야 한다.

    4단계는 우리들이 '그림자'라고 말하는 즉 우리의 어린 시절에 한 부분으로 그동안 숨겨져 있었던 인생의 파편들을 다루는 일을 하게 될 것이다. 우리 자신에 대하여 자세히 기록을 하는 가운데 우리 자신의 행위에 대한 보다 깊고 넓은 이해를 할 수 있게 된다. 우리 안에 있었던 '그림자'와 같은 영역들이 우리의 본성과 결합되어 한 부분이 되었다는 점을 인정해야 한다. 우리의 본성 안에 이렇게 숨겨진 부분들은 분노, 두려움, 그리고 억압하는 감정들이다. 우리 자신을 정직하게 드러낼수록 우리들이 가지고 있는 성향들을 용납하고자 하는 마음이 생존을 위해서 필요하게 된다. 그러나 이제는 이러한 성향들을 인식하는 데 있어서 자유롭게 될 것이다. 우리의 혼란스러운 어린 시절의 환경 속에서 이러한 성향들은 우리의 삶을 지탱해주는 역할을 하였다. 그러나 이러한 성향들이 성인기에도 계속적으로 영향을 미치는 것은 오히려 우리의 역기능을 강화시켜 나간다.

    부정은 우리가 어린 시절에 학습했던 핵심적인 생존의 기술이었다. 부정은 이 세상 속에서 믿음을 통한 우리의 정서적인 성장을 방해하였다. 우리들은 종종 우리의 환경이 실제보다는 낫다는 환상을 가진다. 부정은 우리가 살아가고 있는 역기능적인 가족 환경 속에서 발생하는 고통을 억누르고, 우리가 느끼는 대로의 감정을 차단하고 말았다. 우리들의 수치심과 죄의식을 정직하게 표현하는 것보다 침묵으로 일관하도록 만들었으며, 다른 사람들이 조롱하는 것에 대해 두려움이 생기게 만들었다. 이러한 수동적 행동들은 정서적으로 성숙한 성인으로 성장하는 것을 방해하였다. 우리 자신에 대해서 깊이 알아 갈수록 우리들은 부정이 우리의 삶 가운데 아주 많은 역할을 담당했다는 것을 인정하기 시작한다.

이러한 인식은 우리의 개인적인 삶의 과정 안에서 진실을 볼 수 있도록 만들어 준다.

분노와 두려움은 우리 자신에 대하여 살피기 전에 먼저 다룰 필요가 있는 두 가지 이슈들이다. 우리들이 상처 받았던 특정한 장소나 사실, 사람들에 대한 분노는 우리의 모습 가운데 존재하고 있어서, 현재에 살고 있는 우리의 능력을 제한하고 만다. 분노는 우리가 살아가는 가운데 수없이 경험했던 심각한 상처의 결과이다. 분노는 화를 불러일으키거나 좌절과 우울을 만들어 낸다. 극심한 분노의 감정이 해결되지 않을 때, 우리는 심각한 신체적 정신적 질병을 경험하고 만다.

두려움은 이성적으로 되려는 우리의 능력을 제한한다. 두려움이 표출될 때, 상황에 대한 올바른 인식을 내리는 것이 힘들어지고 만다. 두려움은 다른 억압적인 행동의 뿌리가 되며 고통스런 감정을 만들어 낸다. 두려움은 우리 자신을 정직하게 표현하는 것을 방해하며 그리고 위협적인 상황 가운데 우리가 적절하게 반응하지 못하도록 만든다. 우리의 행위를 변화시키기 위하여 우리들은 먼저 이러한 면들을 직면해야 하고, 우리에게 있는 두려움을 인정해야 한다. 우리들이 두려움에 가득 찬 본성들을 인정할 때, 일시적인 자존감의 상실을 경험할 수도 있다. 그러나 우리는 다시 회복되고 하나님을 의지하는 마음을 가지게 될 것이다.

개인적인 목록 작성을 위한 준비는 무엇보다 하나님의 인도하심을 구하는 마음을 요구한다. 2단계와 3단계에서의 새롭게 회복된 하나님과 관계를 통해서, 우리들은 이제 하나님께 도움을 요청할 수 있다. 우리는 이제 우리 자신의 개인적 역사에 대해서 자세하게 살펴볼 것이며, 그것을 인정하게 될 것이다. 기억해야 하는 것은 하나님이 우리와 함께 하신다는 사실은 하나님께서 이번 단계에서 우리들이 해야 할 과제를 도와주신다는 것이다. 하나님의 도우심으로 우리들은 용기 있게 우리의 장점과 단점도 같이 되새겨 볼 수 있다. 이러한 과정이 진행되면서 우리들은 변화가 필요하다는 사실을 인정하기 시작한다.

4단계는 우리가 어린 시절에 경험했지만 성인이 된 지금은 적절하지 않은 특정한 행위들을 인식할 수 있는 기회를 준다. 우리들의 불행에 대한 다른 사람들을 비난하는 행위나 상처 입은 행동에 대하여 스스로 책임감을 모면하고자 하는 모습과 사실에 대한 저항하는 행동들이 바로 우리가 직면해야 하고 버려야 하는 행동의 패턴들이다. 이렇게 학습된 행동들은 우리의 어린 시절에 개발되었고, 점차로 우리의 내면에 깊이 자리를 잡고 말았다. 이러한 행동들을 살펴보는 것이 문제를 일으킬 수도 있다. 고통스러운 기억들이 다시 떠오르는데, 이러한 기억들은 그동안 우리가 잊고 있었던 기억들이다. 우리가 감추고 있는 것들에 대해서 정직하게 표현하려는 노력은 회복의 과정에 가기 위한 필수적인 과정이라고 할 수 있다.

이번 4단계를 마칠 때에 우리의 생각들을 종이에 적는 것은 가치 있고 필요한 일이다. 이렇게 글로 쓰는 과정은 우리가 인식하고자 하는 생각들에 집중할 수 있게 해주며, 무엇이 우리 삶 가운데 발생했는지 생각나도록 도와준다. 우리는 부정적인 기억들을 종종 표면에 드러나지 않도록 억압하기도 하였는데, 은연중에 우리의 생각과 행동에 영향을 미치고 있었다는 것을 알게 된다. 우리의 기억들을 되새기며 글로 작성하는 작업은 우리의 장점과 약점에 대한 통찰력을 제시해준다. 우리 자신에 대해서 판단하는 것보다 우리가 무엇을 발견하였든지 그것을 받아들일 필요가 있다. 그리고 이러한 발견이 건강한 삶을 향한 중요한 발걸음이라는 사실이 되는 것이다. 4단계의 성공적인 성취를 위해서 우리 자신의 정직한 표현을 요구한다. 하나님의 도우심과 우리가 가지고 있는 용기 있는 자세가 이번 단계의 과정들을 진행해 나가는데 필요한 요소들이다.

개인적 성찰

부정은 우리가 결코 어찌할 수 없었던 어린 시절의 환경에서부터 시작되었다. 우리를 돌보는 어른들의 폭력이나 불안정성, 혼돈스런 행동에 대한 우리들의 반응이라고 할 수 있다. 그들의 합당하지 않았던 행동에 대하여 우리가 어떻게 이해를 해야 할지, 무슨 일이 발생했는지에 대해서 생각을 해보는 것이다. 우리들은 그러한 혼돈된 상황들을 외면하였고, 곤란한 문제를 부인하고 말았다. 우리들이 성숙해도 여전히 부정은 현실을 직면하는 것으로부터 우리 자신을 보호하는 수단이 되었고, 우리들이 가질 수 있는 환상이나 생각들을 숨길 수 있도록 도움을 주었다.

● 당신의 어린 시절의 부정적인 현실에 대해서 외면하고 숨기고자 했던 경우가 있었는가?

_____

_____

"만물보다 거짓되고 심히 부패한 것은 마음이라 누가 능히 이를 알리요마는 나 여호와는 심장을 살피며 폐부를 시험하고 각각 그 행위와 그 행실대로 보응하나니" 렘 17:9-10

● 당신은 어떠한 방법으로 당신의 상황들을 부정하였는가?

_____

_____

◆ ◆ ◆

부정의 모습은 베드로가 예수님을 부인하는 성경의 예에서도 볼 수가 있다. 예수님을 향한 베드로의 사랑 때문에 그는 결코 예수님을 부인한다고 생각하지 않았다. 그러나 베드로는 자신의 상황이 불리해지자 자신에게 주어진 상황을 주님의 제자로서 마땅하게 그 결과를 받아들이기보다는 오히려 예수님을 부인하고 말았다. 베드로는 자신이 한 행동에 대해서 깨달았을 때 그는 절망에 빠지고 말았다. 이와 비슷한 방식으로 부정하는 태도가 우리에게 무엇을 했는지에 대해서 알았을 때 우리들은 자신을 학대하고 괴롭히는 감정을 경험하게 된다.

● 당신의 삶 가운데 부정하는 태도가 당신의 인생에 해를 끼친 경우가 있었는가?

"베드로는 아랫뜰에 있더니 대제사장의 여종 하나가 와서 베드로가 불 쬐고 있는 것을 보고 주목하여 이르되 너도 나사렛 예수와 함께 있었도다 하거늘 베드로가 부인하여 이르되 나는 네가 말하는 것이 무엇인지 알지도 못하고 깨닫지도 못하겠노라 하며 앞뜰로 나갈새 여종이 그를 보고 곁에 서 있는 자들에게 다시 이르되 이 사람은 그 도당이라 하되 또 부인하더라 조금 후에 곁에 서 있는 사람들이 다시 베드로에게 말하되 너도 갈릴리 사람이니 참으로 그 도당이니라 그러나 베드로가 저주하며 맹세하되 나는 너희가 말하는 이 사람을 알지 못하노라 하니 닭이 곧 두 번째 울더라 이에 베드로가 예수께서 자기에게 하신 말씀 곧 닭이 두 번 울기 전에 네가 세 번 나를 부인하리라 하심이 기억되어 그 일을 생각하고 울었더라" 막 14:66-72

● 상황을 모면하기 위하여 당신과 관계를 가진 사람을 부정했던 경험이 있는가?

◆ ◆ ◆

부정은 많은 형태를 가지고 있으며, 각기 다른 형태로 위장해서 나타나기도 한다. 서로 다른 형태와 방식으로 작용한다. 몇 가지 형태들을 소개하면 다음과 같다.

- 단순한 부정: 어떠한 일이 실제로 일어났을 때, 예를 들면 문제를 야기할 수도 있는 사소한 신체적 증상과 같은 경우에도 아무런 일도 일어나지 않은 척 하는 경우이다.
- 경시: 문제가 있는 것은 인정하나, 그것이 대수롭지 않은 것처럼 여긴다. 예를 들면 심하게 불쾌감을 느낄 정도의 감정 상태에도 단순한 관계의 불신으로만 한정해서 생각하고 만다.
- 비난: 문제를 야기한 누군가를 비난하는 행위, 행위 자체를 부인하는 것이 아닌, 그 원인을 누군가의 잘못으로 생각하고 비난하는 행위이다. 예를 들면 당신의 잘못을 친구나 부모의 탓으로 돌리는 것이다.
- 변명: 구실을 대며 정당화하고 다른 사람의 행동으로 원인을 돌린다. 예를 들면 자신이 술을 먹고 결석한 것을 부모의 병 때문에 결석했다고 원인을 돌리며 변명한다.
- 합리화: 일반적으로 자신이 생각하기에 옳다고 정당성을 부여하는 행위이다. 이러한 행동 속에는 상황이나 조건에 대한 감정적인 느낌이나 생각들을 회피하는 것이다. 예를 들면 문제의 근본적인 원인이 되는 어떠한 중독적인 증상이 있을 때, 그것을 단순히 감기 정도의 증상으로만 합리화해서 해명하는 행위이다.
- 교묘한 속임수: 주제를 교묘하게 피하며 그 상황을 모면하고자 하는 행위이다.
- 공격: 화를 내거나 지나친 반응을 보여서 상황을 피하고자 과도하게 반응하는 행위이다.

● 당신의 삶 가운데 부정의 모습들이 어떻게 나타나는가?

"만일 누가 아무 것도 되지 못하고 된 줄로 생각하면 스스로 속임이라 각각 자기의 일을 살피라 그리하면 자랑할 것이 자기에게는 있어도 남에게는 있지 아니하리니 각각 자기의 짐을 질 것이라" 갈 6:3-5

● 스스로 된 줄로 자신을 속이는 자만심이 자신에 솔직하려는 생각을 어떻게 방해하는가?

◆ ◆ ◆

자신에 대해서 솔직하게 기록하는 것은 자신의 비밀을 정리하는 것과 비슷하다. 우리가 가진 것들을 쌓아 놓고 있거나, 우리가 간직하고 싶어 하는 것을 확인해보는 것, 또는 우리에게 필요하지 않거나, 부적절한 것을 버리는 것과 같은 것이다. 이제 그 모든 것은 더는 존재하지 않는 것이다. 그것은 실제로 우리에게 있었던 일이기도 하다. 만약에 우리가 계속해서 모아 두기만 한다면, 그것을 정리하는 작업은 아주 오랜 시간이 걸리는 일이 될 것이다. 우리가 이러한 작업을 하는 가운데 좋은 기억들도 나쁜 기억들도 생각날 것이다. 우리는 반드시 과거는 지난 역사라는 사실을 기억해야 한다. 과거의 일들을 다시 들추어서 생각하고자 하는 것은 이 과정을 하는 목적은 아니다. 이러한 과정을 통해서 우리들의 최근의 행동 패턴들을 보다 잘 이해하고자 한다. 우리가 가진 주된 관심사는 미래이다. 이 작업은 우리들이 가진 두려움을 줄여주는 가운데 진행되어야 한다.

● 과거의 기억들을 되새기는 가운데 혹시 염려되는 것이 있다면 그것이 무엇인가?

_____
_____
_____

"우리가 스스로 우리의 행위들을 조사하고 여호와께로 돌아가자" 애 3:40

● 우리가 과거의 행동들을 살펴보는 것이 하나님께 돌아가는데 어떠한 도움을 줄 수 있는가?

_____
_____
_____

◆ ◆ ◆

4단계에서 우리들은 어린 시절부터 매우 익숙했던 여러 행동과 태도에 관해서 생각해볼 것이다. 이러한 작업을 하는 가운데 우리가 깨닫게 되는 것은 현재 우리들이 행동하는 패턴들이 어린 시절부터 우리의 생존을 위해서 필요한 방식들이었다는 사실이다. 성인으로서 우리들은 이제 우리 자신을 위한 새로운 삶의 스타일을 선택해야 할 기로에 서 있다. 우리는 우리의 성장을 위해서 도움을 줄 수 있는 방법들을 배우고 선택해야 한다. 우리가 가진 장점과 단점들을 함께 살펴보며, 우리들의 삶 속에 무엇이 필요한지를 점차로 깨닫게 된다. 우리는 또한 우리에게 필요한 장점이 지혜로운 선택을 통해서 살아날 수 있도록 해야 한다. 이러한 작업은 우리의 삶 속에서 무엇을 변화시켜야 하며, 어떠한 부분이 계속해서 성장시켜 나가야 하는지를 알려주는 데 도움을 준다.

● 당신의 행동 중에서 부정적인 영향을 끼칠 수 있는 행동 패턴은 무엇인가?

_____

_____

"하나님이여 나를 살피사 내 마음을 아시며 나를 시험하사 내 뜻을 아옵소서 내게 무슨 악한 행위가 있나 보시고 나를 영원한 길로 인도하소서" 시 139:23-24

● 하나님께 자신의 행위 가운데 특별히 부정적인 행위 패턴을 살필 수 있도록 도움을 구하는 기도문을 작성해 보시오.

_____

_____

_____

◆ ◆ ◆

우리가 해야 할 다음의 과제는 분노를 살펴보는 것이고, 어떻게 분노가 우리에게 해를 끼쳤는지를 인식해보는 것이다. 아마 분노를 품고 있는 자체가 영적인 병을 일으키는 하나의 원인이 될 수 있다. 분노에 대한 목록들을 작성하면, 우리들은 그러한 분노의 상태가 우리의 자존감과 행복, 현재에 어떠한 영향들을 미치었는지 알 수 있을 것이다. 분노를 계속해서 가지고 있는 것은 심한 스트레스, 염려, 우리가 다룰 수 없는 극심한 감정을 야기한다. 만약에 이러한 감정들을 해결되지 않은 채로 내버려 둔다면, 정서적이고 신체적인 심각한 결과들이 나타날 것이다. 만약에 우리들이 이러한 분노를 방치한다면, 이것 때문에 심각한 우울증이 발전되어 결국에는 치명적인 파괴를 가져오게 된다.

● 당신에게 분노의 감정이 있다면, 그 대상이 누구이며 당신의 삶을 어떻게 방해하였는가?

"내 사랑하는 형제들아 너희가 알지니 사람마다 듣기는 속히 하고 말하기는 더디 하며 성내기도 더디 하라 사람이 성내는 것이 하나님의 의를 이루지 못함이라 그러므로 모든 더러운 것과 넘치는 악을 내버리고 너희 영혼을 능히 구원할 바 마음에 심어진 말씀을 온유함으로 받으라" 약 1:19-21

● 당신이 분노를 표현하거나 그러한 분노를 일으키는 상황들은 무엇인가?

◆ ◆ ◆

우리들을 파괴적인 삶의 형태로 유도하는 것이 바로 두려움이다. 두려움의 감정은 자주 느끼는 감정이기도 하다. 두려움이 생기면 부정하고, 외면하고, 회피하려는 감정이 생긴다. 우리들의 비현실적인 관점은 점차로 과장되어 나타나고, 격렬한 부정적인 반응을 유도해낸다. 두려움은 우리에게 상당한 고통을 경험하도록 만든다. 우리가 신체적으로 공격을 당하거나 그러한 감정을 느끼게 되면, 우리는 공황 상태에 빠지기도 한다. 두려움이 발생하면 우리들은 점차로 신경질적이고, 심한 혐오와 방향 감각의 상실로 변한다. 우리가 가진 두려움을 살펴보며, 우리들은 그동안 우리들이 행했던 잘못된 결정에 대한 결과들이 바로 두려움에서 기인했다는 사실을 깨닫게 될 것이다. 만약에 우리들이 결정의 순간에 올바른 결정을 내렸다면, 우리의 인생이 긍정적으로 변할 수 있었을 것이라는 생각을 한다.

● 당신이 지금도 가지고 있는 주된 두려움은 무엇인가?

"사랑 안에 두려움이 없고 온전한 사랑이 두려움을 내어쫓나니 두려움에는 형벌이 있음이라 두려워하는 자는 사랑 안에서 온전히 이루지 못하였느니라" 요일 4:18

● 하나님이 당신의 잘못을 모두 알고 계시다면, 당신이 가장 두려워하는 것이 무엇인가?

◆ ◆ ◆

우리들이 가진 분노와 두려움을 직면하는 것은 상당한 용기를 필요로 한다. 과거의 성향들은 우리의 감정을 억압했다. 이제 우리는 인생을 올바로 직시해서 그러한 경험들을 다시 하지 않도록 해야 한다. 하나님이 우리와 함께 하신다는 것과 우리가 진행하는 모든 단계에 하나님께서 도와주실 것이라는 사실을 믿는 것은 매우 중요하다. 기독교인으로서 우리들은 주님께서 우리의 고통을 아시고, 우리의 고통을 함께 나누어지신다는 것을 알게 된다. 하나님의 도우심과 이해를 통해서 고통은 줄어들 것이다.

● 당신이 기독교인이라는 사실은 분노와 두려움을 대처하는데 어떠한 도움을 줄 수 있는가?

"너희가 믿음안에 있는가 너희 자신을 시험하고 너희 자신을 확증하라 예수 그리스도께서 너희 안에 계신 줄을 너희가 스스로 알지 못하느냐 그렇지 않으면 너희가 버림 받은 자니라. 우리가 버림 받은 자 되지 아니한 것을 너희가 알기를 내가 바라고" 고후 13:5-6

● 당신은 주님이 함께 계신다는 것을 믿는가? 당신의 확신에 대한 글을 써 보시오.

◆ ◆ ◆

4단계의 과정 중에 작성하는 개인적 사항에 대한 목록들을 통해서 우리들은 과거의 성향들을 되돌아 볼 것이며, 우리의 장점과 단점을 아울러서 살펴보게 될 것이다. 우리들이 가지고 있는 장점들은 행동 속에서도 나타나며, 우리에게 긍정적인 영향을 미칠 뿐만 아니라 다른 사람들에게도 좋은 영향을 미친다. 우리들이 가지고 있는 약점은 행동 속에서 표현되며, 우리 자신과 다른 사람들에게 부정적인 영향을 미친다. 우리가 가지고 있는 문제들을 고치기 전에 우리 안에 존재하는 그러한 성향들을 살피는 것이 필요하다. 우리가 어떠한 사람인지, 우리의 생각이나 신념, 우리의 행동을 좌우하는 태도들을 알게 될 때 자신에 대한 진정한 이해가 시작되는 것이다.

- 당신이 가지고 있는 장점은 무엇인가? 그 장점이 당신에게 어떠한 유익을 주고 있는가?

- 당신의 약점은 무엇인가? 그 약점은 당신에게 어떠한 부정적인 영향을 미치고 있는가?

"너희는 모든 악독과 노함과 분냄과 떠드는 것과 비방하는 것을 모든 악의와 함께 버리고" 엡 4:31

- 이번 단계가 악독이나 노함, 분냄을 구체적으로 알게 해주는데 어떻게 도움을 주는가?

목록 작업을 준비할 때에 아마 당신은 몇 가지의 어려운 점들을 직면할 수도 있을 것이다. 만약 당신이 어떠한 이유에서 거부하고 싶은 마음이 든다면, 그것은 부정하는 마음이 당신에게 작용하기 때문일 수도 있다. 그 때에는 잠시 쉬었다가 당신이 정말 무엇을 해야 하는지를 잘 생각해 본 후에 다시 시작하는 것이 좋다. 당신의 감정을 한 번 더 살펴보거나 생각해 볼 수 있는 시간도 필요하다. 그리고 하나님께 도움을 구하라. 이 순간에 하나님께서 우리 가운데 임재 하신다는 것을 기억하며, 우리는 하나님의 도움이 절대적으로 필요하다는 것을 깨달아야 한다.

● 당신이 목록 작업을 할 때 어려움들이 발생하였다면 그 어려움들은 무엇인가?

"내 고초와 재난 곧 쑥과 담즙을 기억하소서 내 마음이 그것을 기억하고 내가 낙심이 되오나 이것을 내가 내 마음에 담아 두었더니 그것이 오히려 나의 소망이 되었사옴은 여호와의 인자와 긍휼이 무궁하시므로 우리가 진멸되지 아니함이니이다" 애 3:19–22

● 당신에게 좌절을 불어 일으켰던 당신이 기억하는 고통이 있는가?

"시험을 참는 자는 복이 있나니 이는 시련을 견디어 낸 자가 주께서 자기를 사랑하는 자들에게 약속하신 생명의 면류관을 얻을 것이기 때문이라" 약 1:12

● 하나님이 원하시는 인생을 살기 위한 용기를 어떻게 하면 가질 수 있는가?

우리가 작성하는 목록들은 우리의 유익을 위한 것이다. 이러한 목록은 우리 자신을 용납하는 가운데 가장 중요한 받침대의 역할을 해준다. 그리고 회복의 여정으로 한 층 더 우리를 인도해줄 것이다. 우리가 다음 5, 6, 7단계를 진행해 나가면서 우리들은 이러한 과정들이 서로 연결되어 진행된다는 사실들을 알 수 있을 것이다. 우리 자신에 대한 진실들을 인식하게 될 것이며, 이것에 관해서 다른 사람들과 논의할 수도 있을 것이다. 그리고 하나님께 우리들이 가지고 있는 결점을 제거해달라고 기도할 수 있을 것이다.

● 목록을 작성하는 가운데 당신의 개인적인 목적이 있다면 그것은 무엇인가?

"그러므로 땅에 있는 지체를 죽이라 곧 음란과 부정과 사욕과 악한 정욕과 탐심이니 탐심은 우상 숭배니라 이것들로 말미암아 하나님의 진노가 임하느니라 너희도 전에 그 가운데 살 때에는 그 가운데서 행하였으나 이제는 너희가 이 모든 것을 벗어 버리라 곧 분함과 노여움과 악의와 비방과 너희 입의 부끄러운 말이라" 골 3:5-8

● 당신의 목록들이 치유와 회복을 위하여 어떠한 도움을 줄 수 있을 것이라고 생각하는가?

_____

_____

◆ ◆ ◆

개인 목록 작성을 위한 중요한 지침

이번 단계에서 제공된 개인 목록 작성은 다른 12단계 프로그램에서 사용되는 일반적인 지침과는 조금 다른 모습을 가지고 있다. 여기에서 강조하는 것은 알코올 중독과 관련하거나 또는 다른 중독적인 증상을 가진 역기능 가족 환경 속에서 성장한 성인 아이에게서 주로 볼 수 있는 행동의 패턴들이나 감정 상태에 초점을 맞추고 있다. 목록을 작성하는 가운데 특별히 당신에게 해당되는 점들을 생각해서 기록해야 한다. 단순하게 생각해서 기록하지 않도록 해야 한다. 가능한 기억나는 대로 최근의 사건이나 경험을 중심으로 기록하는 것이 좋다. 시간을 충분히 가지고 당장 생각이 나지 않을 때에는 잠시 시간을 갖고 난 후에 작성한다.

이러한 작업은 당신의 인생 가운데 존재했거나 존재하고 있는 분노와 두려움을 포함한 여러 감정의 상태나 행동 패턴들을 살펴보기 위한 것이다. 이러한 과정들은 그 다음 5단계로 진행할 수 있는 준비 과정이다. 이 과정을 작성하면서 무엇보다 자신에게 솔직하고 진솔한 자세로 임하도록 하는 것이 좋다.

구체적으로 작성하고 단순하고 불분명하게 하지 않도록 해야 한다. 당신이 만약에 '소외'라는 부분에 대해서 기록할 때, 구체적으로 떠오르는 생각이나 행동들에 대해서 기록하는 것이 좋다. 그리고 특정한 인물이나 장소, 시간, 그리고 목적 등을 함께 밝히도록 한다. 당신이 할 수 있는 한 최선을 다해서 주어진 상황 안에서 등장인물에 대한 언급과 구체적인 시간이나 발생했던 장소, 특정한 행동 등에 대해서 기록을 한다. 물론 여기서 중요한 점은 그러한 상황이 발생했을 때, 주어진 감정이나 행동에 대한 언급이 반드시 기록되어야 한다는 점이다.

분 노

분노는 영적인 질병을 일으키는 다양한 원인들을 제공한다. 우리들의 정신적이고 신체적인 질병들은 종종 건강하지 못한 상태에서 비롯되는 결과이다. 건강한 방식 안에서 분노를 다룰 수 있는 방법은 회복의 과정에서 중요하다.

분노가 당신의 문제로 작용했던 경우들을 기록해보시오.

- 당신에게 분노를 유발하는 특정한 인물이나 원칙들이 있는가? (인물, 장소, 원칙)
- 당신이 분노를 일으키는 원인이 무엇인가? (분노를 유발하게 된 원인)
- 분노는 당신에게 어떠한 영향을 미치었는가? (낮은 자존감을 형성하였거나 직장을 잃었거나, 관계의 어려움을 경험하였거나, 아니면 신체적인 질병을 유발하였거나 등)
- 분노 때문에 당신에게 나타난 결점이 있다면, 그것은 무엇인가? (사람들의 인정을 갈구하거나, 다른 사람을 조종하거나, 아니면 버림 받을 것에 대한 두려움)

보기: 나는 직장 상사 때문에 매우 심하게 화가 났다. 왜냐하면 그는 내가 왜 의기소침했는지 나의 설명을 도무지 들으려는 관심도 없었기 때문이다. 이것은 나의 자존감에 영향을 미치었다. 이러한 영향으로 내 안에서 끓어 오르는 분노가 생기고 말았다.

● 나는 화가 났다
왜냐하면
이것은 영향을 미치었다
이러한 영향 때문에

● 나는 화가 났다
왜냐하면
이것은 영향을 미치었다
이러한 영향 때문에

● 나는 화가 났다
왜냐하면
이것은 영향을 미치었다
이러한 영향 때문에

두려움

두려움도 영적인 질병을 유발하는 원인이 된다. 정신적이고 신체적인 질병들이 두려움으로 인하여 발생하는 것이다. 건강한 방식 안에서 두려움에 대한 인식을 갖는 것은 회복의 과정에 있어서 중요한 부분이다.

두려움이 당신에게 문제를 일으켰던 다양한 경우들에 대해서 기록해본다.

- 당신에게 두려움을 유발하는 특정한 인물이나 원칙들이 있는가? (인물, 장소, 원칙)
- 당신이 두려운 이유가 무엇인가? (두려움을 유발하는 원인)
- 두려움은 당신에게 어떠한 영향을 미치었는가? (낮은 자존감의 형성, 관계의 어려움, 목적의 상실, 핑계를 대며 일을 미루는 것)
- 두려움 때문에 당신에게 나타난 결점이 있다면, 그것은 무엇인가? (사람들의 인정을 갈구하거나, 다른 사람을 조종하거나, 아니면 버림 받을 것에 대한 두려움)

보기: 나는 나의 배우자 때문에 매우 두렵다. 왜냐하면 내가 결코 그녀/그를 기쁘게 해줄 수 없다고 생각했기 때문이다. 이것은 나의 자존감과 성적인 면에 영향을 미치었다. 이러한 영향 때문에 나는 버림 받을 것에 대한 두려움을 갖게 되었다.

● 나는 두렵다 _____
왜냐하면 _____
이것은 영향을 미치었다 _____
이러한 영향 때문에 _____

● 나는 두렵다 _____
왜냐하면 _____
이것은 영향을 미치었다 _____
이러한 영향 때문에 _____

● 나는 두렵다 _____
왜냐하면 _____
이것은 영향을 미치었다 _____
이러한 영향 때문에 _____

나의 결점

아래의 예는 이번 단계에서 작성할 목록에 대한 한 부분으로, 주어진 질문에 대한 대답을 완성하는데 도움을 주기 위하여 제시된 것이다. 다음의 제안된 지침들을 참고한 후에 충분히 생각하고 기록하도록 한다.

소외

● 당신 자신이 소외를 당했던 경험이나 사건들에 대해서 기술해보시오.

나는 지난 토요일 샤론의 파티에 초청을 받았지만 거절하고 말았다. 왜냐하면 참석하는 것이 왠지 어색하고 그들과 어울리는 것에 대한 두려움이 들었기 때문이다.

나의 직장 상사가 나에게 왜 지난 임원 회의에 적극적으로 참여하지 않았느냐고 물었을 때에 나는 상당한 두려움을 느꼈다.

● 당신에게 두려움이 생긴 감정적 원인이 있다면 그것은 무엇인가?(분노, 두려움, 죄의식)

나는 내가 하는 일이 바보스러운 것처럼 보일까 봐 두려운 마음이 생겼다. 이러한 습관이 내 안에 존재하고 있는 것 같다. 남들에게 그런 취급을 당할까봐 염려가 된다. 그래서 다른 사람이 나에 대해서 말을 하는 것이 두렵다. 그래서 차라리 말을 하지 않는 것이 더 편하다.

● 당신에게 상처가 되었던 것은 무엇인가? 예를 들면 자존감에 상처를 입었거나, 목적의 상실이나, 불안을 경험하였거나, 인간관계와 성적인 관계에 어려움 등이다.

사람들에게 자신을 드러낼 때 나의 자존감에 영향을 받는다. 나는 내 자신에게는 자비를 베풀지 않는다. 이것은 내가 원하는 것이 아니다. 그래서 사람들과 관계를 맺는 것이 어렵다.

나의 장점

아래의 예는 이번 단계에서 작성할 목록에 대한 한 부분으로, 주어진 질문에 대한 대답을 완성하는데 도움을 주기 위하여 제시된 것이다. 다음의 제안된 지침들을 참고한 후에 충분히 생각하고 기록하도록 한다.

소외로부터의 회복

● 당신이 소외의 경험보다는 편안한 감정을 느꼈던 경험이나 사건들을 기술해보시오.

오늘 나는 다이안, 에블린과 함께 점심을 같이 했다. 참으로 편안한 감정을 느꼈으며, 대화중에 자연스러운 이야기들을 주고받을 수 있었다. 아무리 친한 관계일지라도 나의 속마음을 이야기 하는 것에 대해서 주저하는 편이었는데 오늘 만남 가운데 나누었던 대화중에서는 전혀 그런 불편하거나 두려움 마음이 들지 않았다. 아마도 그들이 내 이야기를 잘 경청해 주었고, 나에게 충분한 안정적인 마음을 심어 주었기 때문인 것 같다. 지난 월요일 직원회의 가운데 앞으로 사업 문제에 대한 나의 관심사를 발표하였다. 그들이 나에게 어떠한 이야기를 하든지 간에, 나는 그들이 나에게 해 준 조언에 대해서 진심으로 감사하다고 생각했다.

● 두려움을 가질 수 있는 상황에서도 편안한 감정을 가지기 원하는 희망 사항이 무엇인가?

나는 편안한 감정을 개발하고 여러 사회적인 모임 속에서도 두려워하지 않는 건강하고 새로운 관계를 원한다. 그래서 좀 더 편하며, 융통성이 있고, 모든 일에 자발적으로 참여하고, 흥미를 느낄 수 있었으면 좋겠다. 나는 직장 회의에 적극성을 가지고 참여하기를 원한다. 나의 그런 태도가 나의 잠재성을 끌어 올릴 수 있는 좋은 기회를 제공해 줄 수 있다고 확신한다.

억압된 분노

분노는 성인 아이의 성향을 가진 사람들의 삶 속에서 발생할 수 있는 문제들의 주된 원인을 제공한다. 우리는 종종 분노를 억압하는데, 그 상황 자체가 자신에게 매우 불편하기 때문이다. 혼란스러운 가정에서 가지게 되었던 불안은 더 커져서 우리가 분노 자체를 부인하게 만들거나, 또는 분노를 부적절한 방식으로 표현하도록 만들었다. 우리들은 자신을 보호하는 것을 안전하다고 느끼며, 나쁜 감정들이 사라지기를 바란다. 우리들의 억압된 분노가 심각한 분개와 우울증을 일으킬 수 있다는 사실을 인식하지 못한다. 그리고 억압된 분노는 신체적 문제를 야기해서 스트레스와 연관된 각종 질병의 원인이 된다. 분노를 부인하는 것이나 분노를 부적절하게 표현하는 것은 인간관계에도 문제를 일으키는데, 그 이유는 우리는 자신의 감정에 따라서 행동할 수 밖에 없기 때문이다.

우리가 분노를 억압할 때 우리는 다음과 같은 감정들을 경험할 수 있다.

극심한 분노와 원한	우울	자아 비탄에 빠짐
슬픔	시기와 질투	스트레스
염려	신체적 문제	

● 분노가 발생했을 때 당신은 어떻게 분노를 표현하는가?

● 당신이 분노를 다루지 못하는 이유가 있다면 그것은 무엇인가?

● 분노 때문에 당신에게 가장 상처와 해가 되는 것은 무엇인가?

억압된 분노로부터의 회복

분노를 표현하는 방법을 배우는 것은 회복의 과정에서 중요한 절차이다. 숨겨진 감정들을 자유롭게 표현하며 치유가 일어날 수 있도록 도와준다. 분노를 표현하는 것은 자신의 감정을 다른 사람들이 알 수 있도록 해주는 것이며, 사람들이 자신을 도울 수 있도록 요청하는 것이다. 우리들이 분노를 적절하게 표현하는 것을 배워서, 우리들은 점차로 우리들이 가질 수 있는 악한 감정이나 사람들에 대한 분노에 대처할 수 있게 된다. 우리 자신에 대해 자연스럽게 감정을 표현하기 시작해서, 우리들의 관계는 개선된다. 스트레스와 연관된 문제들은 점차로 줄어들게 되고, 우리의 신체는 전보다 더 건강해진다.

우리가 억압된 분노에서 회복 되어 갈 때, 우리는 다음과 같은 경험을 할 수 있다.

분노의 표현   자신의 한계를 인정하기
상처 난 감정을 구체화하기   내부적인 평화를 누리기
이성적으로 요구하기   스트레스와 불안을 줄이기

- 건강한 방법으로 당신의 분노를 표현하였던 경험이 있는가?

- 분노를 적절하게 해결하는 것을 통해서 당신은 무엇을 원하는가?

사람들의 인정을 받으려 하기

역기능적인 가정 안에서의 성인 아이 성향의 결과로 우리들은 비난을 당하는 것이나 자신을 무시하는 것에 대한 두려움을 가지고 있다. 어린 아이로서 우리들은 부모님이나 친척 그리고 다른 의미 있는 어른들로부터 인정을 받는 것에 목말라 했던 것이다. 우리들 대부분은 이러한 경험을 공통적으로 가지고 있을 것이다. 그 결과로 우리들은 우리 자신의 가치를 인정받기 원한다. 어른이 되어서도 이러한 성향들이 여전히 계속되어 우리의 삶의 방식 속에 영향을 미치고 있으며, 다른 사람의 관심을 위하여 살아가는 인생이 되고 말았다. 긍정적인 방식으로 자기 자신에 대한 가치를 발견하기 위하여 사람들의 기준에 자신을 맞추며 살아가게 된 것이다. 이러한 성향은 우리의 감정과 욕구 안에 스며있어서 자신의 희망과 소원을 외면하게 만드는 결과를 초래하고 말았다. 사람들의 반응에 따라서 행동하고 그들의 생각에 우리 자신을 맞추려는 습성이 생기고 말았다. 사람들을 기쁘게 하기 위하여 노력을 하지만, 이러한 모습이 자신을 힘들게 하는 원인이 된다.

우리가 지나치게 사람들에게 인정을 받으려 할 때 다음과 같은 경험을 할 수 있다.

사람들의 기쁨을 위하여 노력하는 것	자신을 무가치하게 여기는 것
비난에 두려워하는 마음	자신의 소원을 무시함
실패에 대한 두려움	자신의 가치에 대한 불만

● 사람들로부터 인정을 받기 위하여 당신은 어떠한 행동을 하는가?

● 당신이 다른 사람의 인정을 받으려는 이유가 무엇인가?

● 사람들로부터 인정을 받으려는 것 때문에, 당신은 어떠한 상처를 받는가?

사람들의 인정을 받으려는 성향으로부터의 회복

자신에 대한 가치를 스스로 인정함으로써, 우리들은 사람들이 원하는 대로 자기 자신을 맞추는 것이 아닌 자신의 생각과 가치에 따라서 행동하게 된다. 우리는 사람들이 나에게 말하는 칭찬을 받아들일 수 있으며, 그것에 대해서 "감사합니다." 라고 말할 수 있다. 이것은 자기 자신을 인정하며 받아들이겠다는 것을 의미하는 것이다. 우리는 "예" 라고 대답할 수 있으며, 자신이 원하지 않는 것에 대해서는 "아니오" 라고 말할 수 있다.

우리가 사람들의 인정을 받으려는 것으로부터 회복될 때 우리는 다음과 같은 경험을 할 수 있다.

자신의 필요를 인정하는 것   자신을 소중히 여기는 것
자신이 느끼는 감정에 대해서 솔직하게 표현함   자신을 신뢰하는 것

● 당신이 사람들로부터 인정을 받으려 하지 않았던 특별한 행동이나 사례에 대해서 기록하시오.

_____
_____
_____
_____
_____

● 사람들의 인정을 구하지 않는 행동을 통해서 당신은 무엇을 원하는가?

_____
_____
_____
_____
_____
_____

사람들을 과도하게 돌보는 것

사람들을 지나치게 돌보는 것은 그들의 문제를 우리가 해결해야 한다고 생각하기 때문이다. 사람들의 필요를 우선적으로 만족시켜 주려는 태도에 비해서 자기 자신에 대해서는 관심이 없는 것이다. 이러한 사람들은 정체성의 상실을 경험한다. 어린 시절에 우리들은 사람들의 문제와 필요에 대해서 지나친 책임감을 갖게 되었는데, 때로는 그것이 자신의 한계를 벗어나기도 하였다. 이러한 결과는 우리 자신의 정상적인 발달 단계를 상실하게 만들었다. 사람들을 과도하게 돌보는 성향은 어린 시절부터 사람들의 인정과 칭찬을 받으려는 "애 어른"으로 만들었던 것이다. 그리고 이것은 우리 자신이 마치 하나님과 같은 능력을 가진 것으로 착각하게 만들었다. 사람들을 과도하게 돌보는 성향은 우리의 자존감에 영향을 미쳐서 모든 것을 자신이 해야 한다는 생각을 하게 만들었다. 그리고 이것이 삶의 목적이 되었다. 과도하게 돌봐야 한다는 생각에서, 우리들을 필요로 하는 상황에서만이 자신의 가치가 인정되는 것으로 생각하게 된 것이다. 종종 다른 사람들의 도움을 필요로 하더라도 우리들은 사람들의 도움을 구하지 않는다. 자신을 돌보는 그 자체를 허용하지 않는 것이다.

우리가 사람들을 과도하게 돌볼 때 우리는 다음과 같은 경험을 할 수 있다.

모든 것을 자기 스스로 해결하려고 함	정체성의 상실
사람들을 우선시 함	매사에 과도하게 돌봐야 한다고 생각함
자신의 필요를 무시함	동반의존의 성향을 가짐

● 당신이 사람들을 과도하게 돌보는 행동들은 무엇인가?

_____

_____

● 당신이 사람들을 과도하게 돌보는 이유가 무엇인가?

_____

_____

● 과도한 돌봄의 성향 때문에, 당신에게 가장 상처가 되고 해가 되는 것은 무엇인가?

_____

_____

사람들을 과도하게 돌보는 것으로부터의 회복

사람들에 대한 과도한 돌봄의 행동을 자제하고 더는 돌봄에 대한 부담을 가질 필요가 없다고 생각하며, 자신의 소원을 따라서 행동하도록 노력한다. 하나님만이 사람들을 진정 돌보시는 분이시라는 사실을 믿으며, 하나님의 인도와 사랑 그리고 지지가 가장 중요한 근원인 것을 깨닫는다. 사람들의 필요에 대한 짐을 덜어 버리고, 자신의 인성을 발전시키는 데 필요한 시간을 가진다. 돌보는 것에 대한 부담 때문에, 자신의 부족함과 한계를 느끼면서, 다른 사람들의 삶을 우리가 결코 만족시킬 수 없다는 생각을 한다. 우리 삶의 주된 책임은 우리 자신의 안녕과 행복에 있다는 것을 믿으며, 다른 사람들을 하나님의 돌보심에 위탁한다.

우리가 과도한 돌봄의 성향에서 벗어났을 때 우리는 다음과 같은 경험을 할 수 있다.

다른 사람에 대한 책임성을 벗는다   자신의 정체성을 개발시켜 나간다
자기 자신을 돌아본다   의존적인 관계를 인정한다
자신의 한계를 정한다

● 당신이 사람들에 대한 과도하게 돌보는 성향을 보이지 않았던 경우들은 무엇인가?

_____
_____
_____
_____

● 사람들에 대한 돌보는 성향을 멈추고, 자신의 필요를 먼저 중요하게 여기면서, 당신은 무엇을 원하는가?

_____
_____
_____
_____

조 종

　　어린 시절에 우리들은 자신이 속한 환경이나 인생 속에 발생했던 사건들에 어쩔 수 없이 적응하며 살아야 했다. 그래서 어른으로서 자신의 감정이나 행동에 대해서 조정과 통제를 해야 하는 필요성을 느끼게 되었다. 게다가 다른 사람들의 감정이나 행동까지도 조종하려고 시도를 하였다. 그 결과 우리 자신의 삶이 경직되는 경우가 많았다. 과제를 성취하거나 상황을 자신에게 유리하게 몰아가기 위하여 오직 자기 자신만을 신뢰해야 한다고 생각했다. 우리는 다른 사람들의 인정을 얻기 위하여 그들을 조종하려고 하였다. 그래서 우리 내면 안에 안정감을 얻으려 했다. 우리는 항상 우리의 삶이 황폐화되는 것에 대한 두려움이 있다. 그래서 우리는 스트레스를 경험하며, 우리의 권위가 도전 받게 되면 매우 불안해하는 것이다.

조정하려는 성향을 가질 때 우리는 다음과 같은 경험을 할 수 있다.

변화에 과도하게 지나친 반응을 보임	판단적이고 완고함
신뢰의 부족	인내하지 못함
실패를 두려워함	다른 사람을 조종함

● 당신이 사람들을 조종하기 위하여 주로 행하는 행동들은 무엇인가?

● 당신이 사람들을 조종하는 이유가 무엇인가?

● 당신의 조종하려는 성향 때문에, 당신에게 가장 상처가 되는 것은 무엇인가?

조정의 회복

우리가 사람들을 조종하려고 했던 사실들을 인식하면서 우리들은 이제 우리의 그러한 노력들이 불필요했다는 것을 깨닫기 시작한다. 우리는 결코 우리 자신을 제외하고는 어느 누구도 통제와 조정을 할 수 없다는 것을 알게 된다. 오직 하나님만이 안전의 근원자시라는 것을 인정하고 받아들이기 시작할 때, 우리의 필요를 채울 수 있는 진정한 방법을 발견하게 된다. 우리 자신의 의지와 삶을 하나님의 돌보심에 전적으로 위탁해서, 우리들은 스트레스와 염려를 덜게 될 것이다. 우리는 이미 결과에 연연하는 것이 아닌, 참가하는 것에 만족과 기쁨을 느낄 수 있는 것이다. 우리의 필요를 구하려고 기도를 드릴 때마다 평안을 구하는 기도는 도움이 된다.

우리가 조종하려는 성향에서 벗어났을 때 우리는 다음과 같은 경험을 할 수 있다.

변화를 받아들인다 우리의 스트레스 수치를 낮춘다
우리 자신을 신뢰한다 삶을 즐긴다
다른 사람에게 위임한다 그들도 중요한 사람이라는 것을 인정한다

- 당신이 조정하지 않으려고 했던 행동들은 무엇인가?

- 조정하려는 성향을 멈추고 나서 당신은 무엇을 원하는가?

버림받을 것에 대한 두려움

버림받을 것에 대한 두려움은 어린 시절부터 형성되었던 스트레스에 대한 반응에서 비롯된 것이다. 어린 시절에 우리들은 어른들로부터 이해할 수 없는 취급을 당했다. 어른들은 그러한 행동에 대해서 이유도 알려주지 않았으며, 우리는 그러한 취급을 당할 때마다 버림받을 것이라는 신체적이고 정서적인 상처를 입었다. 이러한 행동들이 심각해지고 반복될 때마다 우리의 두려움은 더 커져갔다. 우리의 어린 시절은 의존적일 수밖에 없었기 때문에 그러한 일들은 불가피하게 발생되었다. 어른으로 성장한 후에 우리는 배우자를 선택할 때에 버림받을 것에 대한 고통을 회피하기 위하여 배우자의 기대에 완벽하게 맞추려는 노력을 반복한다. 버림받을 것에 대한 가능성을 줄이는 것이 갈등을 다루는데 있어서 중요한 전제가 되었다. 그리고 이것은 빈약한 의사소통과 긴장을 만들어내었다.

버림받을 것에 대한 두려움을 가질 때 우리는 다음과 같은 경험을 할 수 있다.

안전하지 못하다는 느낌   극도로 지나친 염려
과도한 돌봄   자신의 기대에 못 미칠 때 죄의식을 동반
소외당하는 것을 회피함   동반 의존의 성향을 가짐

● 당신은 버림받을 것에 대한 두려움으로 어떠한 행동들을 하는가?

● 당신이 버림받을 것에 대한 두려움이 있는 이유가 무엇인가?

● 버림받을 것에 대한 두려움 때문에, 당신에게 가장 상처가 되는 것은 무엇인가?

버림받을 것에 대한 두려움으로부터 회복

영원히 우리와 함께 하시는 하나님의 사랑을 의지하는 법을 배워서, 우리들은 삶의 환경에 대처하는 능력이 점점 커져간다. 버림받을 것에 대한 두려움은 줄어들고, 우리 자신이 '삶의 방식에 대한 가치와 의미 있는 존재'라는 생각으로 바뀌게 된다. 우리는 자신을 사랑하고 돌볼 줄 아는 사람들과 건강한 관계를 가지게 된다. 그리고 자신의 감정을 표현하는 일에도 안정감을 느낀다. 사람들에게 의존하려는 성향을 하나님을 의지하는 마음으로 바꾼다. 우리들이 속한 공동체 속에서 양육과 사랑의 교제를 받아들이고 이해하는 것을 배운다. 우리 자신에 대한 확신은 하나님이 우리의 삶 가운데 함께 하시며, 우리를 결코 홀로 내버려 두지 않는다는 사실을 깨달으면서, 더욱 강하게 성장하게 된다.

우리가 버림받을 것에 대한 두려움에서 벗어났을 때 우리는 다음과 같은 경험을 할 수 있다.

자신의 감정에 정직해진다	관계 속에서 자신의 필요를 생각한다
혼자 있어도 편안함을 느낀다	지나친 책임감을 벗는다
자신의 확신을 표현한다	상호 의존적인 성향이 생긴다

● 당신이 버림받는 것에 대한 두려움에서 벗어나는 행동들은 무엇인가?

_____
_____
_____
_____
_____

● 버림받는 것에 대한 두려움에서 벗어나서, 당신이 원하는 희망은 무엇인가?

_____
_____
_____
_____
_____

권위를 가진 자에 대한 두려움

권위를 가진 자에 대한 두려움은 우리의 실제적인 능력을 넘어서는 부모의 지나치고 비현실적인 기대의 결과일 수 있다. 권위를 가진 사람들이 우리에게는 비현실적인 요구를 하는 사람으로 인식되고 말았으며, 우리는 그들의 기대를 만족시켜 줄 수 없었다. 권위의 자리에 있는 사람과 상대하는 것을 힘들어 한다. 사람들의 단순한 표현에도 우리는 부정적인 방법으로 반응한다. 이것은 그들이 불편하기 때문이며, 그렇기 때문에 지나치게 예민한 것이다. 우리는 자신을 다른 사람들과 비교하며, 그들에 비해서 우리 자신이 형편없다는 결론을 내린다. 비난의 직면을 회피하기 위하여, 우리들은 계속해서 완벽한 것을 고집한다.

권위 있는 자에 대한 두려움을 가질 때 우리는 다음과 같은 경험을 할 수 있다.

거절에 대한 두려움   자기 자신을 다른 사람들과 비교함
자신을 부정적으로 생각함   보통 행동 이상의 과도한 반응을 보임
변명에 급급함   자신이 부족하다고 느낌

- 당신이 권위 있는 자에 대한 두려움 때문에 하는 행동들은 무엇인가?

- 당신이 권위 있는 자를 두려워하는 이유가 무엇인가?

- 권위 있는 자에 대한 두려움 때문에 당신에게 상처가 되는 것은 무엇인가?

권위를 가진 자에 대한 두려움에서 회복

권위가 있는 사람들을 편안하게 느끼기 시작하면서, 초점을 우리 자신에게 돌리는 것을 배우며, 우리가 그들을 두려워할 이유가 없다는 사실을 발견했다. 우리들은 사람들을 우리와 동일한 사람으로 인식하며, 그들도 똑같이 두려움과 결점이 있다는 사실을 깨달았다. 이제 더는 사람들이 우리를 어떻게 보느냐에 영향을 받지 않는다. 사람들에 대하여 반응할 때 과도한 반응보다는 자연스런 반응을 한다. 이 세상의 궁극적인 권위는 오로지 하나님께 있다는 것을, 그분이 항상 우리와 함께 계신 것을 믿는다.

우리가 권위 있는 자의 두려움에서 벗어났을 때 우리는 다음과 같은 경험을 할 수 있다.

높은 자존감이 생긴다   비난에도 수용적으로 받아들인다
자신에 대한 확고한 기준이 있다   권위가 있는 사람들과 관계도 편안하다.

- 당신이 권위 있는 자와 관계가 편안했을 때 했던 행동들은 무엇인가?

- 권위가 있는 사람과 관계가 편안했을 때, 당신이 원하는 것은 무엇인가?

자신의 감정을 표현하지 못함

우리들 가운데 대부분은 자신의 감정을 표현하는 데 어렵거나, 우리 자신이 그러한 감정이 있는 지조차 못 느끼는 경우도 있다. 이것은 우리 안에 고통스러운 감정이 자리 잡고 있거나 죄의식이나 수치감이 존재하기 때문일 수 있다. 어린 시절에 우리들의 감정은 적절하게 수용 받지 못했다. 오히려 거절을 당하거나 분노의 경험들이 많았다. 이것이 하나의 생존 기제로서 자신의 감정을 숨기며 억누르는 것을 배웠던 것이다. 어른이 되어서 우리들은 이제 이러한 감정들을 잊고 있다. 그리고 지금은 자신이 받아들일 수 있는 감정의 여력 안에서만 자신의 감정을 표현한다. 우리들의 진실한 본능은 어떠한 일이 발생했는지에 대한 현실로부터 우리 자신을 보호하기 위하여 왜곡되고 말았다. 왜곡되고 억압된 감정은 분노와 극심한 화, 그리고 우울을 야기하고 만다. 그리고 이러한 상태는 계속해서 우리에게 신체적인 질병도 유발한다.

자신의 감정을 표현하지 못하므로 인하여 우리는 다음과 같은 경험을 할 수 있다.

자신의 감정에 무감각해짐	우울증의 경험	
왜곡된 감정을 소유	신체적 질병의 유발	무조건 감정을 억누름

- 당신의 감정을 표현하지 못했던 경험들이 있었는가?

- 당신의 감정을 표현하지 못하는 이유가 무엇인가?

- 감정을 표현하지 못해서 당신에게 가장 상처가 되는 것은 무엇인가?

자신의 감정을 표현하지 못하는 것으로부터의 회복

자신의 감정을 솔직하고 자연스럽게 표현하는 것을 배우면서 변화가 일어난다. 자신의 감정을 솔직하게 표현해서 스트레스 수치는 떨어지고, 우리 자신을 가치 있는 존재로 바라 볼 수 있게 된다. 우리는 진실한 감정을 표현하는 것이 의사소통에 건강한 방식이라는 것을 배운다. 그리고 우리가 무엇을 원하는지에 대한 필요를 충족할 책임이 우리에게 있다는 것을 발견한다. 우리의 감정을 자연스럽게 표현해서, 감정에 따른 고통의 수치를 줄여 나가게 된다. 고통을 줄이기 위해서는 용기가 필요하며, 우리 안에 평화와 안정감을 성장시켜 나간다. 감정을 많이 표현할 수 있는 능력을 가지면 가질수록 회복의 효과는 증진될 것이다.

자신의 감정을 표현하지 못하는 것에서 벗어났을 때 우리는 다음과 같은 경험을 할 수 있다.

편하게 울 수 있다　　　　　　자신의 진실한 자아를 경험한다
감정을 편하게 개방한다　　　　다른 사람들에게 나의 필요를 말한다

● 당신의 감정을 자연스럽게 표현하며 행동하였던 경험들이 있는가?

　

● 당신의 감정을 자연스럽게 표현함으로써 당신은 무엇을 원하는가?

고 립

　　때로는 불편한 상황에 놓여 있을 때, 우리는 그러한 상황을 벗어나는 것이 안전하다는 생각을 한다. 그 결과로 우리 자신을 고립시켜서, 다른 사람들이 우리를 진실하게 보지 못하도록 만든다. 우리 자신을 가치 있게 보지 않으며, 우리 자신이 사랑이나 존중, 용납을 받아들일 필요가 있다고 생각하지 않는다. 사람들 앞에 서지만 않는다면, 결코 상처를 입지도 않으며, 처벌도 받지 않을 것이라고 우리 자신에게 말한다. 게다가 자신의 감정이나 소원들을 숨기는 것을 선택하면서 불확실한 상황 자체를 회피하고 만다.

우리 자신을 스스로 고립시킴으로써 다음과 같은 경험을 할 수 있다.

거절에 대한 두려움　　　　　피해의식
외로움의 경험　　　　　　　　불확실함과 우유부단

● 당신 자신을 고립시켰던 경험들이 있었는가?

● 당신 자신을 고립시키는 이유가 무엇인가?

● 고립을 통해서, 당신에게 가장 상처가 되고 해가 되는 것은 무엇인가?

고립으로부터의 회복

자신에 관해서 편한 감정을 갖기 시작하면서 우리들은 점차로 새로운 환경에도 주저하지 않고 드러내놓을 수 있는 마음을 가질 수 있다. 우리는 그러한 환경 속에서 친구들을 만나고 우리에게 도움과 지지, 안정감을 심어 줄 수 있는 관계를 형성해 나간다. 그룹 활동에도 재미를 가지고 적극적으로 참여한다. 자존감은 높아지고 자신의 감정을 표현하는 것을 쉽게 생각한다. 우리 자신의 존재 자체로 사람들이 용납해줄 것이라는 믿음을 가진다. 자신에 대한 존재감에 편안하고 안전한 상태를 경험할 수 있는 감정적 토대를 제공해준다.

우리 자신을 고립시키지 않음으로써 우리는 다음과 같은 경험을 할 수 있다.

우리 자신을 용납한다　　　　　　계획을 세우고 완성해 나간다
자신의 감정을 자유롭게 표현한다　다른 사람들과 적극적으로 관계를 맺고 참여한다
지지적인 관계를 성장시킨다

● 당신 자신을 고립시키지 않고 적극적으로 참여했던 경험들이 있는가?

_____
_____
_____
_____
_____

● 당신 자신을 고립시키지 않고 적극적으로 참여함으로써 당신은 무엇을 원하는가?

_____
_____
_____
_____

낮은 자존감

낮은 자존감은 어린 시절에 뿌리를 두고 있으며, 우리 자신이 가치 있는 존재라는 사실을 한 번도 인식하지 못한 경험에서 온다. 계속되는 비난의 결과 때문에 우리들은 '나쁜 아이'라는 인식이 많았고, 우리 자신이 가족 문제의 원인을 제공하는 역할을 한다고 생각하였다. 자신을 수용 받기 위해서 무엇이든 잘해야 한다고 생각했다. 그러나 노력할수록 더욱더 좌절을 경험하고 말았다. 낮은 자존감은 목적을 성취하려는 우리의 능력에도 영향을 미쳤다. 도전하는 것을 두려워하였다. 우리와 관련이 없는 일에도 책임을 져야 한다고 생각하였으며, 일이 잘 되었을 때에도 자신에 대한 신뢰를 주지 않았다. 대신에 우리는 이것은 나의 분수에 맞지 않는 일이며, 나와는 상관이 없는 일이라고 생각했다.

우리가 낮은 자존감을 가지고 있을 때 다음과 같은 경험을 할 수 있다.

매사에 자신 없어 함	다른 사람들과의 고립
실패에 대한 두려움	부정적 자아 이미지를 가짐
완벽주의 기질을 가짐	거절감에 대한 두려움

● 당신의 낮은 자존감 때문에 어떠한 행동을 했는가?

● 당신의 자존감이 낮은 이유가 무엇인가?

● 낮은 자존감 때문에 당신에게 가장 상처가 되고 해가 되는 것은 무엇인가?

낮은 자존감의 회복

우리 안에 위대한 능력자이신 하나님께서 계시고, 그분이 우리 안에서 능력을 심어주신다는 사실을 믿어서 우리의 자존감은 높아진다. 우리는 사람들과 상호 관계를 맺을 수 있으며, 우리 자신을 있는 그대로 받아들인다. 우리는 우리의 장점뿐만 아니라 단점도 같이 볼 수 있으며, 우리 자신을 가치 있는 존재로 받아들이기 시작한다. 우리는 기꺼이 위험도 감수할 수 있으며, 전에는 생각도 못했지만 이제는 할 수 있다는 자신감이 생겼다. 다른 사람들과 감정을 나누는 것이 편안해졌고, 이제는 그들과 함께 있는 것이 안전하며 그들을 알고 그들도 우리를 알 수 있도록 허용한다. 관계는 점차로 건강해진다. 이것은 우리가 자신을 신뢰하며, 사람들의 인정을 위해서 내 자신이 존재하는 것이 아니라고 생각하기 때문이다.

우리의 자존감이 높아질수록 우리는 다음과 같은 경험을 할 수 있다.

매사에 자신감이 생긴다	우리 자신을 사랑한다
확신을 가지고 행동한다	감정을 자유스럽게 표현한다
다른 사람들과 좋은 관계를 맺는다	위험을 감수한다

● 당신의 자존감이 높아졌다고 생각하며 행동하였던 경험들이 있는가?

● 당신 자신에 대해 확신하고 만족함으로써, 당신이 원하는 것은 무엇인가?

과도한 책임감

어린 시절에 역기능 가정에서 성장한 우리들은 부모의 문제에 대해서 과도한 책임감을 느끼기도 하였다. 우리들은 '모범적인 어린이'가 되기 위해서 노력하였고, 사람들이 원하는 대로 행동하고 그들의 기준에 맞추며 살려고 노력하였다. 우리는 사람들의 행동과 감정에도 책임을 져야 한다고 믿었으며, 심지어 어떠한 사건의 결과도 나의 책임으로 돌리기도 하였다. 여전히 우리들은 다른 사람들의 필요에 과도하게 예민한 반응을 보이고, 그들의 필요를 채워주기 위하여 과도한 책임감을 가지고 행동하려고 한다. 매사에 완벽한 것이 중요하다고 생각한다. 우리가 해야 할 일이 아닌데도 불구하고, 매사에 자원해서 일함으로써 사람들의 인정을 받기를 원한다. 과도한 책임감에서 비롯된 엄청난 부담이 우리 자신을 힘들게 만들었다. 그러한 일들은 내가 할 수 있는 능력 밖이어서 우리를 지치게 한다.

우리가 과도한 책임감의 성향을 가질 때 우리는 다음과 같은 경험을 할 수 있다.

인생이 너무 힘이 든다고 생각함	높은 기대에 부응해야 한다는 부담감
경직되어 있는 삶	교만한 마음, 완벽주의 기질
다른 사람들을 조종함	다른 사람들에 대한 과도한 책임감을 인식

● 당신이 과다한 책임감 때문에 했던 행동들은 무엇인가?

● 과도한 책임감을 갖게 된 주된 이유가 무엇인가?

● 당신의 과도한 책임감 때문에 당신에게 가장 상처가 되고, 해가 되는 것은 무엇인가?

과도한 책임감으로부터의 회복

사람들의 감정이나 행동에 책임을 질 필요가 없다는 사실을 받아들이는 것은 사람들에게 초점을 두는 것이 아닌, 바로 우리 자신에게 초점을 맞추는 것이다. 우리들은 사람들의 인생에 영향을 줄 수 있는 사람이 아니며, 그들의 인생은 그들 스스로가 책임을 져야 한다는 것을 이해하는 것이다. 오직 우리는 우리 자신에 대한 책임감으로, 오로지 하나님만이 우리를 책임지시며 우리의 삶을 인도하시는 분이시라는 것을 믿고, 우리의 필요를 돌봐야 한다. 그 다음에 우리는 우리 자신을 위하여 시간과 에너지를 투자한다.

우리가 가진 과도한 책임감 성향으로부터 벗어났을 때 우리는 다음과 같은 경험을 할 수 있다.

우리 자신을 돌볼 줄 안다   우리의 한계를 받아들인다
여유와 시간을 즐긴다   책임을 위임한다

● 당신이 과도한 책임감으로부터 벗어나서 행동했던 경험들이 있는가?

● 과도한 책임감을 벗어 버림으로써 당신은 무엇을 원하는가?

억눌린 성욕

성적인 감정에 대해 우리들은 혼란스럽다. 특별히 우리와 친밀한 사람들이나 가족 형제 그리고 친구들과의 관계에서 혼란을 경험하였다. 그동안 우리들은 성적 욕망을 자연스럽지 못하거나 비정상적이라고 교육을 받았다. 사람들에게 감정을 솔직하게 표현하지 못해서, 자신의 성적인 감정을 건강한 방식으로 발전시킬 수 있는 기회가 없었다. 어린 시절에 우리들은 사람들에게 성적인 표현을 했을 때 모욕적인 경험을 당하기도 하였다. 우리가 가지고 있는 성욕에 대한 메시지가 "성은 불결한 것이다. 그래서 성에 대해서 어느 누구에게도 말해서는 안 된다." 라는 것이었다. 어떠한 사람들은 자신의 부모님은 성에 대해서 닫혀 있고 비성적인 존재라고 생각하였다. 때로는 부모님이나 가까운 친척들로부터 성적인 희롱을 경험하였으며, 그 결과로 성적인 기능에 대해서 매우 불편한 감정이 생겼다. 배우자와 자유롭게 성에 대해서 말할 수가 없는데, 그 이유는 오해와 버림을 당할 것에 대한 두려움 때문이다. 부모가 되어 우리들은 자녀들과 성에 대한 솔직한 대화를 회피하며, 그들의 성적인 정체성을 발전시킬 필요성을 무시하고 만다.

억눌린 성욕 때문에 우리는 다음과 같은 경험을 할 수 있다.

죄의식과 수치를 느낌	근친상간의 피해를 경험함
도덕성의 상실	성에 대한 불감 및 경직성이 있음
자신의 성적인 정체성에 혼란을 경험	다른 사람들을 성적으로 유혹함과 음탕함

● 당신의 억눌린 성욕 때문에 어떠한 행동들이 나타나는가?

● 당신에게 억눌린 성욕이 있는 이유는 무엇인가?

● 당신의 억눌린 성욕 때문에, 당신에게 가장 상처가 되고 해가 되는 것은 무엇인가?

억눌린 성욕으로부터의 회복

하나님의 변함없는 사랑에 눈을 뜨면서 자신의 가치를 발견하고, 자신을 하나님의 관점으로 세상에서 가치 있는 존재로 인식한다. 자신에 대한 사랑이 커지고 자신을 돌보려는 능력이 발전하면서, 우리는 자신을 돌아보고 사랑하는 건강한 관계성이 생기게 된다. 사람들과의 신체적이고 인지적이며, 성적으로 건강한 관계 안에 들어갈 준비를 한다. 여기에는 어떠한 부담이나 두려움이 없다. 우리 자신의 감정이나 장점, 단점까지도 사람들과 나누는 것이 안전하다고 느낀다. 자신에 대한 확신은 발전되며 자신이 연약한 존재라는 사실 자체를 인정한다. 자신에 대해서 완벽해지려는 생각을 포기하고 성장과 변화를 위해 우리 자신을 개방한다. 자신의 성욕에 대해서 자녀들에게도 정직하다. 우리는 그들의 질문에 개방된 태도를 보이며, 그들의 건강한 성적 정체성의 필요를 채워줄 수 있도록 노력한다.

우리가 억눌린 성욕으로부터 벗어났을 때 우리는 다음과 같은 경험을 할 수 있다.

성에 대해서 개방된 의사소통을 한다   우리 자신의 성적인 필요를 생각한다
우리가 성적인 존재라는 사실을 인정한다   친밀한 감정을 나눈다

- 성적인 감정에 대해서 자연스럽게 표현하며 행동하였던 경험들이 있는가?

- 당신의 성적인 감정을 자연스럽게 표현함을 통하여서 무엇을 원하는가?

05단계

하나님께 우리의 잘못을 인정하는 삶

우리는 하나님과 자신 그리고 다른 사람들에게
우리가 행한 잘못의 본질을 있는 그대로 인정한다.

"그러므로 너희 죄를 서로 고백하며 병이 낫기를 위하여 서로 기도하라
의인의 간구는 역사하는 힘이 큼이니라" 약 5:16

5단계는 우리들의 희미한 행동과 생각을 구체적으로 밝히는 것뿐만 아니라, 어린 시절의 생존을 위해 발달된 성향들을 인정하기 위한 기초를 만드는 단계이다. 4단계에서 개인 목록 작업을 완성하고 난 후에 우리 자신에 관한 많은 사실들을 인식할 수 있었다. 이러한 인식은 우리들에게 고통을 유발하기도 하였다. 여러 가지의 반응들 가운데 슬픔을 느끼거나 죄의식을 동반하는 것이었다. 우리 자신에 대해서 진실하게 직면하게 되었다. 우리는 이제 용기를 내어서 부정적인 행동들과 성향들을 구체화하며, 미래를 위해 긍정적인 행동들을 발전시켜 나갈 수 있게 되었다.

지금까지의 과정들을 진행한 사람들은 4단계가 회복을 위한 기초를 제공한다고 말할 수 있을 것이다. 해결되지 않은 감정, 치료되지 않은 기억들, 개인적인 상처들을 구체화했다. 하나님이 우리를 도우시며 그분의 진리의 빛 아래서 우리와 함께 걸어갈 것이라는 사실을 알게 된 것이다(요 1:5-9). 우리의 잘못을 인정하고 자신의 진정한 가치를 찾아가는 회복을 향한 과정은 이제 우리의 마음에 무거운 짐을 벗어 버리는 행위가 된다. 이제 우리들은 그 동안의 모든 자취들을 살펴 볼 수 있었으며, 우리의 잘못된 행동 때문에 생겼던 죄의식과 수치감의 짐을 덜 수 있게 되었다. 이러한 단계는 우리가 좀 더 정직하게 우리 자신이나 다른 사람들과 직면할 것을 요구하며, 하나님 앞에 우리의 잘못을 솔직히 시인하는 것도 포함된다. 이렇게 함으로써 우리 자신의 진정한 모습을 볼 수 있는 새로운 국면에 들어서는 것이다.

하나님께 우리의 잘못된 성향들을 인정하는 것은 5단계에서 처음에 할 일이다. 여기서 우리들은 하나님께 그동안 숨기고 감추었던 것을 고백해야 한다. 하나님은 그 일에 대해서 비난하지 않으시며, 우리들은 하나님이 항상 여기에 함께 계시다는 사실을 인정하게 된다. 우리들은 하나님의 사랑을 받는 자들이며, 하나님은 우리를 무조건적으로 용납하신다는 사실을 받아들인다. 우리는 하나님의 자녀이며, 결코 버림을 받지 않는다는 것을 반드시 기억해야 한다.

우리들은 자신의 목록들을 작성하고 우리 자신의 진정한 모습들을 살펴보았다. 4단계에서 우리 자신의 잘못된 부분들을 인정하는 작업을 하였다. 이번 5단계에서 우리들은 계속해서 우리 자신의 잘못된 부분들을 살펴보며, 이제 그러한 부분들을 개선하고 회복해 나갈 것이다. 이것은 우리의 자존감

을 세워주는 일이다. 그리고 그 다음 7단계에서 하나님께 우리의 잘못된 부분들을 고쳐 달라고 간구하는 과정으로 나아가는 것이다.

우리의 이야기를 다른 사람들에게 말하는 것은 두려운 경험이기도 하다. 많은 사람들은 자신의 인생 가운데 많은 부분들을 사람들에게 숨기고 방어하는데 많은 시간을 보낸다. 때로는 고립되어 사는 것이 자신을 다른 사람으로부터 상처를 받지 않기 위한 방법으로 사용하기도 한다. 5단계에서는 고립과 외로움에서 벗어나고자 시도하는 단계이다. 이제 함께 행복과 평화의 상태로 나아갈 수 있도록 시도하는 것이다. 우리가 정직하게 이 과정에 참여하게 될 때 이것은 겸손한 경험이 된다. 우리는 이미 지체할 필요가 없다. 이제 자신을 드러낼 시간이 된 것이다.

우리는 그동안 숨겨 왔던 우리의 본성을 드러낼 것이다. 우리의 삶 가운데 진실성을 드러내면서 약간의 두려움도 경험하게 될 것이다. 사람들에게 자신의 이야기를 말하는 것이 혹시나 거부를 당하지 않을까? 하는 또 다른 두려움을 만들어 낼 수도 있을 것이다. 그러나 이러한 작업이 위험이 있을 지라도 우리의 잘못된 부분들을 고백하는 일은 매우 중요하다는 것을 알아야 한다. 하나님의 도우심으로 우리들은 자신을 개방할 용기를 가지게 되며, 우리의 진실한 모습을 내려놓아야 하는 것이다. 이러한 결과는 모든 짐을 내려놓는 과정 속에서 그만한 가치가 있는 일이 되는 것이다.

당신의 이야기를 함께 나눌 수 있는 사람을 선택하는 가운데 하나님의 도우심을 구하라. 기억해야 할 일은 모든 사람들은 하나님의 형상으로 창조되었으며, 말하고 듣는 사람들도 마찬가지라는 사실이다. 하나님이 마치 우리에게 말하는 것과 같다. 바로 우리 모두가 하나님의 가족으로서 슬픔을 말하고 기쁨을 함께 나누는 것과 같은 것이다. 당신에게 확신과 신뢰를 줄 수 있는 사람을 믿고 말하는 것이 좋다. 가급적이면 서로 영적인 수준이 같은 사람을 찾는 것이 좋으며, 그 사람이 당신과 동일하게 하나님에 대한 이해를 가지고 있는 사람이면 좋다. 성령께서 영적으로 하나님의 모든 자녀들 가운데 역사하신다. 우리의 개인적 경험을 나누는 것은 하나님의 백성들을 위한 하나님의 무조건적인 사랑을 알 수 있는 방법이 된다.

개인적 성찰

우리가 5단계를 준비하면서 하나님과의 깊은 관계가 어떻게 우리 자신을 살펴볼 수 있으며, 우리 자신을 있는 그대로 받아들이고 진정한 우리 자신을 드러낼 수 있는지를 보게 될 것이다. 5단계는 우리들의 생존 기제를 알게 해주며, 이것을 버릴 수 있도록 그리고 새롭고 건강한 삶을 향해 나아갈 수 있도록 도와줄 것이다. 우리의 개인적인 목록 작업을 정직하게 작성해서 진실에 직면하며, 미래를 향하여 나아갈 수 있는 자격을 갖게 된다.

● 목록 작업을 하는 가운데 느꼈던 생각이나 느낌은 무엇인가?

"그러한즉 너희는 하나님께 복종할지어다 마귀를 대적하라 그리하면 너희를 피하리라. 하나님을 가까이 하라 그리하면 너희를 가까이 하시리라 죄인들아 손을 깨끗이 하라 두 마음을 품은 자들아 마음을 성결하게 하라" 약 4:7-8

● 당신이 작성한 목록들이 하나님과의 관계에 어떠한 영향을 미친다고 생각하는가?

◆◆◆

5단계는 3가지의 내용으로 구성되어 있다. 우리는 하나님과 우리 자신 그리고 다른 사람들에게 우리 자신의 잘못을 고백할 것이다. 우리들 가운데 어떠한 사람들은 맨 먼저 자신의 인생 이야기를 말하게 된다. 그렇게 해서 우리 안에 있는 무거운 짐들을 내려놓을 수 있다. 마음을 열고 자신을 드러내서, 영적인 깊은 경지에 이를 수 있는 것이다.

● 5단계를 하는 가운데 기대하는 부분 또는 두려운 부분이 있다면 그것이 무엇인가?

"여호와여 우리가 우리의 악과 우리 조상의 죄악을 인정하나이다 우리가 주께 범죄하였나이다" 렘 14:20

● 고백하기 어려운 것이 있다면 그것은 무엇이며 그 이유가 무엇인가?

◆ ◆ ◆

하나님께 우리의 약점을 고백하고 인정하는 것은 매우 두려운 일이 될 수도 있다. 만약에 하나님이 우주의 주인이라는 사실을 믿는다면, 모든 사건들이 그분의 뜻 안에서 발생한 것이라고 생각할 수 있다. 때로는 하나님을 비난하기도 한다. 그러나 그러한 자세는 우리 자신의 문제를 부인하는 셈이 될 수도 있다. 하나님은 우리에게 자유의지를 주셨다는 것을 아는 것은 중요하다. 하나님은 우리들에게 가장 최선이 되는 것이 무엇인지를 아시지만 그러나 우리가 그 자유의지를 자유롭게 선택할 수 있도록 하셨다. 우리의 잘못을 하나님께 고백해서, 우리를 향한 하나님의 사랑이 무조건적이며 영원하다는 사실을 알게 된다. 건강하고 평화로운 삶으로 인도하시려는 하나님의 소원을 따라서, 하나님은 우리를 풍성한 곳으로 인도하신다는 사실을 깨닫게 되는 것이다.

● 당신이 생각하는 당신의 향한 하나님의 무조건적인 사랑에 대한 예를 들어 보시오.

"이러므로 우리 각 사람이 자기 일을 하나님께 직고하리라" 롬 14:12

● 당신의 잘못을 하나님께 고백했던 경험에 대해서 기록해보시오.

◆ ◆ ◆

우리 자신에 대한 인정은 5단계에서 가장 어려운 부분이 될 수 있으며, 위험을 감수해야 한다. 자신의 잘못을 정직하게 이야기해야 한다. 이것은 우리 자신에 대한 위선이나 거짓이 포함될 수도 있기 때문이다. 우리는 그 동안 부정을 통해서 자신에 대해서 거짓된 삶을 살았거나 또는 자신에 대해서 고백하는 것을 어려운 일로 여겼다. 그러나 1단계에서 자신의 진실한 모습을 살펴보았듯이 반드시 이 과정을 진행해야 한다.

● 사람들에게 당신 자신에 관해서 솔직하게 고백하지 못했던 이유가 무엇인가?

"만일 우리가 죄 없다고 말하면 스스로 속이고 또 진리가 우리 속에 있지 아니할 것이요. 만일 우리가 우리 죄를 자백하면 그는 미쁘시고 의로우사 우리 죄를 사하시며 우리를 모든 불의에서 깨끗하게 하실 것이요" 요일 1:8-9

● 당신의 죄를 솔직하게 고백하고 난 후의 결과가 무엇인가?

◆ ◆ ◆

사람들에게 자신의 잘못을 고백하고 인정하는 것은 이번 5단계에서 가장 필요한 과정이다. 자신의 모습을 겸손하게 드러내고 그 동안 자신을 방어했던 것을 내려놓기 시작하는데 도움을 주기 때문이다. 사람들에게 최대한 정직하려고 노력하는 것은 두려운 일이며, 이번 단계를 진행해 나가는데 있어서 쉽지 않은 작업이 될 수도 있다. 오직 하나님만이 우리의 죄를 용서해주시는 분이시기에 하나님께 말하는 것만으로 충분하다고 유혹을 받을 수 있다. 그러나 우리가 이 과정을 진실하게 하는 동안 사람들에게 자신에 대한 진실을 말하는 가운데 자신의 진정한 자아의 가치를 깨닫게 될 것이다.

● 당신의 잘못을 사람들에게 말하는 것에 대해 긍정적으로 생각할 수 있는 것이 무엇인가?

● 사람들에게 자신의 이야기를 말하는 것이 매우 어려운 이유가 있다면 그것이 무엇인가?

"이에 스스로 돌이켜 이르되 내 아버지에게는 양식이 풍족한 품꾼이 얼마나 많은가 나는 여기서 주려 죽는구나. 내가 일어나 아버지께 가서 이르기를 아버지 내가 하늘과 아버지께 죄를 지었사오니. 지금부터는 아버지의 아들이라 일컬음을 감당하지 못하겠나이다 나를 품꾼의 하나로 보소서 하리라 하고" 눅 15:17-19

● 당신도 탕자와 같이 자신의 잘못을 인정했던 경험을 한 적이 있다면 그것이 무엇인가?

_____

_____

◆ ◆ ◆

5단계에서 고백할 상대를 선택할 때에 우리들은 사랑이 많고 충분히 돌봐 줄 수 있고, 무조건적으로 용납해줄 수 있는 사람을 찾기를 원할 것이다. 그러한 사람은 의지할 수 있고 진실하며 우리가 무슨 이야기를 하든 이해할 수 있는 사람이다. 무엇보다 이 과정의 목적을 잘 이해하고 있는 사람이 좋다. 자신의 이야기를 나누는 과정은 자연스러워야 하며, 이야기를 한 뒤 상대방으로부터 피드백을 받는 것이 좋다. 이야기를 나누는 대상자의 진실과 신뢰의 태도는 이 과정의 매우 중요한 요소이며, 이것을 통해서 안전한 분위기가 조성된다.

● 이야기를 나눌 수 있는 상대를 선택할 때 당신이 중요하게 여기는 것은 무엇인가?

_____

_____

"내가 입을 열지 아니할 때에 종일 신음하므로 내 뼈가 쇠하였도다. 주의 손이 주야로 나를 누르시오니 내 진액이 빠져서 여름 가뭄에 마름같이 되었나이다 (셀라) 내가 이르기를 내 허물을 여호와께 자복하리라 하고 주께 내 죄를 아뢰고 내 죄악을 숨기지 아니하였더니 곧 주께서 내 죄악을 사하셨나이다" 시 32:3-5

● 당신 안에 있던 죄의 짐들이 어떻게 당신의 인생을 힘들게 하였고 영향을 미치었는가?

◆ ◆ ◆

사람들에게 자신의 이야기를 말하는 가운데 우리들은 단지 이야기를 듣는 것 이상의 기대를 얻을 수가 있다. 우리들은 다른 사람의 반응에 귀를 기울여 들을 준비를 해야 한다. 이러한 상호적인 관계는 기꺼이 우리 자신의 마음을 열어서 정직하게 자신의 이야기를 하고 그들의 반응에 귀 기울여 들을 때, 결과는 생산적일 것이다. 이러한 과정에서 우리의 인식은 넓혀지고, 우리는 변화되고 성장할 수 있게 된다. 피드백은 매우 필수적이며 이 과정의 마무리를 위해서 필요하다. 돌봄과 이해의 방식 안에서 주고받는 대화들 가운데 우리들이 느끼지 못한 통찰과 느낌을 얻을 수 있는 것이다. 이러한 분위기 속에서 이야기를 나누는 것은 인간관계에 매우 중요한 의미가 있다.

● 이 과정을 마무리하는 가운데 당신이 받은 피드백은 어떻게 당신에게 도움을 주는가?

● 사람들이 말하는 나에 대한 관점을 경청해서 얻을 수 있는 효과가 무엇인가?

"이러므로 너희 죄를 서로 고백하며 병이 낫기를 위하여 서로 기도하라 의인의 간구는 역사하는 힘이 큼이니라" 약 5:16

● 기도가 치료의 과정에서 어떻게 도움이 될 수 있는가?

"자기의 죄를 숨기는 자는 형통하지 못하나 죄를 자복하고 버리는 자는 불쌍히 여김을 받으리라" 잠 28:13

● 5단계를 마치면서 죄를 고백하는 것이 하나님의 은혜를 경험하는데 어떻게 도움을 주었는가?

◆ ◆ ◆

5단계를 마칠 때에 몇 가지의 사항들이 완성되지 않고 남겨질 수 있다. 우리는 하나님의 시기가 우리가 원하는 시기와 항상 일치하는 것은 아니라는 것을 이해해야 한다. 우리 안에서 역사하시는 하나님은 그분께 반응하는 우리의 정도와 상태에 따라서 다르게 일하실 수 있다. 우리는 염려할 필요는 없으며 오히려 하나님을 신뢰해야 한다. 5단계의 진정한 가치는 우리가 얼마나 하나님을 진실하게 신뢰하느냐에 따라서 하나님은 우리를 강하게 하시고, 우리의 삶을 변화시킬 수 있는 능력을 우리에게 공급해주신다는 점이다.

● 5단계를 마치면서 하나님과의 관계에서 당신이 느낀 점이 있다면 그것은 무엇인가?

● 당신의 이야기를 나누는 동안 어려운 점이 있었다면 그것이 무엇인가?

"만일 네가 미련하여 스스로 높은 체하였거나 혹 악한 일을 도모하였거든 네 손으로 입을 막으라" 잠 30:32

● 이번 5단계가 당신의 과거를 이해하고 받아들이는데 어떻게 도움을 주었는가?

◆ ◆ ◆

5단계를 마치고 난 후에, 우리들은 모든 것을 성공적으로 할 수 있는 능력이 없다는 것을 깨닫는다. 우리의 과거의 행동 패턴들을 바꾸는 것이 결코 쉽지 않다. 잘못된 상태를 인정하는 것은 과거의 방식으로 행동하게 하는 것을 멈추게 하지 않는다. 연약했던 순간들이 우리 안에 많이 있었다는 것을 느끼며, 하나님과의 관계가 극복할 수 있도록 해준다는 사실을 알게 된다. 만약에 우리들이 바꾸기를 원한다면 하나님은 용기와 힘을 주실 것이다.

● 5단계가 당신과 하나님과의 관계에 어떠한 영향을 주었는가?

"모든 사람이 죄를 범하였으매 하나님의 영광에 이르지 못하더니" 롬 3:23

● 과거의 방식대로 행동하려고 할 때, 그것을 방지하기 위해서 어떻게 할 수 있는가?

제5단계를 준비하기 위한 중요한 지침서

먼저 당신의 이야기를 경청해 줄 상대를 신중하게 선택하라. 이 사람은 12단계 과정을 잘 이해하고 있는 사람이며 다음과 같은 사항들에 해당하는 사람이어야 한다.

- 건전한 교단에서 안수를 받은 성직자. 많은 목회자들이 해당이 될 수 있다.
- 가급적 신뢰할 수 있는 동성의 친구, 의사, 심리학자 등.
- 당신의 이야기를 솔직하게 털어 놓을 수 있는 가족들 가운데 혹시라도 배우자나 다른 가족 구성원에게 부정적인 영향을 미칠 수 있는 사항들은 이야기 하지 않는 것이 좋다.
- 12단계 프로그램의 회원. 만약 당신이 그룹의 일원으로 참가하고 있다면, 당신은 이미 신뢰를 보여주었거나 신뢰를 가지고 있는 상대를 알고 있을지도 모른다.

5단계를 준비하는 과정 속에서 말을 하는 사람이거나 경청자는 다음의 제안들을 알고 있는 것이 도움이 된다.

- 먼저 기도로 시작하도록 한다. 주님이 함께 계시며 이 과정 속에서 주님의 은혜와 통찰이 임하기를 기도한다. 그리고 우리가 이 과정 속에서 하나님의 인도를 간구한다.
- 충분한 생각과 숙고 그리고 주제에 초점을 맞출 수 있도록 여유로운 시간을 확보한다. 불필요한 설명은 피하도록 한다.
- 방해가 될 수 있는 요소들을 사전에 정리하라. 전화기, 어린이들, 방문자, 그리고 각종 소음 등을 사전에 정리하는 것이 좋다.
- 5단계는 우리의 잘못을 인정하고 고백하기 위하여 진행되는 단계라는 사실을 기억하라. 왜 그것이 잘못인지, 어떻게 그것을 고칠 수 있을지에 대해서 논의하는 시간이 아니다. 당신이 여기서 상담이나 어떠한 조언을 듣고자 하는 것이 아니다.
- 경청자로서 인내하고 용납하라. 당신은 하나님의 대리자이며, 무조건적으로 용납하시는 하나님의 의사 전달자이다.
- 경청자로서 당신은 말을 하는 사람이 그 사람의 생각을 분명하게 표현하는 것을 돕기 위해서 이곳에 존재하는 것이다. 만약에 필요한 사항이 있다면 질문을 하는 것이 좋으며 그래서 그들이 서로 잘 이해할 수 있도록 한다.
- 5단계가 마쳐갈 때에 말하는 사람과 듣는 사람 모두는 자신들의 경험에 대해서 서로 주고받는 시간을 갖도록 한다. 예수 그리스도를 통한 하나님의 사랑이 서로에게 보여줄 수 있는 귀한 시간이 된다.

- 익명성과 비밀을 유지시키라. 당신이 무엇을 말했거나 들었거나 그것은 개인의 인격에 해당하는 사항이다. 관계에 해가 되지 않도록 절대적으로 익명성과 비밀을 유지해야 한다.

다음의 사항들이 5단계를 하나님과 함께 진행해 나가는데 도움이 될 것이다.
- 5단계는 당신의 유익을 위한 것이다. 하나님은 이미 당신을 알고 계신다. 당신은 겸손과 정직 그리고 용기 있는 삶을 살아가기 위한 과정을 시작하였다. 이러한 결과는 자유, 행복, 그리고 안전이다.
- 기도로 시작하라. 예를 들면, "주님, 나는 당신이 나에 대해서 전적으로 알고 계시다는 것을 이해하고 있습니다. 나는 이제 마음을 열어서 당신에게 나의 상처 난 부분, 자신의 아픔과 행동들을 솔직하게 고백할 준비가 되어 있습니다. 나는 당신이 나의 인생 가운데 부어주신 귀한 은혜의 선물에 대해서 감사를 드리고 싶습니다. 내가 거절당할 것에 대한 두려움을 제거해주십시오. 나의 인생을 당신의 은혜 안에 있기를 소원합니다."
- 조금 크게 편안하게 말하도록 한다. 그리고 정직하게 4단계에서 작성했던 목록들을 통해서 얻은 생각이나 느낌을 나눌 수 있도록 하라. 나누는 가운데 당신에게 발생할 수 있는 여러 감정의 상태나 경험들을 충분히 인식하며 느끼는 대로 표현하는 것도 좋다.
- 목적은 균형을 갖는 것이다. 당신의 성향들 가운데는 장점도 있지만 단점도 있다는 것을 기억하라. 먼저 분노나 두려움의 주제를 가지고 시작하라. 그 다음에 당신이 4단계에서 작업했던 목록들을 가지고 진행한다.

다음의 사항들이 당신 자신과 진행하는 5단계를 마쳐갈 때에 도움이 될 것이다.
- 당신이 4단계에서 작성한 목록을 가지고 당신에 대한 인식을 발견할 수 있는 과정으로 시작한다. 자신에 대한 인식은 진정한 자기 사랑을 향한 중요한 과정이다. 자신에 대하여 평가하는 것은 당신에 대한 진정한 고백의 시작이다. 그러나 그 자체로는 불충분하다. 5단계는 당신 자신을 용납하는 것을 강화시키는 과정이다.
- 빈 의자를 당신 앞에 마주 놓아서 당신이 그 의자에 앉아 있는 상상을 한다. 거울을 당신이 앉아 있는 의자 앞에 놓아서 당신 자신을 보고 말하는 것 같이 행동한다.
- 조금 크게 말한다. 당신이 말하는 것을 당신이 들을 수 있도록 한다. 당신의 내면 안에 어떠한 변화가 일어나는지 당신의 이해에 대해서 기록한다.
- 이 과정을 진행하기 위해서 무엇보다 용기가 필요하다. 이러한 용기는 당신의 낮은 자존감 때문에 당신을 억누르며 짓눌렀던 과도한 감정의 짐들을 풀어주는 데 도움이 된다.

다음의 사항들이 다른 사람과 진행하는 5단계를 마쳐갈 때에 도움이 될 것이다.

- 간단하고 솔직하게 자신에 대해서 진술한다. 이 시간은 우리 자신의 결점이나 잘못된 부분 그리고 나에게 상처를 주고 해가 되는 성향들을 드러내는 것이다. 우리들은 또한 우리의 긍정적이고 좋은 성향들을 공개하게 될 것이다. 우리는 이 세상에서 가면을 쓰고 자신을 위장하는 상태로부터 벗어나기 위하여 이 과정을 진행한다. 위장과 기만을 위한 욕구를 제거해야 한다.

- 당신이 5단계를 마무리하면서 이것을 도와줄 수 있는 사람을 선택할 때 경청자를 선택하기 위한 가이드라인을 참고하도록 한다. 당신의 개인 목록 작업 가운데 반드시 분노와 두려움에 대한 주제를 가지고 먼저 시작한다. 그리고 나서 다음에 당신이 작성한 목록들에 대해서 진행하도록 한다.

당신은 당신에 대해서 좋다고 말하는 사람을 결코 본 적이 없을지도 모른다. 단순한 교제를 하는 사람이나 깊은 영적인 교제를 하는 사람이나 당신이 누구를 선택하든지 그것은 당신이 결정해야 하는 사항이다.

당신이 5단계를 마치고 난 후에 당신이 했던 작업들에 대해서 묵상과 기도의 시간을 갖는 것이 좋다. 하나님과 당신의 관계가 개선된 것에 대해서 하나님께 감사를 드린다. 그리고 이전의 단계들에 대해서 한 번 더 살펴볼 수 있는 것도 좋다. 그리고 당신이 느낀 바를 다시 생각해보도록 한다. 당신의 인생을 위한 새로운 기초가 이미 놓인 것에 대해서 인정한다. 모퉁이 돌은 당신과 하나님과의 관계이며, 그것은 당신이 하나님에 대한 겸손과 정직의 헌신이다.

자신을 개방하는 것에 대한 위험을 무릅쓰고 자신의 이야기를 할 수 있었던 용기에 대해서 축하를 보내며, 무엇보다 당신의 마음과 심정에 하나님의 은혜가 임한 것에 대해서 감사한다.

06단계
우리의 결함도 제거해 주시는 하나님

하나님께서 모든 성품의 결함들을 제거해주시도록
내어 드릴 준비가 완전히 되어 있다.

"주 앞에서 낮추라 그리하면 주께서 너희를 높이시리라" 약 4:10

    1단계에서 5단계에 이르기까지의 과정들을 진행하면서 우리들 가운데 어떠한 사람들은 이제 우리가 여기서 멈출 수 있을 것이라고 생각할 수도 있다. 그러나 앞으로 해야 할 남은 일들은 아직도 많이 있으며, 가장 중요한 것은 본격적인 시작은 아직은 아니라고 말할 수 있는 것이다. 1단계와 2단계에서 우리 자신의 무력함을 인정했고, 우리보다 더 위대한 능력자가 계시다는 사실을 믿게 되었다. 3단계에서 우리들은 우리의 의지와 삶을 돌보시는 하나님께 위탁하는 자세를 배울 수 있었다. 4단계와 5단계는 하나님과 우리 자신 그리고 다른 사람에게 우리의 잘못을 고백하는 가운데 우리 자신에 대한 인식이 새롭고 올바르게 되었다. 회복을 위한 이러한 기초들은 이제 모든 것이 잘 되었고, 남은 단계들은 그저 하나의 형식일 뿐이라는 그릇된 생각을 심어 줄 수가 있는 것이다. 만약에 우리가 이러한 생각이 있다면, 이것은 우리의 진정한 영적인 성장을 간과하는 것이다.

    실제로 1단계에서 5단계까지는 궁극적인 절대자이신 하나님께 우리 자신을 내려놓기 위한 기초를 세워나가는 과정이다. 6단계에 접어들면서 우리들은 우리의 자세와 삶의 스타일이 변해야 한다는 필요성에 직면하게 된다. 여기서 우리들은 이러한 변화를 준비하게 되며, 전적으로 우리들의 삶의 과정을 개선해 나가게 된다.

    우리의 삶에 일어날 수 있는 변화는 협력의 결과이다. 하나님은 우리가 소원과 행동을 가지는 동안 그 방향을 지도해주신다. 우리가 필요로 하는 모든 것은 하나님께 우리의 여정을 온전히 맡겨 드리는 것이다. 하나님은 결코 우리에게 강요하지 않으신다. 우리는 그분을 우리의 삶 가운데로 초청해야 한다. 하나님은 결코 우리를 버리지도 포기하지도 않으신다는 사실을 우리들이 믿어야 한다.

    우리들은 우리 스스로 우리의 잘못이나 결점을 제거할 수는 없다. 오직 하나님께 위탁하며 그분이 하시도록 내려놓아야 한다. 6단계는 우리가 실제로 무언가를 행동하는 단계는 아니다. 6단계는 우리의 잘못을 하나님께 내려놓도록 돕는 단계이다. 우리가 그분께 기꺼이 내려놓아, 이제 하나님이 우리를 만지시고 우리의 삶을 고쳐 나가신다는 확신 가운데 일하시는 그분을 경험할 수 있는 것이다. 이러한 과정을 진행하면서 많이 해 왔는가가 중요한 것이 아닌, 하루에 한 번이라도 행동으로 경험하고 느끼는 것이 중요하다.

우리가 개선되기를 원하는 우리의 성향들이 종종 우리의 행동 패턴에 깊이 뿌리를 내리며 연결되어 있다. 그리고 이러한 패턴들은 많은 시간 동안 생존을 위한 기간 속에서 발전되어 온 것이다. 그것은 하루아침에 사라지지 않는다. 하나님께서 우리를 새로운 사람으로 만들어 가시는 동안 우리는 인내해야 한다. 하나님께 모든 것을 내려놓으며 그분의 인도에 맡겨서 우리는 온전하신 하나님을 신뢰하는 법을 배우게 되는 것이다.

6단계는 2단계와 비슷하다. 이 두 단계들은 우리의 삶의 변화를 위하여 하나님이 일하시도록 우리의 의지를 그분께 복종하는 것을 다루고 있다. 2단계에서 우리들은 우리 자신보다 더 위대한 능력자이신 하나님을 믿는 것을 통한 회복의 가능성을 살펴보았다. 6단계에서 우리들은 하나님께 우리의 잘못과 부족한 성향들을 제거해달라고 신뢰하는 준비 과정을 살펴보게 될 것이다. 이 두 단계들은 우리들이 가진 문제를 인정하며 그 문제에서 자유로움을 얻기 위하여 하나님의 도우심을 구할 것을 요구한다. 우리가 믿음이 있다는 것은 이제 준비가 되었으며 회복을 위한 능력을 하나님께로부터 공급받는 것을 의미한다.

개인적 성찰

6단계가 성공적으로 되기 위해서 우리들은 자신들의 잘못된 행동들이 변화되기를 희망해야 한다. 우리의 과거는 우리가 속했던 환경들을 변화시켜 보려는 우리의 자유 의지로 주도되었다. 우리는 자유 의지의 피해자나 다름이 없으며, 하나님의 도움을 요청하기보다는 스스로 해결하려고 했던 적이 더 많았다. 자신의 상황들을 인정하고 이제 정직하게 우리의 행동들을 변화시키려는 소원에 따라서 자유 의지가 결코 우리들을 도울 수 없다는 것을 알게 된다. 우리는 반드시 도움을 받아 들여야 하며 우리의 파괴된 성향들을 제거해야 한다.

- 당신의 행동이 변화되기 위하여 특별히 어떠한 행동들이 변화되기를 원하는가?

"그러므로 너희 마음의 허리를 동이고 근신하여 예수 그리스도께서 나타나실 때에 너희에게 가져다 주실 은혜를 온전히 바랄지어다. 너희가 순종하는 자식처럼 전에 알지 못할 때에 따르던 너희 사욕을 본 받지 말고" 벧전 1:13-14

● 하나님이 우리의 죄를 제거해주실 것이라고 신뢰할 때 느낄 수 있는 감정은 무엇인가?

◆ ◆ ◆

　　이 프로그램에서 강조하는 것은 우리들의 변화는 삶의 전적인 회복을 위하여 필요하다는 사실이다. 변화에 대한 필요성을 인정하는 것과 변화를 시도하려는 마음은 서로 다른 사항이다. 인식과 노력의 빈 공간에 두려움이 자리를 잡고 있을 수 있기 때문이다. 우리가 노력하게 될 때에 우리들은 반드시 우리들이 가진 두려움을 내려놓아야 한다. 그리고 모든 일에 도우시는 하나님이 우리를 회복시켜 주실 것이라는 믿음 안에서 안정해야 한다. 우리가 전적으로 준비가 이루어질 때에 우리의 행동을 변화시킬 수 있는 가능성을 보기 시작한다. 이러한 변화에 대한 흥분은 우리가 원하는 결과를 성취하기 위하여 우리를 도와주게 된다. 지금부터 이제 우리는 다시는 과거로 되돌아가서는 안 된다.

● "이제 다시 되돌아갈 수는 없다." 란 말의 의미가 당신에게는 어떻게 이해되는가?

　　"또 여호와를 기뻐하라 저가 네 마음의 소원을 이루어 주시리로다. 너의 길을 여호와께 맡기라 저를 의지하면 저가 이루시고" 시 37:4-5

● 주님의 인도와 돌봄을 받기 위하여 결심했던 경험들이 있다면 기록해보시오.

　　"내가 이미 얻었다 함도 아니요 온전히 이루었다 함도 아니라 오직 내가 그리스도 예수께 잡힌 바 된 그것을 잡으려고 달려가노라. 형제들아 나는 아직 내가 잡은 줄로 여기지 아니하고 오직 한 일 즉 뒤에 있는 것은 잊어버리고 앞에 있는 것을 잡으려고 푯대를 향하여 그리스도 예수 안에서 하나님이 위에서 부르신 부름의 상을 위하여 달려가노라" 빌 3:12-14

● 과거를 뒤로 하는 일이 어려운 일인데도 당신이 반드시 시도해야 하는 이유는 무엇인가?

◆ ◆ ◆

    우리들이 가지고 있는 잘못된 성향들을 고치기 위하여 준비하는 가운데, 그러한 성향들이 그동안 우리에게 매우 가까이 있었으며, 우리 자신과 다른 사람들의 균형적인 관계를 훼손하고 말았다는 사실을 보게 될 것이다. 우리는 하나님은 우리가 필요로 하는 것이 무엇인지를 아신다고 믿는다. 이것 때문에 우리는 안심한다. 가장 작은 것도 하나님으로부터 시작되는 것이다. 성경은 만약 우리들이 작은 겨자씨만한 믿음이 있다면 결코 불가능한 것은 없다고 말씀한다(마 17:30). 우리가 열심히 수고의 씨앗을 뿌린다면 긍정적인 결과의 작은 싹을 기대할 수가 있을 것이다. 하나님은 새로운 정원을 가꾸기 위하여 우리의 자유 의지를 사용하여 씨를 가꾸는 것을 원하지 않으신다.

● 당신의 잘못된 성향을 고치려고 시도할 때, 당신이 생각할 수 있는 두려움은 무엇인가?

● 당신이 생각하기에 정말로 고치기 힘든 잘못된 성향이 있다면 그것이 무엇인가?

    "너희는 이 세대를 본받지 말고 오직 마음을 새롭게 함으로 변화를 받아 하나님의 선하시고 기뻐하시고 온전하신 뜻이 무엇인지 분별하도록 하라" 롬 12:2

● 당신의 삶 가운데 행하시는 하나님의 뜻을 당신은 어떻게 분별하고 이해하는가?

하나님과 대화할 수 있는 우리의 능력은 이번 6단계의 중요한 부분이다. 우리는 하나님과 대화를 하는 가운데 우리의 겸손을 나타내며 그분의 개입을 초청한다. 우리가 "하나님, 나는 더욱 인내하기를 원합니다."라고 말할 때 하나님께 우리가 원하는 것을 구하게 되는 것이다. 우리가 "하나님, 나는 정말로 인내하지 못합니다."라고 말할 때, 우리는 솔직하게 우리 자신을 표현하는 것이다. 이것은 우리들의 행동의 변화를 위하여 직접적으로 하나님께 구하는 자세이다. 우리가 이러한 방식으로 기도를 드릴 때, 겸손과 우리가 가진 교만을 물리치며 오직 하나님께서 우리 대신 일하여 달라는 하나님의 도우심을 진실하게 구하는 것이다.

● 단순히 하나님의 도움을 구하는 것보다 구체적인 하나님의 도우심의 기도를 적어보시오.

"주 앞에서 낮추라 그리하면 주께서 너희를 높이시리라" 약 4:10

● 우리의 잘못된 성향을 고치기 위하여 우리가 주 앞에 낮추어야 하는 이유가 무엇인가?

"너희 중에 누구든지 지혜가 부족하거든 모든 사람에게 후히 주시고 꾸짖지 아니하시는 하나님께 구하라 그리하면 주시리라. 오직 믿음으로 구하고 조금도 의심하지 말라 의심하는 자는 마치 바람에 밀려 요동하는 바다 물결 같으니" 약 1: 5-6

● 잘못된 성향을 개선하기 위하여 하나님께 기도할 때 의심이 있다면 그것이 무엇인가?

◆ ◆ ◆

이 단계에서 요구하는 것은 고침 받기를 원하는 잘못된 성향들을 인식해야 한다는 것이다. 때로 그러한 성향들 가운데 일부는 그대로 우리 안에 남아 있기를 원할 수도 있다. 그 이유는 어떠한 때는 그 성향들이 유용해서 "나는 그것을 아직은 포기할 수 없어."라고 말할 수 있기 때문이다. 만약에 우리가 "나는 결코 특별하지도 않아, 그리고 그러한 성향들은 아직 고칠 필요가 없을 것 같아."라고 말한다면 우리는 잠재적인 문제를 안고 있는 것이다. 이러한 자세는 하나님의 은혜를 구하려는 우리의 마음을 닫아 버리고 옛 과거의 파괴된 자아의 모습으로 되돌아가도록 만드는 것이다. 만약에 우리가 이러한 방식으로 어떠한 행동에 대해서 반응하고 만다면, 하나님에 대한 우리의 신뢰를 갱신할 필요가 있으며, 그분의 뜻을 행하기 위한 결의를 다질 필요가 있다.

● 하나님에 대한 신뢰가 과거의 행동이나 습관을 포기하는데 어떻게 도움을 줄 수 있는가?

● 과거의 습성들을 버릴 때 무엇이 가장 당신을 두렵게 할 것이라고 생각하는가?

"주는 미쁘사 너희를 굳게 하시고 악한 자에게서 지키시리라" 살후 3:3

● 주님은 어떻게 당신을 강하게 하시고 보호하시는가?

◆ ◆ ◆

매일의 삶 가운데서 이 과정의 기본적인 사항들을 준수하는 가운데 점차로, 무의식적으로 우리의 잘못된 성향들을 고칠 수 있는 준비를 해 나갈 준비를 하는 것이다. 때때로 우리들은 이러한 우리의 모습을 인식하지 못할 때도 있다. 맨 먼저 우리들은 우리가 변하려는 행동들에 대해서 깨닫게 된다. 다른 사람의 인정을 구하려는 사람들은 좀 더 독립적으로 기능하는 것을 시작하게 되고 조종의 중독에 있는 사람은 모든 일에 여유를 가지며 사람들에게 위임할 수 있는 마음을 터득하게 되며, 지나치게 돌보려는 사람은 이제는 자신의 필요에도 민감하게 반응할 수 있게 된다. 부지런히 이 과정에 참여하는 사람들은 그들의 삶에서 적극적으로 노력하는 가운데, 안정적이고 차분하며 진정한 행복을 즐길 줄 아는 단계에 이르게 된다.

● 이 과정을 진행하는 동안 나타난 행동의 변화가 있었다면 그것은 무엇인가?

"이와 같이 너희도 너희 자신을 죄에 대하여는 죽은 자요 그리스도 예수 안에서 하나님께 대하여는 살아 있는 자로 여길지어다 그러므로 너희는 죄가 너희 죽을 몸을 지배하지 못하게 하여 몸의 사욕에 순종하지 말고" 롬 6:11-12

● 당신이 가졌던 잘못된 성향들 가운데 가장 당신에게 고통을 가져다 준 성향은 무엇인가?

인생을 밝고 확신 가운데 살아가는 사람들도 자신이 가지고 있는 적절하지 못한 행동 때문에 불확실하고 혼란스런 성향들을 감추며 살고 있을 수 있다. 만약에 누군가가 우리들에게 그러한 잘못된 성향들로부터 자유롭게 되기를 원한다고 말한다면, 우리는 한 가지 대답을 줄 수 있는데, 그것은 하나님께서 그러한 성향들을 제거해주실 수 있도록 우리가 준비가 되어 있어야 한다는 것이다.

- 당신이 전적으로 준비가 되어 있다면 그것은 어떠한 준비를 말하는 것인가?

"내가 전심으로 주를 찾았사오니 주의 계명에서 떠나지 말게 하소서. 내가 주께 범죄하지 아니하려 하여 주의 말씀을 내 마음에 두었나이다. 찬송을 받으실 주 여호와여 주의 율례를 내게 가르치소서" 시 119:10-12

- 진정 하나님의 뜻을 구하는 것이 잘못된 성향을 고치는데 어떻게 도움을 줄 수 있는가?

"그를 향하여 우리가 가진 바 담대함이 이것이니 그의 뜻대로 무엇을 구하면 들으심이라. 우리가 무엇이든지 구하는 바를 들으시는 줄을 안즉 우리가 그에게 구한 그것을 얻은 줄을 또한 아느니라" 요일 5:14-15

- 하나님께서 우리의 잘못된 성향들을 고쳐주실 것에 대한 진정한 믿음을 가지고 있는가?

◆ ◆ ◆

실제 연습

다음의 항목들은 4단계를 진행할 때 당신이 발견했던 잘못된 성향들을 고치는데 도움을 주기 위하여 고안된 연습이다. 만약 내용에 대한 자세한 참고적인 내용들이 필요하다면 4단계에서 작성한 항목들을 참조해도 된다.

교만: 자신에 대한 과도한 자기 평가; 사람들에 대한 오만한 행동 또는 태도를 보이는 것.
- 사람들에게 교만한 태도로 보였던 당신의 행동에 대한 예를 들어 보아라.

- 당신의 교만한 성향을 버리는 데 특별히 어려운 점이 있다면 그것은 무엇인가?

탐욕: 지나친 자기 애; 지나친 욕심을 내며 소유하려는 마음; 무엇이든 만족하지 않는 마음.
- 물질에 대한 탐욕을 포기하는데 있어서 상실에 대한 두려움이 있다면 그것은 무엇인가?

- 당신의 탐욕스런 성향들을 포기해서 얻을 수 있는 것은 무엇인가?

정욕: 음란; 부적절한 성적인 행위에 몰두하는 것
- 당신이 포기하려는 부적절한 성적인 행위는 무엇인가?

- 당신의 성욕적인 성향들을 버린다면, 당신의 사회적 관계에 어떠한 변화가 일어날 것인가?

정직하지 못함: 속이는 행위; 속이기 위하여 실제로 행동하는 모습; 자신에 대해서 부정직하고 자신의 행동을 정당화하기 위하여 설명하는 태도.

- 당신이 진실을 말하려고 할 때에 가장 두려워하는 것이 있다면 그것이 무엇인가?

- 정직한 태도가 어떻게 당신의 삶을 개선시켜 나갈 수 있다고 생각하는가?

탐심: 남의 것을 몹시 탐내는 마음; 습관적으로 탐심을 보이는 것 또는 지나친 소유욕 때문에 탐욕에 가득 찬 마음; 과도하게 음식을 탐하는 것.
- 탐심을 고치는 과정 속에서 당신이 치료가 되었을 때 얻을 수 있는 유익이 무엇인가?

- 당신이 탐심을 고치기 위하여 준비할 사항이 무엇인가?

질투: 시기하는 마음; 다른 사람들이 가지는 기쁨이나 즐거움, 유익에 대해서 자신도 똑같이 누리고자 하는데 자신이 그것을 누리지 못하는 데에서 오는 고통이나 분개.
- 물질에 대한 질투의 마음을 줄이기 위하여 당신이 가져야 하는 준비 사항은 무엇인가?

- 더 질투하지 않을 때, 당신의 삶이 어떻게 변화될 수 있는가?

게으름: 소극적으로 행동하는 태도; 정열적이지 않고 활동적이지도 않은 태도; 책임의 회피.
- 당신이 적극적이고 열심히 행동했던 경험에 대해서 기록해보시오.

- 당신의 미루고 회피하려는 습관을 고치기 위하여 당신이 취해야 하는 행동은 무엇인가?

07단계

변화를 위해 하나님께 간구해야 합니다

우리의 결함을 제거해 주시도록 하나님께 겸손하게 요청한다.

"만일 우리가 우리 죄를 자백하면 그는 미쁘시고 의로우사 우리 죄를 사하시며 우리를 모든 불의에서 깨끗하게 하실 것이요." 요일 1:9

겸손이란 12단계 프로그램에서 반복되는 주제이며 7단계의 핵심 주제이기도 하다. 우리가 겸손하다면 우리들은 이 과정에서 성공할 것이며, 결과도 만족할 수 있을 것이다. 우리들은 오직 자신들의 욕구를 만족시키는데 온통 신경 써 왔다는 것을 인식하게 된다. 교만하고 자기중심적인 행동 패턴들을 따로 떼어 놓고, 우리의 부적합성과 겸손이 우리의 영을 자유롭게 해준다는 것을 알게 된다. 7단계에서는 우리의 의지를 하나님께 복종해야 한다. 그 결과로 우리가 찾으려는 행복을 성취하기 위한 안정감을 얻는 것이다.

우리는 지혜와 이해 속에서 성장하며 우리가 찾으려는 결과뿐만 아니라, 과거에 씨름했던 고통들을 살펴본다. 사람들이 인생의 도전에 대처해 나가는 것을 들으며, 큰 용기를 얻기도 한다. 이 단계를 진행하면서 우리들은 우리의 과거를 인식하는 것의 가치를 생각하게 된다. 비록 이것이 고통을 수반하더라도 이러한 통찰은 우리 자신을 자유롭게 해주는 유익을 가져다준다.

6단계는 우리의 파괴적인 행동의 패턴들을 내려놓도록 도와주었다. 그리고 하나님이 우리를 위해서 사용하기 원하시는 새로운 행동들을 개발시켜 주었다. 우리의 잘못된 성향들을 제거하기 위하여 하나님께 간구하는 것은, 사람들을 조종하려는 마음을 내려놓기 위한 우리 의지의 진실한 표현이다. 스스로가 충분하다고 생각하는 사람들은 이러한 과정이 매우 힘든 작업일 수도 있다. 그러나 그것이 꼭 불가능한 것은 아니다. 만약에 우리가 이러한 속임수를 과감하게 버릴 수가 있다면, 우리는 하나님께 과거에서 치유되며 새로운 인생을 창조해달라고 간구할 수 있게 된다.

7단계는 우리의 회복을 위한 여정의 중요한 단계라고 말할 수 있다. 그동안 6단계를 하는 가운데 우리들은 우리 안의 절망적인 상황들을 직면할 수 있었으며, 우리의 삶을 정직하게 살펴보았다. 그리고 우리 자신의 숨겨진 면들을 공개하였으며 우리의 행동과 마음을 변화시킬 준비를 하게 되었다. 7단계는 이제 우리들이 하나님께 온전히 향할 수 있는 기회와 우리에게 고통을 안겨다 주는 성향들을 제거해달라고 기도할 수 있게 된다.

이 과정을 시작하기 전에 우리들은 자신을 정직하게 보는 것과 우리의 잘못된 행위들이 있다는 사실 자체를 인정하는 것을 회피하였다. 우리의 삶 가운데 주님의 개입을 묵상하는 것은 우리의 삶을 주님이 인정하시는 삶의 방향으로 변할 수 있도록 만들어주며 자신 안에 놓여 있는 짐으로부터 자유롭게 해준다. 주님과 우리의 관계는 모든 가족들과의 관계 속에서 성장을 하게 된다. 마침내 우리가 어떠한 자였는가에 대한 인식을 하게 되며, 우리가 되고자 하는 소원을 가지게 된다.

우리의 잘못된 성향들의 제거를 위해서 준비해야 하는 것은, 하나님께 우리 자신을 변화시켜 달라는 간구하는 자세와 우리의 관심과 행동이 집중되도록 하는 것이다. 만약에 계속해서 우리들의 파괴적인 행동의 습성들을 고집하게 되면, 이 과정은 중단하게 될지도 모른다. 우리는 반드시 "과거의 행동"으로 되돌아갈 수 있는 가능성을 조심해야 하며, 부지런히 우리가 소원하는 대로 그러한 행동들을 개선하여 앞으로 나아가야 한다. 사람들과 협력적인 관계를 유지하는 것은 지혜로운 일이다. 그리고 이러한 과정은 한순간에 그치는 것이 아닌 평생에 진행해 나가야 하는 일이라는 것을 기억해야 한다. 단 하루 만에 우리의 잘못된 성향들이 사라지기를 기대하는 것은 지나친 무리이다.

우리의 잘못을 하나님께 제고해달라고 요구할 때 반드시 하나님은 은혜를 사람들을 통해서도 주시거나, 아니면 직접적으로 우리의 기도와 묵상을 통해서 주신다는 것을 깨달아야 한다. 하나님은 외부의 자원들을 통하여 우리의 잘못을 고치시기 위하여 사용하신다. 목회자, 교사, 의사, 그리고 치료사들은 하나님의 은혜의 방편들이다. 외부의 도움을 구하고자 하는 우리의 의지는 변화를 위한 우리의 분명한 표현들이다. 강박적으로 염려를 하는 사람은 하나님께 자신의 염려를 고쳐달라고 기도할 수 있다. 동일하게 상담자에게 찾아가서 자신의 염려하는 문제를 도와달라고 부탁할 수도 있다. 음식이나 약물을 과다하게 섭취하는 사람은 자신의 섭식이나 중독 현상의 치유를 위해서 전문가의 도움을 구할 수 있다. 우리의 잘못을 고쳐달라고 하나님의 도우심을 구하는 기도를 드릴 필요가 있으며, 우리가 필요로 하고 알고 있는 적절한 전문가의 도움을 구할 용기를 가지고 있어야 한다.

개인적 성찰

이 단계를 진행해 가면서 우리들은 행복하고 건강한 삶을 향하여 나아가게 된다. 하나님께서 우리의 삶 가운데 선사하신 기회와 축복들을 우리가 소유했다는 사실을 감사하고 느낄 수 있게 된다. 지금까지의 과정들을 진행해가면서 우리들은 점차로 우리 안에 얼마나 많은 축복들이 넘쳐 있는지를 인식하게 된다. 이러한 인식을 통해서 우리들은 하나님의 임재에 감사하며, 우리의 삶이 나아지고 있다는 것을 알게 된다.

● 당신의 인생 가운데 하나님의 개입을 통해서 당신이 받은 축복들은 무엇인가?

● 12단계를 시작하고 지금까지 오는 가운데 하나님의 축복이 있었다면 그것은 무엇인가?

"여호와는 선하시고 정직하시니 그러므로 그 도로 죄인을 교훈하시리로다. 온유한 자를 정의로 지도하심이여 온유한 자에게 그 도를 가르치시리로다. 여호와의 모든 길은 그 언약과 증거를 지키는 자에게 인자와 진리로다. 여호와여 나의 죄악이 크오니 주의 이름으로 말미암아 사하소서" 시 25:8-11

● 당신이 올바른 길을 갈 수 있도록 어떻게 하나님이 당신을 인도하시며 가르쳐 주시는가?

7단계는 우리의 잘못된 부분들을 제거해달라고 간구를 드리는 단계이다. 만약에 우리들이 장점과 확신을 가지고 이 과정에 참여한다면, 우리의 능력은 더욱 개발되어 갈 것이다. 만약에 우리들이 인내하게 되면 하나님은 그분의 발걸음으로 우리의 목적을 성취해나가신다. 하나님의 도우심을 구하고자 하는 우리의 의지는 우리가 가지고 있는 신뢰 위에 세워지며, 우리와 하나님에 대한 믿음의 성장을 격려한다. 만약에 우리에게 짐이 되는 행동의 패턴들을 제거해 달라고 간구하지만, 그것들이 멀리 사라지지 않을지라도 우리들은 적극적인 의지를 가져야 한다. 화가 나거나 또는 용기를 잃어버리는 것은 자신을 파괴하는 일이다. 우리가 원하는 때에 이루어지지 않은 것처럼 보일 때 평안을 비는 기도가 도움이 될 것이다.

● 이 과정을 진행하면서 혹시나 당신을 낙심하게 하는 요소들이 있다면 그것들은 무엇인가?

"아무것도 염려하지 말고 다만 모든 일에 기도와 간구로 너희 구할 것을 감사함으로 하나님께 아뢰라" 빌 4:6

● 당신의 염려를 줄이기 위한 구체적인 기도문을 기록해보시오.

"만일 우리가 우리 죄를 자백하면 저는 미쁘시고 의로우사 우리 죄를 사하시며 모든 불의에서 우리를 깨끗케 하실 것이요" 요일 1:9

● 우리가 죄를 고백하는 것이 모든 불의로부터 우리 자신을 어떻게 성결하게 하는가?

◆ ◆ ◆

부정적인 행동 패턴들을 사라지게 하는 것은 파괴적인 행동들이 무엇이든 간에 상실의 감정을 유발시킬 수도 있다. 우리가 무언가 상실의 감정을 느끼는 것은 정상이다. 만약에 우리의 어린 시절에 갑작스럽게 무언가를 박탈당한 경험을 가지고 있거나, 우리가 그것을 자유롭게 놓아 줄 수 있는 준비가 되기 전에 그러한 일이 발생하고 말았다면, 우리는 매우 예민하게 반응할 수 있다. 그리고 상실의 고통을 회피하기 위하여 그 무엇인가에 집착하게 된다. 포기하고자 하는 두려움의 존재를 부인하거나 회피하기 위하여, 우리에게 있는 비효과적인 방법들을 사용하는 것은 좋지 않다. 대신 주님에게 방향을 돌려서 우리에게 용기와 신뢰를 달라고 간구하는 것이 필요하다. 심지어 우리가 어린 시절에 배웠던 것이 충분하지 않을지라도 우리는 상실의 자세에 대처해야 한다. 하나님에 대한 사랑과 신뢰는 우리의 기억들을 치료하며 우리가 입은 손상을 고치시고 전체적으로 회복시키신다.

● 당신이 어린 시절에 박탈을 당했던 경험을 하였다면 그것은 무엇인가?

"누구든지 자기를 높이는 자는 낮아지고 누구든지 자기를 낮추는 자는 높아지리라" 마 23:12

● 당신이 생각하기에 당신은 정말로 겸손하다고 생각하는가?

◆ ◆ ◆

우리의 행동을 변화시키는 것은 일시적으로 존재의 의미에 대하여 경고를 보낼 수도 있다. 미래의 알지 못하는 것으로부터 오는 두려움은 우리가 과거의 잘못된 행동으로 되돌아가려는 성향을 만든다. 우리는 소외된 감정과 소속감의 상실을 반복해서 경험할 수도 있다. 하나님과의 관계 속에 신뢰와 믿음을 가져서, 상실과 당혹스러움, 그리고 버림 받음의 두려움을 해소시켜 주기 위하여 많은 도움을 준다.

● 미래에 대하여 알지 못하는 것에 당신은 두려운가?

"그러나 더욱 큰 은혜를 주시나니 그러므로 일렀으되 하나님이 교만한 자를 물리치시고 겸손한 자에게 은혜를 주신다 하였느니라. 그러한즉 너희는 하나님께 복종할지어다 마귀를 대적하라 그리하면 너희를 피하리라. 하나님을 가까이 하라 그리하면 너희를 가까이 하시리라 죄인들아 손을 깨끗이 하라 두 마음을 품은 자들아 마음을 성결하게하라" 약 4:6-8

● 현재 하나님과 당신과의 관계에 대해서 기술해보시오.

◆ ◆ ◆

우리의 잘못된 성향들을 살펴보고 삶이 덜 복잡해지는 것을 깨닫기 시작해서 우리들은 일시적인 교만에 빠질 수 있다는 우려를 해야 한다. 행동 안에서의 갑작스런 변화가 일어날 수는 있으나 그러나 우리는 그것이 바로 일어난다고 기대할 수는 없다. 하나님은 우리가 준비가 될 때 우리 안에서 변화를 시작하신다. 우리들 스스로의 힘으로 잘못된 성향들을 제거할 수는 없다. 겸손히 하나님이 일하시는 것을 간구할 때, 변화는 하나님의 책임인 것이다.

● 자신보다 하나님을 의지하며 신뢰했던 경험들이 있다면 그러한 경험들을 기록해보시오.

"하나님이여 내 속에 정한 마음을 창조하시고 내 안에 정직한 영을 새롭게 하소서. 나를 주 앞에서 쫓아내지 마시며 주의 성령을 내게서 거두지 마소서. 주의 구원의 즐거움을 내게 회복시켜주시고 자원하는 심령을 주사 나를 붙드소서" 시 51:10-12

● 하나님이 당신을 떠나신다면 당신의 감정은 어떠할 것이라 생각하는가?

◆ ◆ ◆

우리들이 7단계를 마친 후에도 여전히 우리에게 남아 있는 파괴적인 행동의 패턴들은 완전히 제거되는 것은 아니다. 그러나 전환될 수는 있다. 우리에게는 이러한 파괴적인 성향들을 긍정적인 성향들로 전환시킬 수 있는 기회를 가지고 있으며, 건강한 방식으로 사용하는 것을 배울 수 있다. 지도자들은 힘을 사용하지만 그 힘을 잘못 사용할 수 있으며, 사랑하는 사람들은 사랑에 행복해 하면서도 그 사랑 때문에 고통을 경험할 수도 있다. 물질적으로 풍요로운 사람들은 물질적으로 풍요로울 수 있지만, 그들의 탐심과 소유욕을 결코 버릴 수가 없다. 하나님께서 우리를 도우셔서, 삶의 모든 부분에서 새로워지는 것을 경험할 수 있다. 겸손하게 살아가며 하나님이 우리에게 주시는 것을 받아들이는 사람은 더욱 그리스도 중심적인 인생을 살아 갈 수 있으며, 우리가 받은 사랑을 사람들과 나눌 수 있다.

● 당신의 부정적인 성향들 가운데 긍정적인 성향으로 변화되기를 원하는 것은 무엇인가?

"그러므로 하나님의 능하신 손 아래에서 겸손하라 때가 되면 너희를 높이시리라. 너희 염려를 다 주께 맡겨 버리라 이는 그가 너희를 돌보심이라" 벧전 5:6-7

● 하나님 앞에서 겸손히 행할 때에 하나님이 어떻게 당신의 잘못된 성향들을 고치시는가?

◆ ◆ ◆

이 프로그램이 성공적으로 진행되기 위하여 우리들은 반드시 매일 실습해야 한다. 우리 안에 내부적으로 이러한 갈등의 순간들을 가지고 있을 때에 우리는 간단히 말할 수 있다. "이것은 우리가 통과해야 하는 과정들이다.", "나는 하나님께 내려놓을 것이다.", "나는 두려움이 있다.", "나는 이러한 경험 속에서 선한 것을 선택할 것이다." 우리가 무엇을 사용하든지 강박적인 행동으로 돌아가는 것으로부터 우리를 지켜줄 것이다. 그리고 우울, 죄의식, 분노에 대해서 이해하게 될 것이다.

● 회복을 위하여 당신에게 중요한 마음이나 신앙적인 자원이 있다면 그것이 무엇인가?

"하나님이여 주의 인자를 따라 내게 은혜를 베푸시며 주의 많은 긍휼을 따라 내 죄악을 지워 주소서 나의 죄악을 말갛게 씻으시며 나의 죄를 깨끗이 제하소서" 시 51:1-2

● 하나님은 어떻게 당신에게 은혜를 베푸시는가?

◆ ◆ ◆

우리는 잠깐 멈추어서 회복을 위한 우리의 각오를 새롭게 다져야 할 필요가 있다. 우리의 결심이 우리 안에 있는 건강하지 않은 습관들과 행동들의 고리에서 어떻게 벗어날 수 있는지에 관해서 주목해

보아야 한다. 긍정적이고 자발적인 생각들과 감정들을 받아들이고 이것은 바로 하나님과의 관계에서부터 나왔다는 것을 알아야 한다. 하나님의 인도는 항상 우리와 함께 있다. 우리는 이야기를 듣고, 두려움 없이 행할 수 있다.

● 할 수 있다는 용기를 가지고 실제로 삶에 적용해보았던 행동들은 무엇인가?

"그러므로 너희가 회개하고 돌이켜 너희 죄 없이 함을 받으라 이같이 하면 새롭게 되는 날이 주 앞으로부터 이를 것이요" 행 3:19

● 7단계를 진행하면서 그 결과로 당신의 행동 가운데 변화가 있었다면 그것은 무엇인가?

평안을 비는 기도

하나님, 평안을 허락하셔서
내가 변화시킬 수 없는 것들을 받아들일 수 있게 하소서.
내가 할 수 없는 것들을 변화시킬 수 있는 용기와
차이를 깨달을 수 있는 지혜를 허락하소서.
한 번에 하루를 살고,
한 번에 한 순간을 즐기고,
고생을 평화에 이르는 오솔길로 받아들이고,
예수님처럼 이 죄에 물든 세상을
내가 바라는 대로가 아니라
있는 그대로 감당하며,
내가 당신의 뜻에 복종하면
모든 것들이 바르게 될 것을 믿사오니,
이 세상에서 알맞게 행복하고
저 세상에서 당신과 함께 영원히
말할 수 없는 행복을 누릴 것입니다. 아멘.

−라인홀드 니버−

실제 연습

다음의 항목들은 잘못된 성향들을 제거할 수 있는데 도움을 주기 위하여 고안된 연습이다.

겸손: 자신의 부족함에 대한 솔직한 태도; 교만하지 않는 것; 공격적이지 않고 겸손한 태도.
- 당신이 겸손을 행동으로 옮겼던 실제적인 경험에 대해서 기록해보시오.

- 하나님께서 잘못된 성향들을 제거하는데 겸손이 어떻게 당신에게 영향을 미치었는가?

관용: 다른 사람들과 나누거나 기꺼이 베풀고자 하는 마음; 자기중심적이지 않은 태도.
- 당신이 다른 사람에게 관용을 보였던 경험에 대해서 기록해보시오.

- 관용적 행동이 다른 사람들의 행복과 안녕에 어떠한 영향을 미칠 수 있다고 생각하는가?

성적인 삶에 대한 인정: 자신의 성적인 본능에 대해서 감정이 편안한 것; 자신의 배우자와 행복한 성을 위해서 성적인 관심을 표현하는 것.
- 부적절한 성적인 성향들을 개선한 결과로 당신의 성적인 성향이 어떻게 개선되었는가?

- 개선된 성의 인식 때문에 성적인 개선이 당신의 자존감에 어떠한 영향을 미치었는가?

정직: 진실을 말하는 것; 거짓되지 않는 태도.
- 사람들과 대화를 나눌 때 정직한 당신의 대화를 통해서 생길 수 있는 감정은 무엇인가?

- 진실한 태도가 어떻게 다른 사람들과 당신과의 관계에 영향을 주고 있는가?

절제: 먹고 마시는 일에 대한 조절; 매사에 지나치게 하지 않도록 자신을 조절해가는 것.
- 먹고 마시는 습성에 있어서 당신이 절제를 보였던 경험들을 기록하시오.

- 당신은 매사에 어떻게 절제하기 위해 노력하는가?

우호적인 태도: 친근함; 조화를 이룸; 다른 사람들에 대한 도움과 관심을 표함.
- 우호적인 태도가 사람들과의 관계에서 편안한 감정에 어떻게 도움을 주는가?

- 우호적인 태도로 대인 관계를 개선시켰던 경험들이 있다면 기록하시오.

열정: 활동이나 생각에 적극적인 관심이나 일이나 놀이에 관심을 가지고 참여하는 태도.

- 당신의 삶의 영역들 중에서 당신이 가장 열정적으로 임하는 영역은 어디인가?

_____
_____

- 당신이 열정적으로 임했을 때 당신이 희망하는 결과를 만들었던 경험들을 기록하시오.

_____
_____

제7단계의 기도문

나의 창조주이시여, 나는 이제 진실로
나의 좋은 점, 나쁜 점, 이 모든 것을
주님이 주관하고 계시다는 것을 믿습니다.
그동안 나의 인생 여정 가운데에 있어서
나와 내 동료에게 해가 되었던
나의 잘못된 성향을 위해 기도를 드립니다.
이제 내가 여기서 벗어나 당신의 초대에 답하기 위하여
나에게 감당해 낼 수 있는 힘을 허락하소서,
주 예수 그리스도의 이름으로 기도드립니다. 아멘.

평안을 구하는 기도의 연습

다음의 사례들은 치유 과정의 한 부분으로, 평안을 구하는 기도를 사용하는데 도움을 주기 위하여 고안된 것이다. 하나님의 도우심을 구할 때 매일 사용할 수 있다. 다음의 연습은 평안을 구하는 기도를 당신의 상황 속에서 실제로 연습할 수 있는 기회를 제공해줄 것이다.

**하나님, 평안을 허락하셔서
내가 변화시킬 수 없는 것들을 받아들일 수 있게 하소서,**

특별히 내가 칭찬받기를 원할 때 _____과 같이 나를 무시하는 것도 받아들일 수 있게 하소서

내가 할 수 있는 것들을 변화시킬 수 있는 용기와

특별히 나의 잘못된 성향들과 내가 좋아하는 사람들로부터 인정을 받지 못한 나 자신에 대한 부정적인 감정들마저

차이를 깨달을 수 있는 지혜를 허락하소서.

나 자신에 대한 충분한 인정 때문에, 영원한 만족과 _____에 의존해서 일시적으로 만족하려는 마음 사이에

**하나님, 평안을 허락하셔서
내가 변화시킬 수 없는 것들을 받아들일 수 있게 하소서,**

나의 어린 시절에 했던 방식과 같이

내가 할 수 있는 것들을 변화시킬 수 있는 용기와

특별히 나의 어린 시절에 손상되고 상처 받은 감정의

차이를 깨달을 수 있는 지혜를 허락하소서.

내가 희생자의 역할에 머무는 것과 계속해서 하나님께 나 자신을 위탁하는 것 사이에

**하나님, 평안을 허락하셔서
내가 변화시킬 수 없는 것들을 받아들일 수 있게 하소서,**

다른 사람들과 부모님의 부정적인 성향들

내가 할 수 있는 것들을 변화시킬 수 있는 용기와

특별히 버림 받음과 분노와 소외의 감정들을

차이를 깨달을 수 있는 지혜를 허락하소서.

나에 대한 부모님의 불충분한 사랑과
나와 항상 함께 하시는 하나님의 충분한 사랑 사이에

최근에 극심한 원한과 두려움, 슬픔, 분노를 일으켰던 원인을 삶 가운데서 특별한 상황이나 사건들을 선택한다. 여기에는 여러 관계들(가족, 직장 또는 성적인 관계 등)이나 직장의 환경이나 건강, 자존감과 관련된 내용들이 포함될 수도 있을 것이다.

하나님, 평안을 허락하셔서 내가 변화시킬 수 없는 것들을 받아들일 수 있게 하소서,
● 당신이 변화시킬 수 없는 (예를 들면, 어린 시절, 부모님의 행동, 직장의 조건, 배우자의 행동 등) 것들에 대하여 당신이 생각해 볼 수 있는 것들을 기록해보시오.

내가 할 수 있는 것들을 변화시킬 수 있는 용기와

● 당신이 변화시킬 수 있다고 믿고 있는 특별한 상황이나 상태에 대해서 기록해보시오.

_____
_____
_____

차이를 깨달을 수 있는 지혜를 허락하소서.

● 당신이 변화시킬 수 있고 변화 시킬 수 없는 것을 기록해보시오. (예를 들면 경직된 감정이나 융통적인 감정, 분노와 평화 등)

_____
_____
_____

● 당신이 이러한 연습을 하면서 느낀 점을 기록해보시오.

_____
_____
_____

08단계

우리가 상처준 사람들의 목록을 작성하기

우리가 상처를 입힌 모든 사람들의 목록을 작성하고, 그들 모두에게 기꺼이 보상하기로 한다.

"남에게 대접을 받고자 하는 대로 너희도 남을 대접하라" 눅 6:31

12단계의 프로그램을 시작하기 전에 우리들은 부모님이나 친척들, 인생 속에서 고통을 주었던 당사자들을 비난하였다. 심지어 하나님께도 그 책임을 돌리기도 하였다. 8단계에서 우리들은 우리들의 불행에 대해서 사람들에게 더는 비난을 돌리지 않으며, 내 인생의 모든 책임을 우리가 지도록 인정하였다. 우리들이 4단계에서 작성했던 목록들은 우리들의 부적절한 행동들이 우리들에게 상처를 가져다주었을 뿐만 아니라, 다른 사람들에게도 영향을 주었다는 것을 알게 되었다. 이제 우리들은 모든 책임을 받아들일 준비를 해야 한다.

1단계에서 7단계까지는 예수 그리스도 중심의 치유가 영적 치유의 핵심을 차지한다는 것을 보여주며, 우리들의 삶에서 치유의 과정이 시작되었다. 우리들은 자신들의 삶의 경험들을 되돌아 볼 수 있게 되었고, 과거를 내려놓는 것이 얼마나 중요한지를 알게 되었다. 그 결과로 인격적 성장을 위한 여정을 계속해서 하게 되었다. 이제는 과거의 실수 와 고통 때문에 방해를 받아서는 안 된다. 우리들의 개인적 성장은 직접적으로 과거를 직면하는 것과 관련이 있으며, 이제는 과거를 내려놓아야 한다. 배를 가로 막는 암초와 같이 지난 과거의 잘못들이 평화의 바다 한복판으로 항해를 하는데 걸림돌이 될 수 있는 것이다.

8단계와 9단계는 우리의 관계를 개선시켜 줄 것이며, 우리 자신과 다른 사람들에도 영향을 주어서 우리가 더는 고립되지 않도록 해줄 것이다. 여기서의 중요한 열쇠는 우리가 해를 입힌 사람들에 대한 개선의 작업은 우리의 의지에 달려 있다고 말할 수 있다. 우리의 마음 한 가운데에 예수 그리스도의 개입을 계속해서 환영하며, 지난 과거의 잘못들을 인정하고 다시 설 수 있는 기회를 제공받는 것이다. 8단계에서 우리들은 과거의 실수들을 되돌아보며 여기에 해당된 사람들을 생각해 볼 것이다. 우리들의 의도는 과거를 치유하는 것이다. 그리고 하나님께서 우리의 현재를 새롭게 변화시킬 것을 기대하는 것이다.

4단계에서 작성했던 목록들을 다시 살펴보는 것은 우리의 삶 가운데 관련이 있었던 사람들을 생각해 보는데 도움을 줄 것이다. 새롭게 개선하고자 하는 마음의 준비는 어려운 과제이다. 아직 끝나지 않았는데도 새로운 것이 요구되기 때문이다. 지난 과거의 일들을 되새기면 불편한 감정들이 떠오를 수도 있다. 우리의 행동 때문에 상처들을 인정한다. 그리고 우리들이 이제는 더는 우리 자신이나 사람들에게 상처를 주지 않을 때 위대한 치유의 효과가 나타나는 것이다.

우리들 가운데 많은 사람들은 자신의 잘못된 행위들을 인정하는 것이 매우 어려운 일이 될 것이다. 우리들의 삶의 패턴은 자신에게도 원인이 있다는 사실을 인정하기 보다는 다른 사람들을 비난해 왔고, 우리에게 벌어진 잘못된 일에 대한 원인 제공자를 찾으려고 했던 것이다. 우리가 이제 자신을 살펴서, 많은 경우에 그 책임이 우리들에게도 있다는 것을 깨닫게 된다. 우리의 행동 때문에 일어난 결과를 인정하면, 자신에 대한 긍정적인 자화상을 상실할 수도 있다. 그럼에도 우리가 이러한 작업을 간과하게 되면 악순환의 사이클은 계속되고 우리는 자신의 진실한 모습을 놓치고 말 것이다.

우리 자신과 다른 사람들을 용서하는 것은 우리들이 가지고 있는 분노의 마음을 극복하는데 도움을 준다. 하나님은 이미 하나님과 분리되어 우리가 지은 죄의 행위들을 용서하셨다. 우리 자신을 용서할 수 있는 능력을 개발하는 것은 치유의 과정에서 중요한 부분이다. 이렇게 하기 위하여 우리들은 맨 먼저 모든 해로운 행위에 대한 책임감을 받아 들여야 하며 이를 적극적으로 개선하려는 의지를 가져야 한다. 우리가 용서하려는 마음을 배제하는 것은 정직하지 못한 것이며 우리 삶을 더 복잡하게 이끌 수도 있다.

과거의 잘못된 점들을 고치기 위하여 우리들은 반드시 우리들이 원인을 제공했다고 생각하는 해로운 행위들에 대해 인정하고, 우리의 잘못들을 직면해야 한다. 우리가 해를 입혔던 사람들에 대한 목록을 준비할 때 반드시 그들과 화해를 시작해야 한다. 심지어 우리의 의도가 거절을 당할 지라도 우리는 시작해야 한다. 어떠한 경우에 인생의 목록에 있는 사람들은 우리에 대해서 쓴 아픔을 가지고 있는 사람들도 있을 것이고, 우리의 이러한 시도에 저항하기도 할 것이다. 그들은 깊은 원한을 아직도 붙잡고 있을지도 모르며, 우리와 전혀 화해할 마음이 없을 수도 있다. 우리가 어떠한 영향을 받았느냐에 관계없이 우리는 반드시 용서를 구해야 한다. 우리가 작성한 명단이 기본적으로 우리가 해를 입힌 사람들을 위한 것이 아닌, 우리 자신의 유익을 위한 것이라는 점을 기억해야 한다.

개인적 성찰

8단계는 과거의 잘못된 행위를 고치기 위하여 우리의 의지를 통한 손상된 관계를 회복하는 과정이다. 우리는 분노를 내려놓게 되며 우리가 행했던 해로운 행동을 통해서 생기게 된 죄의식, 수치심, 낮은 자존감을 극복하도록 한다. 우리는 어둡고, 외로우며, 분노가 있는 세상을 뒤로 하고, 우리가 새롭게 발견한 기술의 연습을 통해서 밝은 미래를 향하여 앞으로 나아가야 한다. 이러한 과정을 진행하면서 우리는 상처 입은 상황들을 극복할 수 있는 필요한 방식들로 우리의 상처 난 관계를 고쳐나간다.

● 과거의 잘못된 행동 때문에 심각하게 상처를 입은 대인 관계에 대해서 기록해보시오.

● 분노, 죄의식, 수치심으로부터 자유롭기 위해서 당신이 할 수 있는 것은 무엇인가?

"삭개오가 서서 주께 여짜오되 주여 보시옵소서 내 소유의 절반을 가난한 자들에게 주겠사오며 만일 누구의 것을 속여 빼앗은 일이 있으면 네 갑절이나 갚겠나이다"
눅 19:8

● 사람들을 속이거나 해를 입혔던 상황 속에서 당신의 반응은 어떠하였는가?

◆ ◆ ◆

기독교인으로서 우리들은 깊은 사랑의 관계를 소유하고 유지하는 것에 대한 중요성을 교육받았다. 주님의 말씀을 통해서 어떻게 주님이 사람들을 사랑하고 우리들이 서로 사랑해야 하는지에 대해서 잘 알고 있다. 예수님은 하나님과 화해하는 것이 바로 인간들 사이에 서로 화해하는 것을 의미한다고 가르치셨다. 8단계에서 우리 자신들을 위한 하나님의 중요한 계획을 실행할 준비를 하게 된다. 일단 우리가 해를 입힌 사람들에 대한 목록을 작성하기 위한 준비를 갖추게 되면, 상처 받은 사람들뿐만 아니라 하나님의 가족들 모두를 용납하고 그들에게 우리의 사랑을 보여줄 수 있을 것이다.

● 하나님과 화해하는 것이 사람들 간의 화해하는 것과 어떠한 연관성이 있는가?

"사랑하는 자들아 하나님이 이같이 우리를 사랑하셨은즉 우리도 서로 사랑하는 것이 마땅하도다. 어느 때나 하나님을 본 사람이 없으되 만일 우리가 서로 사랑하면 하나님이 우리 안에 거하시고 그의 사랑이 우리 안에 온전히 이루어지느니라" 요일 4:11-12

● 당신을 향한 하나님의 사랑은 어떻게 당신이 사람들을 사랑하는 것을 가능하게 하는가?

"너희가 사람의 과실을 용서하면 너희 천부께서도 너희 과실을 용서하시려니와. 너희가 사람의 과실을 용서하지 아니하면 너희 아버지께서도 너희 과실을 용서하지 아니하시리라" 마 6:14-15

● 사람을 용서하지 못하는 마음이 치유의 과정에 어떠한 영향을 미친다고 생각하는가?

"그러므로 남을 판단하는 사람아 누구를 막론하고 네가 핑계하지 못할 것은 남을 판단하는 것으로 네가 너를 정죄함이니 판단하는 네가 같은 일을 행함이니라" 롬 2:1

● 당신이 사람들을 판단하거나 정죄했던 그러한 경험들을 기록해보시오.

용서란 양방향에서 진행되는 것이다. 예수님께서 주기도문에서 가르쳐 주신 것처럼 우리가 용서 받은 것 같이 우리도 우리에게 해를 입힌 사람들을 용서해주어야 한다. 우리에게 해를 입힌 사람들을 우리가 용서하였듯이 우리는 우리가 해를 입힌 사람들에게 용서를 구해야 하는 것이다. 우리는 주님을 생각하며, 어떻게 그분께서 우리 자신을 돌아보라고 말씀하셨는지 생각하게 된다. 여기에는 우리의 적들을 사랑하고 우리를 박해하는 자를 위해서 기도하는 것을 포함한다. 이러한 방법만이 미움과 상처의 사이클을 깰 수기 있다.

● 사람들을 용서하는 것이 당신의 과거로부터 자유롭게 하는데 어떻게 도움을 주는가?

"그러나 너희 듣는 자에게 내가 이르노니 너희 원수를 사랑하며 너희를 미워하는 자를 선대하며 너희를 저주하는 자를 위하여 축복하며 너희를 모욕하는 자를 위하여 기도하라. 너의 이 뺨을 치는 자에게 저 뺨도 돌려 대며 네 겉옷을 빼앗는 자에게 속옷도 거절하지 말라. 네게 구하는 자에게 주며 네 것을 가져가는 자에게 다시 달라하지 말며 남에게 대접을 받고자 하는 대로 너희도 남을 대접하라" 눅 6:27-31

● 당신이 미워했던 사람을 용서했던 경험을 기록해보시오.

◆ ◆ ◆

목록을 작성할 때에 우리는 가정이나 공동체, 세상 속에서의 다양한 사람들과의 관계를 살펴 볼 필요가 있다. 우리는 용서하는 법을 배워야 하고 그러한 용서가 은혜의 방편이라는 것을 받아 들여야 한다. 만약 우리들이 하나님께 도와 달라고 간구하면, 우리의 과제는 더 쉬워 질 것이다. 관계를 회복해야 할 사람들의 명단을 작성하면서 하나님의 인도를 구해야 한다. 우리가 가지고 있는 교만을 내려놓는 것이 이러한 과정을 진행하는 가운데 필요하다. 우리는 모든 사람들에 대해서 다 동의할 수는 없을 지라도, 그들도 우리의 생각에 동의한다고 말할 수 없 지라도, 우리는 더는 사람들을 미워하는 일을 중단해야 한다. 왜냐하면 그들이 보는 것과 생각하는 것은 나와 다르기 때문이다.

- 어떻게 8단계가 다른 사람과 당신과의 관계에 도움을 줄 것이라고 생각하는가?

- 당신의 대인 관계 속에서 회복하고 싶어 하는 이름 세 명을 기록해보시오.

"비판치 말라 그리하면 너희가 비판을 받지 않을 것이요 정죄하지 말라 그리하면 너희가 정죄를 받지 않을 것이요 용서하라 그리하면 너희가 용서를 받을 것이요. 주라 그리하면 너희에게 줄 것이니 곧 후히 되어 누르고 흔들어 넘치도록 하여 너희에게 안겨 주리라 너희의 헤아리는 그 헤아림으로 너희도 헤아림을 도로 받을 것이니라" 눅 6:37-38

- 당신이 사람들에게 베푸는 것을 통해서 당신이 얻을 수 있는 것은 무엇인가?

◆ ◆ ◆

어떠한 경우에, 우리들은 우리가 작성한 목록에 있는 사람들을 직접적으로 대면하기가 쉽지 않은 경우도 있다. 그들 가운데는 현재 살아 있지 않아서 만날 수 없는 사람들도 있다. 상황이 어떠하든지 우리들은 여전히 그들을 우리의 목록에 두어야 한다. 우리가 9단계에서 실제적인 과정을 진행하게 될 때, 우리들은 이러한 작업이 필요한 이유를 알게 될 것이다. 만약에 그들이 얼굴을 맞대고 볼 수 없을지라도 말이다. 이러한 작업을 하는 것은 힘든 감정으로부터 벗어나도록 도와주며, 안정감과 평안한 마음을 경험하도록 해준다.

- 당신이 이 과정을 하면서 바라는 것이 있다면 그것이 무엇인가?

"서로 인자하게 하며 불쌍히 여기며 서로 용서하기를 하나님이 그리스도 안에서 너희를 용서하심과 같이 하라" 엡 4:32

● 사람들을 불쌍히 여기는 마음을 가지려면, 우리가 가져야 하는 마음은 무엇인가?

_____
_____
_____

◆ ◆ ◆

우리가 해를 입힌 사람들에 대해서 생각해 볼 때, 어떻게 우리의 잘못된 성향들이 우리의 삶과 관계 속에 걸림돌이 되었는지를 보게 된다. 다음 행동의 예를 보려면 아래와 같다.

- 우리가 분노할 때에 분노는 종종 다른 사람들보다 우리 자신에게 해를 끼친다. 이것은 자신이 가지고 있는 우울증이나 자기 비하의 감정의 결과일 수도 있다.
- 우리들의 무책임한 행동의 결과 때문에, 재정적 문제는 가족들에게 어려움을 미치며 우리의 신용에도 해를 입힌다.
- 우리가 죄의식을 유발하는 이슈에 관해서 직면할 때에 우리 자신에 대한 솔직한 감정보다는 다른 사람들에게 냉정하게 대하는 경우가 많다.
- 자신의 뜻대로 하지 못하는 당혹스러움으로 우리들이 공격적인 반응이나 행동을 보이기도 한다.
- 무질서한 성적인 행동 때문에 진정한 친밀감이 불가능해지거나 어려움을 겪는다.
- 버림 받을 것에 대한 두려움이 때때로 우리의 관계를 파괴시키고 마는데, 이것은 사람들의 가치를 인정하지 않기 때문일 수도 있다. 우리는 의존적인 성격으로, 다른 사람들을 우리 자신의 바람대로 조정하려고 시도한다.

● 당신 자신이나 사람들에게 상처를 입힐 수 있는 당신의 잘못된 성향은 무엇인가?

_____
_____
_____
_____

● 잘못된 성향을 고쳐 나가는 가운데 당신이 두려워하는 결과가 있다면 그것은 무엇인가?

"믿음이 강한 우리는 마땅히 믿음이 약한 자의 약점을 담당하고 자기를 기쁘게 하지 아니할 것이라 우리 각 사람이 이웃을 기쁘게 하되 선을 이루고 덕을 세우도록 할지니라 그리스도께서 자기를 기쁘게 하지 아니하셨나니 기록된 바 주를 비방하는 자들의 비방이 내게 미쳤나이다 함과 같으니라" 롬 15:1-3

● 이웃을 사랑하는 태도가 진정한 관계 회복을 추구하는데 어떻게 도움을 줄 수 있는가?

◆ ◆ ◆

관계 회복이 필요한 사람들의 목록을 작성할 때에 우리들은 우리 자신에게도 초점을 맞추는 것이 필요하다는 것을 기억해야 한다. 성인 아이로서 우리들 가운데 많은 사람들은 자신들을 적절하게 돌볼 수 있는 기술의 결핍으로 고통을 당하는 경우들이 많았다. 우리가 시간과 정열을 사람들에게 다 쏟듯이 자신을 만족하게 하는 것이 이 과정 속에서 중요하다. 우리에게는 자신의 자아를 싫어하는 사람들도 있고 심한 자아 비난과 죄의식, 수치심이 있는 사람도 있을 것이다. 우리들에게 해를 끼쳤던 순간들과 우리 자신을 용서하고자 생각하는 것은 우리들의 계속적인 성장과 치유를 위해서 본질적인 것이다.

● 당신 자신을 용서하는 것이 치유의 과정 속에서 왜 중요하다고 생각하는가?

● 당신이 당신 자신에게 해를 끼친 경험들이 있다면 그것을 기록해보시오.

"어찌하여 형제의 눈 속에 있는 티는 보고 네 눈 속에 있는 들보는 깨닫지 못하느냐 보라 네 눈 속에 들보가 있는데 어찌하여 형제에게 말하기를 나로 네 눈 속에 있는 티를 빼게 하라 하겠느냐" 마 7:3-4

● 사람들보다 자신에게 초점을 맞추는 것이 치유에 필요한 이유가 무엇인가?

◆ ◆ ◆

9단계에서 우리들은 우리가 해를 입힌 사람들을 찾아 볼 것이다. 그리고 필요한 개선의 작업을 진행할 것이다. 이제부터 우리 모두는 그 사람들에 대한 목록을 작성하며 우리가 행한 해로운 행위에 대해서도 기록할 것이다. 우리들은 감정적이고 재정적이며 또는 신체적인 고통을 그들에게 주었을지도 모른다. 우리들은 이러한 과정을 충분히 숙고하면서 진행할 필요가 있다. 자신에 대한 전적인 정직한 자세가 우리가 과거의 잘못된 성향들과 행동들을 치유하는데 가장 중요한 요소인 것을 잊지 말아야 한다.

● 감정적, 재정적, 신체적인 고통을 주었던 사람과 행동을 기록하시오.

"서서 기도할 때에 아무에게나 혐의가 있거든 용서하라 그리하여야 하늘에 계신 너희 아버지께서도 너희 허물을 사하여 주시리라 하시니라" 막 11:25

● 사람들을 용서하지 않는 것이 당신의 치유에 어떠한 영향을 미칠 것이라 생각하는가?

목록 작성을 위한 지침서

다음은 우리가 끼친 손상과 반드시 관계 회복을 위한 목록 작성에 중요한 세 가지 범주이다.

물리적 손상: 다음과 같이 물리적이고 신체적인 방식으로 개인에게 영향을 미쳤던 행동들.
- 돈을 빌렸거나 지나치게 낭비하는 행위; 사기; 사랑 또는 우정을 이용해서 물건을 사기 위하여 돈을 낭비하는 것; 자신 만의 만족을 위하여 돈을 소비하는 것.
- 법적으로 강요하여 동의를 요구하는 것, 계약을 거부하거나 속임수의 사용
- 자신의 행동의 결과 때문에 사람이나 재산에 손상이나 해를 끼치는 것

도덕적 손상: 도덕적으로 부적절한 행동 또는 윤리적인 행동, 의로움과 공정성과 관련한 것을 포함하여 기본적으로 우리의 잘못에 다른 사람들을 개입시킨다.
- 아이들이나 친구 그리고 사람들에게 잘못된 모습이나 본을 보인다.
- 사람들의 필요를 전적으로 무시하거나 자신의 이익만을 추구하는 행위.
- 도덕적인 해를 끼치는 것 (성적 공격, 약속을 깨는 것, 언어 학대, 불신, 거짓말)

영적 손상: 하나님과 우리 자신, 가족과 공동체를 거부하는 결과로 오는 불순종.
- 우리가 지켜야 할 마땅한 신앙의 도리를 저버리는 것, 그리고 우리에게 도움을 준 사람들에 대한 감사함을 표현하지 않는 행위.
- 자신의 성장을 회피하는 태도(건강, 교육, 여가 등)
- 사람들을 격려하지 않고 다른 사람들에 대한 관심을 일체 보이지 않는 행위.

목록 작성표

사람	관계	나의 잘못된 부분	다른 사람들에게 미치는 영향	나에게 미치는 영향
조안	아내	공격적인 모독	두려움, 분노	죄의식, 수치심
존	동역자	성적인 모독	불신, 수치심	자아 존중의 상실

목록 작성 연습

당신이 가장 해를 입힌 사람을 선정해서 다음의 질문들에 대한 대답을 작성해보시오.

성함: 당신의 잘못한 점:

- 당신이 그 사람과의 관계를 회복하려는 이유는 무엇인가?

- 당신이 그 사람과의 관계를 회복하려고 할 때 가장 방해되는 부분이 무엇인가?

- 회복하고자 생각할 때 당신에게 느껴지는 감정은 무엇인가?

- 그 사람과의 관계 속에서 당신이 보여 주었던 잘못된 부분은 무엇인가?

- 그 사람에게 용서를 구하려는 당신의 마음을 기록해보시오.

- 당신은 언제 그리고 어떻게 그 사람과의 관계를 회복하려는 계획을 가지고 있는가?

09단계

우리가 해를 입힌 사람들의 행복을 위한 책임감

당사자나 다른 사람들에게
피해를 주는 때를 제외하고 가능하다면
어디에서나 그들에게 직접적으로 보상한다.

"그러므로 예물을 제단에 드리려다가 거기서 네 형제에게
원망들을 만한 일이 있는 것이 생각나거든 예물을 제단 앞에 두고
먼저 가서 형제와 화목하고 그 후에 와서 예물을 드리라" 마 5:23-24

    9단계는 4단계에서 시작된 용서의 과정을 완성하면서 사람들과의 화해를 요구하는 단계이다. 이 단계에서 우리들은 죽은 잎들이 쌓인 정원을 말끔히 청소를 하는 것과 같으며, 오래된 습관을 이제 버릴 시기가 온 것이다. 우리들의 잘못에 직면할 준비가 되어 있으며 우리의 결점의 상태를 인정하고 용서를 요청해야 한다. 해로운 행동에 책임을 지는 것은 우리의 잠든 인식을 깨우는 것이며, 우리가 사람들에게 했던 잘못들을 인정하는 것이다.

    우리들은 치유의 과정을 시작한 이래로 오랜 시간 동안 새로운 삶의 스타일을 개발시켜 나갔다. 우리들은 우리들의 무력함과 조절할 수 없는 우리들의 무능력이 어떻게 황폐하게 하는지 잘 보았다. 우리들의 잘못된 성향들을 직면하려는 우리의 의지는 마침내 하나님께 그러한 성향들을 제거해달라고 간구하는 겸손한 자세가 되었다. 8단계와 9단계에서 우리들은 우리의 성향들을 새롭게 개선해나가는 과정을 계속해서 해 나가야 한다.

    좋은 판단과 세심한 관심, 용기와 정열 등이 9단계를 진행할 때 필요한 요소들이다. 새로운 기술에 대한 확신을 가지고 삶이 나아지고 있다는 사실을 사람들이 목격하게 될 때, 우리들은 이미 회복을 위한 준비가 되어 있다는 것을 알게 되는 것이다. 우리가 용기 있게 계속해 나가면서 우리의 지난 행동에 대해서 정직하게 말하는 것이 안전하며, 우리들이 그들에게 끼친 잘못된 점들을 쉽게 인정하게 될 것이다.

    개선하고자 하는 노력은 우리들을 모든 과거의 분노로부터 자유롭게 만들어 줄 것이다. 우리가 해를 입힌 사람들에게 용서를 구하는 것을 통해서 우리의 삶 가운데 안정감이 성취된다. 그리고 이것은 회복의 경험이 된다. 용서 없이는 우리가 가지고 있는 쓴 분노는 여전히 우리의 성장을 방해하는 요소로 남을 것이다. 개선하고자 하는 노력이 우리를 죄의식으로부터 벗어나게 해주며, 자유를 선사하고 마음과 육체에 건강을 되찾게 해준다.

    이러한 과정을 준비하면서 우리들은 삶의 어떠한 사람들이 우리들에 대해서 쓴 감정을 가지고 있다는 것을 깨닫는다. 그들은 우리들 때문에 매우 심한 고통을 경험했을 수도 있으며, 우리의 행동 때문에 분노가 있을 수도 있다. 이러한 사람들을 직접적으로 대면하는 것이 적절한지에 대하여 생각해

볼 때에 그들을 위해서 기도할 수 있다. 주님의 지혜가 우리와 그들 가운데 임하길 간구한다. 만약 우리 자신을 용서한다면 우리들은 반드시 맨 처음에 우리의 행동의 결과 때문에 그들이 감내해야 했던 고통들을 인정해야 한다.

몇 가지의 장애물들이 9단계에 있을 수 있다. 우리들의 이야기를 해서 아직 때가 되지 않았다는 생각을 가지며 시간을 끌 수도 있을 것이다. 우리가 해를 입힌 사람들을 직면하지 못하고 끝없이 그들에 대한 변명을 하면서 자신이 해야 할 일을 지연시킬 수도 있다. 우리 자신에게 먼저 정직해야 하며 두려움 때문에 미루어서는 안 된다. 두려움은 용기의 부족이다. 용기는 9단계뿐만 아닌 전체 과정의 성공적인 마무리를 위해서 매우 중요한 요구사항이기도 하다. 우리가 과거의 결과를 받아들이기 위한 준비와 우리가 해를 입힌 사람들의 행복을 회복시키기 위한 책임감을 가지는 것은 9단계의 중요한 영적인 과제이다.

지연시킬 수 있는 또 다른 요소는 이미 지나간 일인데 왜 다시 떠 올리느냐? 라는 생각이다. 우리는 과거는 이미 지나갔고 이제 다시 문제 삼을 필요가 있느냐는 이성적인 생각을 한다. 과거의 잘못된 행동에 대한 개선 작업은 필요하지 않으며, 우리들의 현재 행동을 바꾸는 것이 더 현명하다는 환상적인 생각을 하기 쉽다. 지난 과거의 행동에 대한 직접적인 대면 없이 여지로 남겨 놓는 것이 좋다고 생각할 수 있지만, 과거일지라도 반드시 돌아보아야 한다. 우리가 과거를 바르게 직면할수록 평화와 안정의 새로운 삶은 다가온다.

개인적 성찰

성공적으로 9단계를 완수하기 위해서 우리들은 8단계의 목록을 다시 살펴볼 필요가 있다. 그리고 개선을 위해서 무엇이 적절한지 그 방식에 대하여 결정할 필요가 있다. 어떠한 경우들은 간단하거나 단순한 행동의 변화에 의해서도 가능할 수 있으나, 대부분의 상황들은 직접적인 대면을 요구할 것이다. 우리가 선택할 수 있는 방법이 무엇이든 가능한 최선의 방법으로 개선을 위한 과정을 진행해 나가야 한다.

● 상처를 입힌 사람과의 관계 회복을 시도할 때 가장 염려가 되는 사항이 무엇인가?

"우리가 사랑함은 그가 먼저 우리를 사랑하셨음이라 누구든지 하나님을 사랑하노라 하고 그 형제를 미워하면 이는 거짓말하는 자니 보는 바 그 형제를 사랑하지 아니하는 자는 보지 못하는 바 하나님을 사랑할 수 없느니라. 우리가 이 계명을 주께 받았나니 하나님을 사랑하는 자는 또한 그 형제를 사랑할지니라" 요일 4:19-21

● 사람들을 미워해서 하나님과의 관계에 어려움을 경험했던 경우를 기록해보시오.

◆ ◆ ◆

9단계는 관계 회복을 위하여 두 가지의 중요한 부분으로 되어 있다.

"가능하다면 어디에서나 그들에게 직접적으로 보상한다."

우리가 마음의 준비가 되는 대로 곧 다가갈 수 있고 받아들일 준비가 되어 있는 사람이다.

이러한 사람들은 가족 구성원이나 직장 동료, 그리고 우리와 관계의 회복이 필요한 사람일 수 있다. 그들은 친구이거나 우리 또는 그들이 우리를 싫어하는 사람일 수 있다. 회복의 과정으로서 우리들이 할 수 있는 최선을 다해서 손상된 관계를 회복하도록 시도해야 한다. 다른 사람들의 반응은 우리를 놀라게 할 수 있으며, 특별히 우리의 노력이 받아들여 질 때이다. 우리는 그동안 우리들이 관계 회복을 위하여 왜 그렇게 오랜 시간을 기다렸는지 의아해 할 수 있다.

● 당신과 좋은 관계에 있는 사람과도 지속적인 관계 회복이 필요하다고 생각하는가?

● 당신에게 관계를 다시 회복시킨다는 것은 어떠한 의미가 있는가?

"또 네 이웃을 사랑하고 네 원수를 미워하라 하였다는 것을 너희가 들었으나 나는 너희에게 이르노니 너희 원수를 사랑하며 너희를 박해하는 자를 위하여 기도하라"
마 5:43-44

● 당신과 좋지 않은 관계를 가지고 있는 사람을 사랑해야 하는 이유가 무엇인가?

◆ ◆ ◆

직접적인 접촉이 가능하지 않은 상황들

여기에는 더는 접촉할 수 없는 사람들 또는 이미 죽은 사람도 포함된다. 이러한 경우에 비간접적인 관계 회복이 화해를 이루게 해준다. 기도나 편지를 쓰는 것이 그들과 실제로 교통하는 것과 같다. 우리들이 모르는 누군가의 도움을 통해서도 관계 회복을 추구할 수도 있다.

● 편지나 기도가 직접적으로 만날 수 없는 사람과의 관계 회복에 어떻게 도움을 주는가?

"무엇보다도 열심으로 서로 사랑할지니 사랑은 허다한 죄를 덮느니라 서로 대접하기를 원망 없이 하고 각각 은사를 받은 대로 하나님의 여러가지 은혜를 맡은 선한 청지기 같이 서로 봉사하라" 벧전 4:8-10

● 불편함을 느끼는 일 없이 사람들에게 호의를 베풀었을 때의 경우를 기록해보시오.

◆ ◆ ◆

"당사자나 다른 사람들에게 피해를 주는 때를 제외하고"

완전한 개방이 사람들에게 피해를 줄 수 있기 때문에 우리들이 오직 부분적으로 개선시켜 나갈 수 있는 사람들에게

이러한 사람들은 배우자 또는 이전의 직장 동료나 상사 그리고 친구들이 될 수 있다. 만약에 완전한 개방이 이루어지고 난 후에 그들이 어려움을 당할 수 있을지에 대해서 우리들은 신중하게 생각해보아야 한다. 이것은 특별히 외도의 경우에 그렇다. 그러한 상황 속에서는 회복될 수 없는 손상이 당사자 모두에게 일어날 수가 있다. 이러한 일들에 대해서 우리는 반드시 사람들에게 피해가 가지 않도록 조심해야 한다. 외도에 대한 회복은 깊은 사랑의 관계가 회복이 되고 난 후의 별도의 과정이 필요하다.

● 자신을 개방 했을 때 어떠한 어려움이 일어날 수 있을 것이라고 생각할 수 있는가?

"그러므로 예물을 제단에 드리다가 거기서 네 형제에게 원망 들을 만한 일이 있는 줄 생각나거든 예물을 제단 앞에 두고 먼저 가서 형제와 화목하고 그 후에 와서 예물을 드리라" 마 5:23-24

● 당신의 관계 회복을 위한 시도 중에서 어렵게 여겨지는 것은 무엇인가?

심각한 결과가 예상되는 경우, 예를 들면 직장을 잃거나 감옥에 갈 수 있는 경우, 가족으로부터 고립될 수 있는 경우 등, 우리들은 신중하게 그 결과를 예측해보아야 한다. 반드시 우리 자신이나 사람들에게 상처를 입히거나, 입을 것에 대해 두려워서 관계 회복에 대한 시도를 중단해서는 안 된다. 만약 우리 자신이나 사람들 때문에 두려워서 관계 회복의 시도를 지체하고 만다면, 우리들도 고통을 경험하는 사람들 가운데 한 사람이 될 수 있다. 이러한 상황 속에서 외부의 도움을 구하게 되는데, 상담가나 자신과 가까운 친구에게 어떻게 진행해야 할지를 결정하기 위해서 조언을 구한다. 다른 한편으로 우리 자신의 성장을 지체할 뿐만 아니라, 새롭고 건강한 관계를 세우기 위한 치유의 과정에 장애물을 경험할 수도 있다.

● 관계의 회복이 오히려 부정적인 결과를 불러일으킬 수 있는 예는 무엇인가?

"저당물을 도로 주며 강탈한 물건을 돌려 보내고 생명의 율례를 지켜 행하여 죄악을 범하지 아니하면 그가 반드시 살고 죽지 아니할지라 그가 본래 범한 모든 죄가 기억되지 아니하리니 그가 반드시 살리라 이는 정의와 공의를 행하였음이라 하라" 겔 33:15-16

● 약탈한 것을 되돌려 주는 것이 어떻게 관계를 회복하는데 영향을 미칠 수 있는가?

◆ ◆ ◆

지체할 수밖에 없는 상황들

이러한 경우에 또 다른 상담사를 찾는 것이 상황을 올바로 판단하는데 도움을 줄 수가 있다. 우리의 잘못 때문에 고통을 경험하고 있는 사람을 갑작스럽게 접촉하는 것이 결코 지혜로운 방법은 아니다. 우리가 준 고통이 여전히 깊게 남아 있는 상황 속에서는 인내가 오히려 지혜로운 방법이다. 정확한 시기는 경험으로부터 얻어지는 것이며, 미래의 상처를 대비하는 가운데 판단 될 수 있다.

● 이러한 범주에 해당하는 사람이 있는가?

"그러므로 피차 권면하고 피차 덕을 세우기를 너희가 하는 것같이 하라" 살전 5:11

● 사람들을 권면하는 것이 잘못된 관계의 회복을 준비하는데 어떠한 도움을 줄 수 있는가?

"그런즉 우리가 다시는 서로 비판하지 말고 도리어 부딪칠 것이나 거칠 것을 형제 앞에 두지 아니하도록 주의하라" 롬 14:13

● 사람들을 함부로 판단하는 것이 그들을 어떻게 해롭게 만드는가?

◆ ◆ ◆

우리가 배웠던 대로 어떠한 상황에서는 특별한 배려가 요구된다. 천천히 진행하는 것이 관계의 회복을 위해서 성급하게 해서 상처를 입히는 것보다 나을 수 있다. 하나님은 위로와 도움의 가장 위대한 근원자이시다. 그분은 우리 가까이에서 우리를 도우시며, 우리가 진행하는 이 모든 과정들이 그분의 개입과 도우심의 영향을 받는다는 것을 인식한다.

● 섣부른 관계 회복을 위한 시도가 오히려 상처를 안겨 준 경우가 있었는가?

"오직 너희는 원수를 사랑하고 선대하며 아무것도 바라지 말고 꾸어주라 그리하면 너희 상이 클 것이요 또 지극히 높으신 이의 아들이 되리니 그는 은혜를 모르는 자와 악한 자에게도 인자하시니라" 눅 6:35

● 사람들에게 친절히 대하는 것이 당신에게 어떠한 영향을 미칠 수 있는가?

◆ ◆ ◆

관계를 회복하기 위하여 만날 수 있는 사람들의 목록을 작성하고 계획을 세우며, 당신이 무슨 말을 할 것인지 어떻게 당신의 의사를 전달할지를 생각해본다. 만약에 얼굴을 맞대고 만날 수 없는 상황이라면, 편지를 쓰거나 전화를 거는 것도 좋은 방법들이다. 어떠한 경우에는 직접 얼굴을 맞대며 만나는 것이 이상적인 방법이 아닐 수도 있다. 중요한 것은 너무 늦기 전에 화해를 시작하는 것이다. 관계 회복을 위한 시도는 우리들이 해를 입힌 사람들과의 치유되고 회복된 관계를 만들어 내며 긍정적인 상호 관계를 형성해 준다. 우리들에게 건강한 관계를 유지하기 위한 능력을 제공해준다.

- 관계 회복을 위한 시도가 어떻게 당신과 사람들과의 관계를 개선시켜 줄 수 있는가?

"피차 사랑의 빚 외에는 아무에게든지 아무 빚도 지지 말라 남을 사랑하는 자는 율법을 다 이루었느니라" 롬 13:8

- 당신이 사람들에게 사랑의 빚을 진 경험이 있다면 기록해보시오.

◆ ◆ ◆

이 단계를 진행할 때 우리는 관계 회복을 위하여 시도하는 것과 사과하는 것을 잘 구분해야 한다. 단순히 사과하는 것만으로 관계 회복이 성립되는 것은 아니다. 직장에 늦었다고 사과하는 사람은 그러한 늦는 행동이 수정될 때까지 관계 회복이 성립되지 않을 수 있다. 사과는 필요할 때에 하는 것이 적절하나 그러나 중요한 것은 행동에 대한 인정이 이루어져야 한다.

- 사과하는 것과 관계 회복을 위한 노력을 어떻게 구분할 수 있는가?

● 관계를 회복하기 위하여 당신이 먼저 사과를 해야 했던 경우가 있었는가?

"아무에게도 악을 악으로 갚지 말고 모든 사람 앞에서 선한 일을 도모하라. 할 수 있거든 너희로서는 모든 사람과 더불어 화목하라" 롬 12:17-18

● 당신이 복수의 행동을 하고자 할 때, 당신에게 주어지는 부정적인 영향은 무엇인가?

◆ ◆ ◆

일시적인 감정이나 영적인 퇴보가 예상될 수 있으며, 이것에 대해서 대처해야 한다. 만약 그렇게 하지 않는다면, 그러한 상황들이 성공적인 관계 회복에 대한 모든 시도들을 물거품으로 만들 것이다. 이러한 상황이 일어나면 우리들은 지금 이 과정을 제대로 하고 있는지 하나의 신호로 생각해야 한다. 아마도 우리들이 하나님으로부터 멀어져 있을 수 있으며, 그렇다면 다시 3단계로 돌아가는 것이 필요하다. 아니면 우리가 작성했던 목록에 대한 사항들을 다시 점검해 보거나 이를 위해서는 4단계를 다시 해야만 한다. 아니면 우리 안에 있는 잘못된 성향들을 제거하기보다 그냥 포기하고 있으려는 마음 때문인지도 모른다. 이러한 경우에는 다시 6단계로 돌아 가야 한다.

● 최근에 이 과정을 그만 두고 싶은 생각이 있었다면 그것을 어떻게 대처했는가?

● 당신의 잘못된 성향 중에서 당신에게 다시 나타나서 문제를 일으켰던 것은 무엇인가?

"아무 일에든지 다툼이나 허영으로 하지 말고 오직 겸손한 마음으로 각각 자기보다 남을 낫게 여기고 각각 자기 일을 돌볼뿐더러 또한 각각 다른 사람들의 일을 돌보아 나의 기쁨을 충만하게 하라" 빌 2:3-4

● 당신의 삶 가운데 여전히 자기중심적인 삶의 영역이 있다면 그것이 무엇인가?

◆ ◆ ◆

8단계와 9단계는 우리들이 과거를 뒤로 하는데 도움을 준다. 이러한 단계들을 통해서 우리들은 사람들에게 상처를 입힌 책임을 인정하며 회복을 위하여 먼저 우리 자신과 화해한다. 관계 회복을 위한 시도를 통해서 과거의 잘못된 모습에 대한 속죄의 기회를 갖게 되며 건강하고 희망이 있는 미래의 삶을 향해서 나아가게 된다. 이제 우리의 자존감을 다시 세우며 우리 자신과 사람들과의 평화로운 관계를 이루어 나간다. 그리고 하나님과 이 세상 속에서 조화를 이루며 살아갈 수 있다.

● 9단계가 당신의 자존감을 높여 주는데 어떠한 영향을 미칠 수 있다고 생각하는가?

● 당신이 혹시 9단계를 마무리 하는 가운데 어려움이 있었다면 그것이 무엇인가?

"그러므로 너희는 하나님이 택하사 거룩하고 사랑 받는 자처럼 긍휼과 자비와 겸손과 온유와 오래 참음을 옷 입고 누가 누구에게 불만이 있거든 서로 용납하여 피차 용서하되 주께서 너희를 용서하신 것 같이 너희도 그리하고" 골 3:12-13

● 긍휼과 자비와 인내가 당신의 안정적인 삶에 어떻게 기여할 수 있는가?

관계 회복을 위한 연습

다음은 9단계에서 요구하는 관계 회복을 위한 유용한 절차와 생각들을 요약한 것이다.

태 도

- 당신과 관계 회복을 원하는 사람을 사랑하고 용서하고자 하는 마음.
- 당신이 말하는 것과 당신과 대화를 나눌 사람을 비난하지 않도록 신경을 쓰는 마음.
- 당신이 무엇을 말할지에 대해서 책임을 지려는 것.
- 어떠한 결과이든 그것을 받아들이고자 하는 것.
- 사람들의 반응을 있는 그대로 이해하려고 하는 것.
- 당신의 염려를 하나님께 내려놓는 것.

준 비

- 기도와 묵상의 시간을 별도로 갖는다.
- 만약 당신이 화가 나 있거나 흥분되어 있을 때 시간을 잠시 지체하며 4단계의 목록 작성한 내용들을 다시 살펴본다.
- 간단명료하게 자세하고 세세한 설명은 필요하지 않다.
- 관계 회복을 위한 시도는 그 사람의 입장에 서서 이해하고 생각하는 것이다.
- 관계 회복을 위한 당신의 희망을 이야기해준다. 예를 들면, 나는 12단계의 프로그램에 참여하고 있습니다. 이 과정에서는 나의 행동 때문에 내가 상처를 준 사람들에 대한 나의 책임감을 인정하고 있습니다. 나는 당신과 관계를 회복하고 싶습니다. 기꺼이 나의 부탁을 들어 주시겠습니까?

예시적 문장

- 우리 사이에 _____ 생겼을 때, 나는 매우 (무섭다, 당황했다, 버림받은 느낌을 받았다 등). 지난날에 당신에게 행했던 나의 생각이나 행동 또는 말 때문에 상처를 받았던 당신에게 진정으로 용서를 구하고 싶습니다. 나는 나의 이러한 행동이 또다시 당신에게 고통이 되지 않기를 바랍니다. 당신의 용서를 진심으로 구하며 당신과 진심으로 관계를 회복하고 싶습니다.
- 나는 진심으로 _____ 때문에 당신과 깨어진 관계를 다시 회

복하고 싶습니다. 내가 당신에게 했던 모든 행동이나 말들은 내가 혼란스러웠기(두려움, 무기력함, 당황스러움 등) 때문입니다. 진심으로 당신의 용서를 구합니다. 이제 나는 당신에게 사랑과 진정한 호의를 베풀 것을 약속을 드립니다.

당신이 관계를 회복하기 원하는 사람을 선정해보시오.

- 당신이 관계를 회복하려고 생각하는 사람은 누구이며, 그렇게 하려는 이유는 무엇인가?

- 당신은 어떻게 그에게 찾아가서 이야기를 시작해 볼 것인가?

관계 회복을 위한 연습

다음의 내용들은 자기 자신과 관계 회복을 할 때 사용할 수 있는 몇 가지 지침들이다.

태 도

- 당신 자신을 사랑하고 용서하고자 하는 마음.
- 당신의 행동에 대해서 당신이 무엇을 말할지 그리고 책임을 지려는 마음.
- 당신 자신을 기대하는 것.
- 당신의 염려를 하나님께 내려놓는 것.

준 비

- 기도와 묵상의 시간을 별도로 갖는다.
- 만약 당신이 화가 나 있거나 흥분되어 있을 때, 시간을 잠시 지체하며 4단계의 목록 작성한 내용들을 다시 살펴본다.
- 간단명료하게 자세하고 세세한 설명은 필요하지 않다.
- 관계를 회복하는 것은 당신 자신을 위한 것이며, 다른 사람에게 보이기 위한 것이 아니라는 것을 기억하라.

예시적 문장

- _____ 생겼을 때, 나는 매우 (무섭다, 당황했다, 버림받은 느낌을 받았다 등). 나의 지난날에 나 자신에게 행했던 나의 생각이나 행동 또는 말 때문에 상처를 받았던 나 자신에게 진정으로 용서를 구하고 싶습니다.
- 나는 진정 _____ 때문에 나 자신과 깨어진 관계를 회복하고 싶습니다. 자신에게 했던 모든 행동들이나 말들은 내가 혼란스러웠기(두려움, 무기력함, 당황스러움 등) 때문입니다. 나 자신에게 진심으로 용서를 구하고 싶습니다.

당신 자신과의 관계를 회복하기 위하여 당신에게 보내는 편지를 써 보시오.

- _____ 에게

● 당신 자신에게 편지를 쓰고 난 후의 느낌이 어떠한가?

10단계

우리의 잘못을 하나님 앞에서 바로 인정하라

계속적으로 개인적인 목록을 작성하고
우리에게 잘못이 있을 때는 즉각적으로 그것을 인정한다.

"그런즉 선 줄로 생각하는 자는 넘어질까 조심하라" 고전 10:12

10단계에서 우리들은 앞 단계들과 연관을 지어서 진행하게 된다. 우리들이 성취하고자 하는 것을 어떻게 유지할 수 있는지에 대해서 배우게 될 것이다. 그리고 우리의 여정 속에서 확신과 기쁨을 가지고 진행해 나갈 것이다. 처음부터 9단계까지는 우리들 안에 있는 잘못된 성향들이나 행동 패턴들을 변화시키기 위한 단계들이었다. 계속해서 이 과정을 진행해 나가면서 우리 자신들을 돌아보고, 다른 사람들과도 관련이 있는 건강하고 새로운 방식들을 개발하기 위한 우리의 능력을 증가시켜 나갈 것이다.

우리들의 삶에 안정과 평화를 경험하기 시작해서 우리들 가운데 어떠한 사람들은 만약에 이것이 영원한 것인지, 아니면 일시적인 것인지 의문을 가져 볼 수도 있을 것이다. 여러 단계들을 진행하면서 우리 자신이 얼마나 상처를 받고 연약한 자인가를 볼 수 있도록 도와주었다. 이러한 단계들을 매일 우리가 살아가는 인생 가운데, 함께 하시고 도우시는 하나님으로 인생의 새로운 기초를 세우고 유지해 나갈 수 있다. 우리들에게 있는 기술은 점점 발전될 것이고, 사람들과의 상호 작용이 새롭게 변화되고 있다는 것도 보게 된다.

바로 이 점에서 우리들은 치료가 되었기에 과거의 모습으로 다시 되돌아가고 싶은 유혹을 받을 수도 있다. 또한 우리들이 모든 질문에 대한 해답을 가지고 있어서 이 과정들을 멈추어도 된다는 생각을 할 수도 있다. 편안한 감정이 있어서 이 과정을 더는 하지 않아도 된다는 생각을 할 수도 있을 것이다. 모임에 한 두 번씩 결석하거나 프로그램을 아예 중단하는 것도 생각해 볼 수 있을 것이다. 그러나 우리는 이러한 유혹에 단호히 맞서야 하며, 우리 자신을 위하여 세운 목적을 포기하거나 그만 두는 일이 발생해서는 안 된다는 것을 깨달아야 한다. 반드시 우리가 경험할 성공은 이 과정들을 모두 다 마무리 하고 매일의 삶 가운데 지속적인 실습의 결과라는 점을 분명하게 깨달아야 한다.

10단계는 우리의 계속된 영적인 성장을 목표로 한다. 과거에 우리들은 끊임없이 우리가 행동했던 부주의한 행위의 결과 때문에 무거운 짐을 안고 살아 왔다. 그래서 작은 문제가 우리 안에 존재하더라도, 그 문제의 존재를 무시하고 결국 그 작은 문제가 큰 문제가 되고 말았던 것이다. 우리들의 행동에 대한 민감함과 행동을 변화시키려는 기술과 능력의 결핍 때문에 우리에게 있던 잘못된 성향들이 우리들의 삶을 엉망으로 만들고 말았다. 10단계에서 우리들은 계속해서 우리들의 삶의 모습들을 관찰할 것이며, 우리의 삶을 변화시키도록 노력할 것이다. 우리 자신을 돌아보고, 우리의 실수도 살펴보며, 그 때마다 즉각적으로 그러한 점들을 인정하고 개선해 나갈 것이다.

신중하게 우리들의 행동과 반응을 살펴보는 가운데 우리 자신을 결코 정죄해서는 안 된다. 자신을 성장시키는 것이 감정적이고 영적인 이해와 인내를 요구하는 과정이라는 것을 알아야 한다. 인생은 결코 정적인 것이 아니다. 인생은 계속해서 변화하며, 그러한 변화들은 성장과 수정을 요구한다.

개인적인 목록은 우리의 장점이나 단점, 동기와 행동을 살펴보기 위하여 필요한 과정이다. 영적인 성장을 위해서 필요한 것은 매일의 기도 생활이다. 목록을 작성하는 것은 그리 많은 시간을 소모하는 일이 아닌, 단지 매일 15분 정도를 투자하면 가능하다. 훈련되고 규칙적으로 하게 될 때, 이러한 과정은 우리가 희망하고 바라는 목표를 이루기 위한 아주 작은 시간적 투자에 불과할 뿐이다.

분노, 속임수, 그리고 자기중심적인 과거의 행동 패턴으로 기울려고 하거나, 스스로 삶을 살아갈 수 있다고 자부하는 그러한 생각들에 대해서 주의를 기울여야 한다. 우리들이 이러한 유혹에 직면했을 때에는 반드시 하나님께 우리 자신을 위한 도움을 간구하며, 이것을 적극적으로 개선시켜 나가야 한다. 매일 주어지는 실습이 계속해서 정직하고 겸손하게 우리의 치유를 위한 과정을 진행하도록 돕는다.

규칙적으로 우리의 장점과 단점에 대하여 살펴 볼 수 있는 시간을 가지는 것은 필요하다. 그러한 노력들을 통해서 분노와 두려움, 외로움과 자기 의에 빠져 드는 것을 방지할 수 있으며, 삶의 조절을 유지해 나갈 수 있는 것이다. 개인적인 목록 작성은 우리가 누구인지, 우리가 무엇을 하는 사람인지, 우리가 지금 어디로 가고 있는지를 발견할 수 있도록 도와준다. 우리는 그리스도를 닮아가는 삶을 살아야 하는 사람들이다.

개인적 성찰

이번 단계의 강조점은 자신을 인정하기 위한 필요한 도구를 개발하는 것이다. 그리고 그 동안 우리 자신에 대해 충분히 인식하지 못했다는 것을 알 수 있게 된다. 우리는 이러한 작업을 친숙하고 편안하게 진행해서, 시간을 효율적으로 사용할 수 있게 될 것이다. 여기에는 3가지 형식의 질문 양식들이 사용되는데, 각 양식들은 서로 다른 형태이다. 먼저는 단기 질문과 하루의 삶을 점검하는 질문, 그리고 장기 질문이 있다.

● 이러한 질문지가 당신의 행동을 평가하는데, 어떻게 도움을 줄 수 있다고 생각하는가?

"생명을 사모하고 연수를 사랑하여 복 받기를 원하는 사람이 누구뇨" 시 34:12

● 12단계가 악한 것으로부터 벗어나서 안정을 찾는데 어떻게 도움을 줄 수 있는가?

◆ ◆ ◆

단기 질문

단기 질문은 어떠한 사건이 발생했는지를 분석하기 위하여, 매일의 삶에 잠깐의 시간을 내어서 생각해보고 작성해보는 질문들이다. 우리들의 행동이나 생각, 동기들을 간단히 되돌아보면서 잠시 동안 감정을 평안하게 가라 앉혀 본다. 우리가 잘못을 행하거나, 즉각적으로 개선이 필요한 상황들을 다시 살펴본다. 우리들의 이러한 시간은 죄의식으로부터 우리들이 고통을 당하지 않게 해 주고, 우리들의 영적인 성장을 도와준다.

● 최근에 잘못을 행하고 즉각적으로 그 잘못을 인정했던 사건이 있었는가?

● 이러한 단기 질문이 당신의 영적인 성장을 위해서 어떻게 도움을 주는가?

"내게 주신 은혜로 말미암아 너희 중 각 사람에게 말하노니 마땅히 생각할 그 이상의 생각을 품지 말고 오직 하나님께서 각 사람에게 나누어 주신 믿음의 분량대로 지혜롭게 생각하라" 롬 12:3

- 당신은 현재 이 과정에 참여하면서 어떠한 생각이 드는가?

◆ ◆ ◆

하루의 삶을 점검하는 질문

하루를 마칠 때에 오늘 어떠한 일이 일어났는지, 매일 진행해야 할 과정들의 내용을 제대로 실행해 보았는지를 생각해보는 일은 중요하다. 이러한 과정들이 과거의 삶이나 미래에 관해서 염려하지 않고 현재에 초점을 맞출 수 있도록 도와준다.

- 하루를 점검하는 질문이 사람들과의 관계에 어떻게 도움을 줄 수 있는가?

"너를 고발하는 자와 함께 길에 있을 때에 급히 사화하라 그 고발하는 자가 너를 재판관에게 내어 주고 재판관이 옥리에게 내어 주어 옥에 가둘까 염려하라 진실로 네게 이르노니 네가 한 푼이라도 남김이 없이 다 갚기 전에는 결코 거기서 나오지 못하리라" 마 5:25-26

- 죄에 대한 회개가 불필요한 고통을 경험하지 않도록 도와주었던 경험이 있는가?

◆ ◆ ◆

매일 자신의 행동을 점검해보는 질문들은 하루의 삶을 균형 있게 잘한 것과 잘하지 못한 것을 살펴볼 수 있도록 되어 있다. 이것은 또한 자신과 사람들과의 상호 관계적인 특성들도 살펴 볼 수 있는 기회가 된다. 우리가 선한 일을 행했던 상황에서는 좋은 감정을 느끼며 과정을 보다 효과적으로 진행해 나가게 된다. 그러나 우리가 실패한 상황 속에서 행했던 행동들에 대해서는 점검해 볼 필요가 있다. 우리들의 실패는 때로는 우리의 실수를 반영하기도 한다. 우리들은 그러한 부분들을 수정해서 발전된 방향으로 나아가는 것이다. 우리들이 이 과정을 진행하면서 앞으로 성공적인 횟수가 많아시기를 기대할 수 있을 것이다.

● 최근의 행동 가운데 사람들에게 좋은 이미지를 보여 주었던 행동이 있었는가?

● 최근의 행동 가운데 적절하지 못했던 행동이 있었다면 그것이 무엇이었는가?

"그런즉 거짓을 버리고 각각 그 이웃과 더불어 참된 것을 말하라 이는 우리가 서로 지체가 됨이라 분을 내어도 죄를 짓지 말며 해가 지도록 분을 품지 말고 마귀에게 틈을 주지 말라 도둑질하는 자는 다시 도둑질하지 말고 돌이켜 가난한 자에게 구제할 수 있도록 자기 손으로 수고하여 선한 일을 하라" 엡 4:25-28

● 최근에 화가 난 감정을 풀지 못했던 상황이 있었다면, 그것이 어떠한 영향을 미치었는가?

◆ ◆ ◆

미래의 상황은 우리의 의지와 헌신에 따라서 달라질 수가 있다. 가능한 우리들의 의도에 대해서 정직하고 분명하게 해야 할 필요가 있다. 다음의 사항들을 고려하면:

- 만약 우리가 다시 과거로 되돌아간다면 사람들을 조종하고 내 마음대로 할 것이다. 우리에게 이러한 점이 있다는 것을 인정하고 하나님께 고쳐 달라고 간구해야 한다.
- 만약에 우리 자신을 사람들과 비교하고 자신이 초라하다고 느낀다면, 우리들은 우리 안의 감정을 중요시하고 살펴보면서 우리 자신에 대한 가치를 높이 생각해야 한다.
- 만약 우리들이 강박적이고 중독적이며 자신을 돌보지 않는다면, 이제는 그러한 점들을 중단하고 하나님께 도움을 요청해야 한다. 우리가 완벽해지려고 하는 모든 시도들과 더불어서 사람들의 필요에 우리 자신을 맞추려고 하는 모든 노력들도 중단해야 한다.
- 만약 우리들이 권위를 가진 사람 앞에서 두려움을 갖고 있다면, 두려움의 원인이 무엇인지 알아야 하며, 그러한 사람들 앞에서 자연스럽게 행할 수 있도록 하나님께 도움을 구한다.
- 만약 우리들이 우울하다면, 우리의 감정이 낙심하는 핵심적인 이유가 무엇인지 그것을 발견하거나 또는 자신에 대해서 긍정적인 마음을 가지도록 한다.
- 만약 우리의 감정을 숨기며 표현하지 않고 사람들의 요구와 관심에만 집중한다면, 자신의 감정에 대한 분명한 확신을 가지고 감정을 표현하도록 노력한다.

● 하루를 점검하는 질문을 작성할 때에 자주 등장하는 부적절한 행동들은 무엇인가?

● 그러한 부적절한 행동이 계속해서 당신에게서 나타나는 이유가 무엇인가?

"누구든지 말씀을 듣고 행하지 아니하면 그는 거울로 자기의 생긴 얼굴을 보는 사람과 같아서 제 자신을 보고 가서 그 모습이 어떠했는지를 곧 잊어버리거니와 자유롭게 하는 온전한 율법을 들여다보고 있는 자는 듣고 잊어버리는 자가 아니요 실천하는 자니 이 사람은 그 행하는 일에 복을 받으리라" 약 1:23-25

● 이러한 과정이 당신 자신을 돌아보는데 어떠한 도움을 주고 있는가?

장기 질문

오랜 시간을 두고 우리 자신의 삶을 살펴보는 질문은 잠시 시간을 두고 혼자 작성하는 것이 좋다. 특별한 시간을 별도로 가지거나, 아니면 수련회나 특별 행사의 시간에 자신의 삶을 되돌아볼 수 있는 시간을 가져 본다. 이러한 시간은 매우 중요하며, 그리스도 안에서 새로운 인생을 살기 위한 자신의 각오와 의지를 새롭게 다져 주는 기회가 되기도 한다.

● 당신은 자신을 되돌아보는 시간을 어떻게 가지기를 원하는가?

_____
_____
_____

"그런즉 누구든지 그리스도 안에 있으면 새로운 피조물이라 이전 것은 지나갔으니 보라 새 것이 되었도다" 고후 5:17

● 당신과 예수님과의 관계가 당신이 새로운 사람이 되는데 어떻게 영향을 미치었는가?

_____
_____
_____

이러한 질문들은 한 번에 다 할 수 있거나, 아니면 여러 번에 나누어서 할 수 있다. 그리고 이것을 통해서 분명한 관점으로 우리 자신을 살펴 볼 수 있다. 우리들은 우리들이 지금까지 해 왔던 분명한 변화들을 목격할 수 있게 될 것이며, 희망과 용기를 가져볼 수 있는 기회를 얻게 된다. 그리고 자만에 빠지지 않도록 조심해야 하며, 우리들이 진행하는 이러한 과정은 도우시는 하나님과 우리들의 영적인 성장의 결과라는 것을 잊어서는 안 된다. 장기간의 질문들을 실제 삶에 적용하는 것은 문제가 무엇인지를 알게 해주며, 우리가 즉각적으로 이것을 수정하고 개선시켜 나갈 수 있도록 도와준다. 우리가 얻게 되는 새로운 경험의 결과로, 우리들은 새로운 결점뿐만 아니라 장점도 발견하게 된다.

● 당신이 이 과정을 진행해가는 중에 새롭게 알게 된 단점이 있다면 그것이 무엇인가?

● 당신이 이 과정을 진행해가는 중에 새롭게 알게 된 장점이 있다면 그것이 무엇인가?

> "너희는 유혹의 욕심을 따라 썩어져 가는 구습을 따르는 옛 사람을 벗어 버리고 오직 너희의 심령이 새롭게 되어 하나님을 따라 의와 진리의 거룩함으로 지으심을 받은 새 사람을 입으라" 엡 4:22-24

● 당신 자신이 바라는 것보다 하나님이 원하시는 당신의 모습이 어떠하다고 생각하는가?

만약 우리들이 자신들의 삶의 방식을 바꾸기를 원한다면, 매일 규칙적으로 개인 목록을 작성하고 친구들이나 신뢰할 만한 사람들과 그것을 나눈다. 그래서 우리 자신을 계속해서 발견하는 것이다. 사람들은 때때로 당황스러워할 수 있으며 그들이 항상 긍정적인 반응을 보이는 것은 아니다. 그러나 이러한 과정들을 통해서 우리들은 용서에 대한 기술을 발전시켜 나갈 수 있으며, 그들이 무엇을 했는지 상관하지 않고 진실하게 그들을 사랑하는 법을 배울 수 있다. 우리들이 종종 다른 사람들에게 친절하고 공손하며 공정하게 반응했듯이, 우리들도 그러한 대접을 받을 수 있을 것이다. 그리고 관계 속에서 아름다운 조화를 기대할 수 있을 것이다. 치유의 과정 속에서 우리들이 사람들에게 감정적인 고통을 제공한 것이 어떻게 보면 사소한 일이었다고 느낄 수도 있다. 이러한 작업을 하는 가운데 잘못을 인정하는 태도는 우리가 이제 분노의 상태에 놓이지 않도록 도와주기도 한다. 그리고 우리 자신과 사람들에 대한 존중과 신뢰를 잃지 않도록 해준다.

● 규칙적으로 자신에 관한 목록 작업이 과거의 상처를 경험하지 않도록 도와주는가?

"노하기를 더디 하는 자는 크게 명철하여도 마음이 조급한 자는 어리석음을 나타내느니라 평온한 마음은 육신의 생명이나 시기는 뼈를 썩게 하느니라" 잠 14:29-30

● 당신이 화를 내지 않고 평안을 유지하는 가운데 발생할 수 있는 좋은 결과는 무엇인가?

◆ ◆ ◆

10단계를 성실하게 진행하면 많은 유익한 점들이 있는데, 그것은 우리들의 치유 과정을 강화시키고 도와준다는 점이다. 우리는 다음과 같은 면들을 생각해 볼 수 있다.

- 과거의 행동들이 다시 발생할 때에 그러한 행동들은 학습된 행동 패턴의 반복일 수 있다. 그러한 행동들은 우리들의 무의식에서 기원된 것으로 고통에 대한 감정이나 무기력, 불화, 죄의식, 복수심, 인정받지 못하는 것 등에 대항해서 방어하는 수단으로 나타나는 것이다. 이러한 행동을 버리지 못하면, 영적인 성장에 방해가 된다.
- 무엇인가 우리에게 친숙한 것이 발생했을 때나, 심지어 부정적인 행동의 패턴이나 우리에게 고통을 주었던 과거의 중독적인 현상이 다시 발생했을 때, 우리는 안전함을 느낀다. 우리는 그것이 친숙하기 때문에 그것을 이용하는 것이다.
- 우리가 가지고 있는 과거의 생각에 집중해서 우리 자신을 희생시키기도 한다.
- 과거의 행동 패턴을 벗어 버리는 것이 당황스러운 일이 될 수도 있다. 하나님께 모든 것을 내려놓아 현재 우리가 원하고 필요로 하는 적절한 행동을 개발시키기 위해 하나님을 신뢰하게 된다.
- 우리는 친밀한 친구 관계를 만들 수 있다. 이러한 관계들은 우리들의 회복 과정에서 매우 중요한 요소들이다.

● 과거의 행동들이 다시 발생했을 때 당신은 그것을 어떻게 다룰 것인가?

● 당신이 지금도 완전히 개선되기 어려운 과거의 행동 패턴은 무엇인가?

"그런즉 선 줄로 생각하는 자는 넘어질까 조심하라" 고전 10:12

● 당신은 과거의 방식대로 행동하는 것을 방지하기 위하여 어떻게 하는가?

10단계의 성공적인 작업은 우리의 잘못된 부분을 진실하게 반성할 수 있는 기회를 만들어 준다. 우리는 계속해서 사람들과의 관계 회복을 위하여 도움을 받을 필요가 있다. 우리들은 잘못을 직면하는 법을 배우고, 잘못된 부분을 개선하는 일은 우리의 삶의 스타일을 새롭게 개선시킬 수 있는 기초를 마련해준다. 잘못을 인정하는 것을 지체하면 10단계의 목적에 상반되는 결과가 생길수도 있다. 10단계를 실행하는 것은 많은 유익들이 있는데, 먼저는 장점을 개발해주고 우리들의 치료의 과정을 도와준다는 것이다. 우리는 다음과 같은 경우들을 생각해 볼 수 있다.

- 관계에서 오는 문제들이 사라진다. 목록을 작성하고 자신의 잘못을 인정하는 것은 즉각적으로 많은 오해들을 해결해주기도 한다.
- 우리 자신에 대해서 표현하는 것을 배운다. 이제는 거짓된 모습으로 숨길 필요가 없다. 정직하게 우리 자신을 표현하는 것이다.

- 우리 자신을 위장할 필요가 없으며, 솔직하게 자신의 결점도 인정하게 된다.
- 우리들에게 있는 잘못들을 인정하면서, 다른 사람들에게도 그들이 가지고 있는 부적절한 행동에 대한 인식을 새롭게 할 수 있는 계기가 된다. 사람들을 진실하게 이해할 수 있으며 그들과 친밀해진다.

● 잘못을 깨닫고 인정하는 과정 속에서 당신이 얻을 수 있는 긍정적인 면들은 무엇인가?

● 당신이 가지게 된 새로운 생각이 당신의 치유 과정에 도움이 된다고 생각하는가?

"그런즉 너희가 어떻게 행할지를 자세히 주의하여 지혜 없는 자 같이 하지 말고 오직 지혜 있는 자 같이 하여 세월을 아끼라 때가 악하니라" 엡 5:15-16

● 당신의 삶의 방식 가운데 변화된 것이 있다면 그것이 무엇인가?

제10단계 매일 일지

다음의 단계별 점수를 보고 매일 당신의 상황을 기록하라.

0 = 아주 낮음, 1 = 낮음, 2 = 보통, 3 = 좋음, 4 = 우수함

부정적인 성향들	월	화	수	목	금	토	일
분노/분개							
인정을 찾는 것							
지나친 돌봄							
조종							
부정							
우울/자기 연민							
거짓							
감정을 억압함							
고립							
질투							
완벽주의							
게으름							
염려(과거 또는 미래)							

긍정적인 성향들	월	화	수	목	금	토	일
용서							
관용							
정직							
겸손							
인내							
도전							
자신을 돌봄							
호의							
신뢰							

11단계

규칙적인 기도와 묵상으로 하나님의 뜻을 구하기

기도와 묵상을 통해 하나님과의 의식적인 접촉을 증진시키려고 노력하면서 우리를 위한 하나님의 뜻에 대한 지식과 그 뜻을 실행할 수 있는 능력을 위해서 기도한다.

"그리스도의 말씀이 너희 속에 풍성히 거하여 모든 지혜로 피차 가르치며 권면하고 시와 찬송과 신령한 노래를 부르며 감사하는 마음으로 하나님을 찬양하고" 골 3:16

우리가 11단계를 시작하면서 10단계와 11단계가 우리들이 이미 진행했던 1단계부터 9단계까지의 과정들을 굳건히 하도록 도와주는 역할을 한다는 것을 알게 된다. 1단계에서 3단계의 과정들을 통해서 우리들은 문제를 다루기 위한 기초를 세워 나갔다. 그리고 우리들의 상태가 심각하다는 인식을 했다. 4단계에서 9단계까지는 마치 우리들이 오랜 기간 동안 잠자고 있었던 자동차에 시동을 거는 것과 같은 것이다. 잠들었던 기관들이 작동하기 위해서 엔진에 힘을 가하고 작동 기관들을 움직이도록 하는 것과 같이, 우리 자신을 치유하고 회복시키기 위하여 우리들은 시간과 정력을 투입하였던 것이다. 10단계와 11단계에서 자신을 온전한 회복으로 이끌기 위하여 규칙적인 시간을 사용하려는 헌신과 의지를 다지는 기회를 가졌다. 우리는 이제 문제를 인정하며 그 문제를 즉각적으로 수정할 수 있게 되었다. 그리고 온전한 인생을 살아가는데 필요한 새로운 기술을 얻기 위한 방법을 찾게 된다. 여러 단계들에서 요구하는 사항들을 착실하게 감당한다면, 우리들의 삶은 자연스럽게 회복되어 나갈 수 있게 된다.

11단계를 시작하기 전에 우리는 세 번의 단계들을 통해서 하나님과 교제를 하였다. 3단계에서 우리들은 우리들의 의지와 삶을 우리를 돌보시는 하나님에게 위탁하는 결정을 내렸다. 5단계에서 우리들의 잘못을 하나님께 고백하였다. 7단계에서 우리들은 겸손하게 우리의 잘못을 제거해 달라고 하나님께 간구하였다. 11단계에서는 기도와 묵상을 통해서 하나님과의 교제를 더욱 성숙시켜 나갈 것이며, 하나님의 인도에 민감하게 반응할 것이다. 우리들의 영적인 성장이 계속되기 위해서 이러한 앞의 단계들을 반복해서 해야 한다.

우리가 지금까지 해 왔던 단계들을 통해서 우리들이 원하는 것이 무엇인지를 더 잘 배울 수 있게 된다. 우리가 배운 바를 유지하기 위해서 우리들을 위한 하나님의 뜻을 구해야 한다. 매일의 규칙적인 기도와 묵상이 이것을 더욱 분명하게 해주며 과거의 고통에서 자유로울 수 있게 해준다. 우리들은 매일 치유를 위해서 우리들이 감당해야 하는 몫을 실행해 나가야 한다. 부정적인 생각들로 야기된 혼란과 지옥 같은 경험을 한 사람들은 그 동안 약물이나 섹스, 돈, 중독적인 우상들을 마치 신처럼 숭배했다는 사실을 깨닫게 된다. 우리들은 이제 12단계를 통해서 천국으로 향하는 경험을 하게 되며, 지옥에서 빠져 나와 비로소 우리가 지향해야 할 목적을 찾게 되는 것이다.

영적인 성장과 발전은 천천히 이루어지며, 오직 훈련과 실습을 통해서 일어난다. 훈련의 가장 좋은 예는 기도이며, 주님도 우리에게 자주 기도할 것을 말씀하셨다. 주님께서 가르쳐 주신 기도에 가장 중요한 요소가 바로 "이 땅에 천국이 임하게 하소서." 이다. 이것은 다음과 같이 해석될 수 있다. 그것은 "당신의 뜻을 이 세상 모든 공간, 시간 그리고 창조물들이 깨닫도록 도와주소서. 하나님, 만약 이미 당신의 뜻이 이루어져 있다면 우리에게도 알게 하소서." 이다. 우리들의 자존감이 높아질수록 하나님은 우리의 신뢰할만한 친구가 되시며, 우리들은 그분의 임재가 온 세상 가운데 충만하다는 것을 기도할 때 확신하게 된다.

묵상은 우리를 향한 하나님의 뜻을 찾기 위한 중요한 방법이다. 우리들의 생각을 내려놓고 오로지 하나님의 인도를 구하는 것이다. 묵상은 우리들의 마음을 조용히 정돈시키고 우리들의 생각에 있는 온갖 장애물들을 제거해준다. 우리들이 묵상을 온전히 행하게 될 때 감정적으로 차분해지며, 신체적으로도 편안해질 것이다. 우리의 몸은 두려움으로 가득 차 있고, 감정은 긴장된 수준에 있는 경우가 많다. 묵상은 우리가 그러한 상태에서 정상적이고 차분하며 평안한 상태를 유지시켜 주는데 큰 역할을 한다.

11단계에서 기도로 충만한 삶을 살기 위한 헌신이 참으로 중요하다고 설명하였다. 만약에 우리들이 하나님과 계속해서 교통하게 된다면, 그분의 기쁨이 우리의 교제 가운데 넘쳐 날 것이며, 사람들과의 관계도 풍성하도록 만들어 주실 것이다. 우리들은 하나님의 뜻이 우리의 삶 가운데 임할 수 있도록 겸손하게 하나님의 도움을 요청해야 한다.

11단계를 시작하기 전에 하나님의 말씀을 통한 기도와 묵상의 지침을 참고하기 바란다.

개인적 성찰

우리를 향한 하나님의 뜻을 구하기 위한 기도와 우리가 하나님을 뜻을 이루기 위한 능력은 사람들과의 관계 속에서도 영향을 미친다. 우리는 하나님이 우리 가운데 개입하신다는 것을 확신하고, 우리를 향한 그분의 뜻은 우리를 온전히 회복으로 이끄신다는 것을 알게 된다. 성경은 우리를 통해서 일하시는 하나님의 뜻을 우리가 온전히 이해하게 될 때에 우리가 어떻게 행동해야 하는지에 대해서 말해주고 있다. 눅 6:35-38에 보면, "오직 너희는 원수를 사랑하고 선대하며 아무것도 바라지 말고 빌리라 그리하면 너희 상이 클 것이요 또 지극히 높으신 이의 아들이 되리니 그는 은혜를 모르는 자와 악한 자에게도 인자로우시니라. 너희 아버지의 자비하심 같이 너희도 자비하라. 비판치 말라 그리하면 너희가 비판을 받지 않을 것이요 정죄하지 말라 그리하면 너희가 정죄를 받지 않을 것이요 용서하라 그리하면 너희가 용서를 받을 것이요. 주라 그리하면 너희에게 줄 것이니 곧 후히 되어 누르고 흔들어 넘치도록 하여 너희에게 안겨 주리라 너희의 헤아리는 그 헤아림으로 너희도 헤아림을 도로 받을 것이니라." 우리가 누가복음의 이 말씀을 순종할 때 우리는 평화와 안정을 느끼게 된다.

- 11단계에서 말하는 기준이 당신의 대인 관계에 어떠한 영향을 줄 수 있는가?

- 기도가 어떻게 당신을 향한 하나님의 뜻을 알 수 있도록 도와줄 수 있는가?

"선한 사람은 마음에 쌓은 선에서 선을 내고 악한 자는 그 쌓은 악에서 악을 내나니 이는 마음에 가득한 것을 입으로 말함이니라" 눅 6:45

- 12단계 과정이 자신에 관한 선한 것을 어떻게 볼 수 있도록 도와주는가?

"그러므로 내가 너희에게 말하노니 무엇이든지 기도하고 구하는 것은 받은 줄로 믿으라 그리하면 너희에게 그대로 되리라" 막 11:24

- 기도를 통해서 당신을 향한 하나님의 뜻을 알 수 있었던 경험이 있는가?

◆ ◆ ◆

하나님의 말씀을 가지고 묵상의 시간을 가지는 것은, 우리들이 진실로 친하기 원하는 누군가와 깊이 있게 교제하는 것같이 하나님과 깊은 교제를 가능하게 해준다. 묵상은 초보자에게는 쉽지 않을 수 있다. 바쁘고 분주한 삶 가운데 별도의 조용한 시간을 내서 묵상의 시간을 가지는 것이 쉽지 않은 것이다.

마치 시간을 소모하는 것 같은 생각을 할 수도 있고, 그 시간에 좀 더 생산적인 일을 하는 것이 낫지 않을까? 하는 생각을 할 수도 있다.

● 당신의 묵상 생활은 어떠한가?

"그러므로 우리가 여호와를 알자 힘써 여호와를 알자 그의 나타나심은 새벽 빛 같이 어김없나니 비와 같이, 땅을 적시는 늦은 비와 같이 우리에게 임하시리라 하니라" 호 6:3

● 당신이 묵상의 시간을 가지는 것이 어려운 이유가 무엇인가?

◆ ◆ ◆

묵상의 시간에 우리들은 하나님의 방법과 목적, 약속에 대한 지식을 우리 삶에 적용해본다. 거룩한 하나님의 일하심에 대한 생각 속에서 의식적으로 하나님의 도우심과 하나님의 관점 그리고 하나님의 임재 속에서 그분과 교제를 나눈다. 하나님의 목적은 우리들의 정신적이고 영적인 비전을 분명하게 해준다. 그리고 그분의 진리가 우리 안에 충만하도록 해주며, 우리의 마음과 심정에 감동을 주신다. 묵상은 우리 자신을 겸손하게 만들어 주며, 우리는 위대하신 하나님과 그분의 영광에 집중하게 된다. 그리고 하나님의 영이 우리를 위로하며 격려하고 확신을 주시는 것을 깨닫게 된다.

● 묵상은 당신이 생각하는 하나님에 대한 이미지를 어떻게 발전시켜 주는가?

"너는 기도할 때에 네 골방에 들어가 문을 닫고 은밀한 중에 계신 네 아버지께 기도하라 은밀한 중에 보시는 네 아버지께서 갚으시리라" 마 6:6

● 당신이 하나님께 조용히 기도할 때 얻는 결과들은 무엇인가?

"여호와여 주의 도를 내게 보이시고 주의 길을 내게 가르치소서 주의 진리로 나를 지도하시고 교훈하소서 주는 내 구원의 하나님이시니 내가 종일 주를 기다리나이다"

시 25:4-5

● 하나님이 당신의 삶의 길을 지도해주신 경험이 있는가?

기도와 묵상을 발전시켜 나가는 동안에, 우리들은 하나님의 임재를 경험할 수 있는 시간과 장소를 찾게 된다. 기도와 묵상 생활을 위해서 다음과 같은 몇 가지 가이드라인이 있다.

- 홀로 조용히 기도와 묵상의 시간을 가진다. 방해 받지 않는 시간과 장소를 확보한다.
- 방해를 받지 않고 기도와 묵상의 시간에 하나님과 대화를 나눈다. 외부의 일들이 당신의 기도와 묵상을 방해할 수 있기 때문에, 오로지 당신의 생각을 하나님께 집중하며 하나님과 대화하는 시간이 되어야 한다.
- 주어진 시간에 최대한으로 집중하고 마음을 모아서 기도와 묵상에 전념한다.
- 하나님의 음성에 귀 기울여서 듣도록 한다. 마치 당신이 하나님을 향한 메시지를 가지고 있는 것 같이 하나님도 당신을 향한 메시지를 가지고 계신다.
- 당신의 하루의 일정을 다시 생각해본다. 당신의 잘못을 인정하고 용서를 구하며, 하나님께 그 부분을 고쳐 달라고 간구한다.
- 하나님의 뜻이 당신에게 임할 수 있도록 하나님의 능력을 얻기 위해 간구한다.

● 최근 당신의 기도 생활은 어떠한가? 기도생활을 잘하기 위해서 어떻게 해야 하는가?

● 최근 당신의 묵상 생활은 어떠한가? 묵상생활을 잘하기 위해서 어떻게 해야 하는가?

"구하라 그리하면 너희에게 주실 것이요 찾으라 그리하면 찾아낼 것이요 문을 두드리라 그리하면 너희에게 열릴 것이니" 마 7:7

● 당신의 최근 기도 제목이 있다면 그것이 무엇인가?

◆ ◆ ◆

만약에 우리들이 매일 기도와 묵상을 통해서 11단계를 만족스럽게 진행하고 있다면, 우리들은 다음과 같은 신호들을 느낄 수 있다는 삶의 평화를. 먼저 경험하게 될 것이며, 우리의 부족한 부분이 치유되는 것에 대한 깊은 감사와 기쁨을 느끼게 될 것이다. 마치 우리가 세상에서 가장 행복한 사람과 같은 기분을 느끼는 것이다. 자신의 가치에 대한 느낌은 자신에 대한 수치심을 극복하는 결과를 얻게 된다. 이러한 신호들은 하나님이 우리를 인도하시고 우리의 회복을 위해 일하신다는 것을 말해주는 것이다.

● 11단계를 성공적으로 진행해 나가면서 느껴지는 신호들이 있다면 그것은 무엇인가?

"복 있는 사람은 악인들의 꾀를 따르지 아니하며 죄인들의 길에 서지 아니하며 오만한 자들의 자리에 앉지 아니하고 오직 여호와의 율법을 즐거워하여 그의 율법을 주야로 묵상하는도다 그는 시냇가에 심은 나무가 철을 따라 열매를 맺으며 그 잎사귀가 마르지 아니함 같으니 그가 하는 모든 일이 다 형통하리로다" 시 1:1-3

● 말씀을 즐거워하고 그 말씀을 묵상하는 자에게 주시는 하나님의 축복은 무엇인가?

◆ ◆ ◆

자신을 살피기 위해 말씀을 묵상하고 기도하는 생활은 이 과정을 성공적으로 진행하는 데 있어서 매우 중요한 역할을 한다. 그리고 더 나은 영적인 삶을 향한 지름길을 제공해준다. 치유와 회복을 위해서 이보다 중요한 것은 없다. 우리는 매일의 삶을 우리 힘으로 살아갈 수 없다. 우리들은 이러한 사실들을 깊이 인식해야 한다. 때때로 우리들은 과거의 모습으로 되돌아가고자 하는 유혹을 받기도 한다. 그리고 우리가 생각한 일정대로 진행해 나가야 한다는 생각이 우리에게 부담스러울 때도 있다. 그래서 우리가 다시 상처를 입을 수 있다. 이러한 갈등 속에서 우리의 의지대로 진행하려는 성급한 마음을 내려놓고 하나님께 위탁하는 것이 필요하다. 그러한 일이 발생한다면 3단계에서 했던 각오와 헌신을 다시금 다져야 한다.

- 인생 속에 개입하시는 하나님의 인도에 대해서 의심을 가져본 경험이 있는가?

- 최근에 하나님으로부터 멀어져서 고통과 염려 속에 힘들었던 상황이 있었는가?

"주의 말씀은 내 발에 등이요 내 길에 빛이니이다. 주의 의로운 규례들을 지키기로 맹세하고 굳게 정하였나이다" 시 119:105-106

- 최근에 당신이 구하고자 하는 하나님의 뜻이 있다면 그것이 무엇인가?

◆ ◆ ◆

하나님의 뜻을 실행하기 위한 우리의 능력은 삶이 무의미한 것처럼 보이는 바로 그러한 순간에 힘을 발휘하게 된다. 신실함의 가장 최상의 예는 예수님이 지상에서의 사역을 마칠 때에 십자가의 고통을 앞두고 하나님의 뜻을 순종한 것을 통해서 알 수가 있다. 주님이 보여주신 위대한 믿음은 바로 주님의 기도에서 볼 수 있다. 겟세마네에서 십자가를 앞두고 주님은 이렇게 기도를 하셨다. "조금 나아가사 얼굴을 땅에 대시고 엎드려 기도하여 가라사대 내 아버지여 만일 할 만하시거든 이 잔을 내게서 지나가게 하옵소서 그러나 나의 원대로 마옵시고 아버지의 원대로 하옵소서 하시고"(마 16:39). 가장 힘든 시간에 3단계와 11단계를 묵상해보는 것이 우리들이 평화와 안정을 유지하는데 도움이 된다.

- 당신을 향한 하나님의 뜻은 무엇이라고 생각하는가?

"아무것도 염려하지 말고 오직 모든 일에 기도와 간구로 너희 구할 것을 감사함으로 하나님께 아뢰라" 빌 4:6

- 염려하는 일이 발생했을 때 당신은 어떻게 행동하는가?

기도와 묵상은 우리를 향한 하나님의 계획을 이해할 수 있도록 해준다. 하나님은 인간들이 생각하고 행동할 수 있도록 자유 의지를 주셨다. 11단계를 성공적으로 수행하기 위하여 우리들은 하나님의 뜻을 찾기 위해서 마냥 기다려야 한다는 생각으로 행동을 주저해서는 안 된다. 하나님의 뜻을 구하는 방법들 가운데 한 가지는 행동하는 것이다. 그리고 성령을 신뢰하는 것이 우리를 통해서 그분께서 일하시도록 하는 것이다. 분명하지 않은 상황 속에서는 때때로 외부의 조언이나 상담을 구하는 것도 지혜로운 행동이 될 수 있다. 계시는 사람들이나 새로운 경험을 통해서 우리에게 전달될 수 있으며, 하나님은 여러 다양한 방식들을 통해서 알려주신다. 상황들을 충분히 살펴보고 나서 우리들은 하나님의 인도를 분명하게 알게 된다. 그러나 불투명할 수도 있다. 만약에 여전히 불투명하다면 우리는 인내해야 한다. 우리들이 기다릴 수가 없다면 우리가 취할 수 있는 최선의 행동을 선택하고, 하나님이 우리와 함께 하실 것을 믿어야 한다. 그리고 하나님이 우리를 인도하실 것을 신뢰해야 한다. 그분의 인도에 대한 우리의 믿음은 우리가 반드시 무엇인가를 볼 수 있어야만 하는 것은 아니다. 우리가 하는 일이 분명하게 진행될 때 그것이 하나님의 뜻과 함께 진행되는 것이다.

- 하나님의 뜻을 기다리는 가운데 일이 지체되었던 경험이 있는가?

"너희가 기도할 때에 무엇이든지 믿고 구하는 것은 다 받으리라 하시니라"
마 21:22

- 사람들을 통해서 당신의 기도를 하나님께서 응답해주신 경험이 있는가?

"듣고 행하지 아니하는 자는 주추 없이 흙 위에 집 지은 사람과 같으니 탁류가 부 딪히매 집이 곧 무너져 파괴됨이 심하니라 하시니라" 눅 6:49

- 하나님에 대해서 의심을 가져본 경험이 있는가? 그 결과가 어떠하였는가?

이 세상에서 하나님과 동행하는 삶은 예수님의 생애에서 본 바와 같이 우리들이 이 세상에 풍성한 삶을 누리는 것이다. 이것은 예수님의 가르침에서 설명한 바와 같이 이것이 바로 하나님의 뜻이다. 만약 우리들이 "그러므로 무엇이든지 남에게 대접을 받고자 하는 대로 너희도 남을 대접하라 이것이 율법이요 선지자니라"(마 7:12) 이 말씀을 지키도록 노력한다면 매일의 삶 가운데서 11단계의 목적을 성취해 나가는 것이다.

- 12단계의 과정을 하고 난 후에 당신의 삶이 어떻게 변화 될 것이라 생각하는가?

"너희가 오른쪽으로 치우치든지 왼쪽으로 치우치든지 네 뒤에서 말소리가 네 귀에 들려 이르기를 이것이 바른 길이니 너희는 이리로 가라 할 것이며" 사 30:21

- 현재 당신의 삶 속에서 하나님이 간섭하고 계신다는 것을 어떻게 확신할 수 있는가?

11단계_규칙적인 기도와 묵상으로 하나님의 뜻을 구하기

하나님의 말씀을 통한 기도와 묵상을 위한 지침

기도와 묵상의 삶을 위하여 다음의 내용들을 참조하면 도움이 된다.

하루를 시작하는 때에 하루의 일정을 먼저 생각해 본다.
- 당신의 생각과 행동 가운데 하나님의 인도를 간구한다.
  - 자아 연민이나 정직하지 못함, 이기적인 삶으로부터 자유롭게 하기 위하여.
  - 문제를 해결하기 위한 인도를 받기 위하여.
- 당신의 자유 의지에 매이지 않고 자유로울 수 있도록 하나님께 간구한다.
  - 사람들에게 유익한 내용을 구하기 위하여.
  - 이기적인 필요 때문에 기도하지 않기 위하여.

하루의 중반에 두려움 또는 망설임의 순간이 발생하게 되면,
- 성령의 영감과 인도를 위하여 하나님께 간구한다.
- 3단계로 되돌아가서 점검해본다.
  - 매시간 호흡을 천천히 하면서 여유를 가진다.
  - 혹시 내가 어떠한 사람이나 사건 때문에 갈등을 겪고 있는지 살펴본다.
- 하루의 아무 때나 필요한대로 종종 하나님께 간구한다.
  - 하나님, 이 감정 _____ (두려움, 강박적인 마음, 중독)을 해결해주십시오.
  - 주님, 나의 뜻이 아닌 당신의 뜻이 되기를 원합니다.
- 가능하다면 무슨 일이 발생했는지에 대해서 함께 나눌 수 있고 조언을 들을 수 있는 사람들에게 지지를 구한다.

하루가 다 가기 전에 오늘 일어난 일에 대해서 살펴보는 시간을 갖는다.
- 10단계로 돌아가서 개인 목록 작업을 살펴본다.
  - 행동의 변화나 교정을 위한 하나님의 인도를 구한다.
- 당신을 향한 하나님의 뜻을 알 수 있도록 하나님께 간구한다.
- 강박적인 생각이나 염려, 양심의 가책, 우울한 감정을 일으킬 수 있는 사항이 아니라면 하루의 잘못한 일에 대해서 하나님의 용서를 간구한다.
- 하루의 삶을 마친 것에 대한 하나님의 인도와 보호, 축복에 감사를 드린다.

12단계

영적인 각성을 통해서 모든 문제에 적용하기

12단계를 걸어온 결과로 영적인 각성을 통해서, 우리는 사람들에게 이 메시지를 전하려고 하며 또 이 원리들을 우리의 모든 문제에 적용하려고 노력한다.

"형제들아 사람이 만일 무슨 범죄한 일이 드러나거든 신령한 너희는 온유한 심령으로 그러한 자를 바로잡고 너 자신을 살펴보아 너도 시험을 받을까 두려워하라" 갈 6:1

12단계는 특별한 산의 정상에 도달하기 위한 등산의 도착점이다. 지금까지의 과정 속에서 우리가 깨달았던 의미들을 기억하는 가운데 우리들은 그동안 목적지를 향해서 나아가는 과정에서 마음에 수많은 기쁨과 고통의 경험이 있었다. 우리들의 경험은 각자에게 독특하면서도 개인적이었을 것이다. 우리는 이제 인생의 모든 사건들이 하나님과 연결되어 있다는 것을 깨닫게 되었다. 우리의 영적인 사고는 변화되었고, 이제 우리들의 삶을 하나님이 원하시는 방향으로 펼쳐 보일 수 있는 능력을 가지게 되었다. 이러한 변화의 예가 디도서 3:3-7에 잘 나타나 있다.

우리도 전에는 어리석은 자요 순종치 아니한 자요 속은 자요 각색 정욕과 행락에 종 노릇 한 자요 악독과 투기로 지낸 자요 가증스러운 자요 피차 미워한 자이었으나 우리 구주 하나님의 자비와 사람 사랑하심을 나타내실 때에 우리를 구원하시되 우리의 행한 바 의로운 행위로 말미암지 아니하고 오직 그의 긍휼하심을 좇아 중생의 씻음과 성령의 새롭게 하심으로 하셨나니 성령을 우리 구주 예수 그리스도로 말미암아 우리에게 풍성히 부어 주사 우리로 저의 은혜를 힘입어 의롭다 하심을 얻어 영생의 소망을 따라 후사가 되게 하려 하심이라

12단계들은 다른 사람들도 12단계들의 메시지를 들을 수 있도록 우리가 소개하는 역할을 할 것을 요구하고 있다. 우리들 가운데 많은 사람들은 이 과정들을 누군가에게 소개할 것이다. 이제 우리들은 사람들을 돕는 가운데 자신의 영적인 성장을 한층 성장시켜 나갈 수 있다. 회복을 위한 헌신을 나누고자 하는 각오와 의지, 우리의 삶에 개입하시는 하나님의 의지에 대한 영적인 통찰력은 우리가 얻은 새로운 확신을 나눌 수 있도록 해주는 것이다. 이러한 과정은 우리가 살아가는 인생의 참다운 가치를 찾기 위한 그 책임이 바로 우리에게 있다는 것을 분명하게 깨닫게 해준다. 사도 바울은 그의 가르침을 통해서 이 점에 대해서 말해주고 있다. "너희 마음에 그리스도를 주로 삼아 거룩하게 하고 너희 속에 있는 소망에 관한 이유를 묻는 자에게는 대답할 것을 항상 준비하되 온유와 두려움으로 하고" (벧전 3:15).

이번 단계는 우리의 여정이 아직은 끝난 것이 아니라는 것을 알려준다. 성장을 위한 우리의 여정

이 계속되기 위해서 우리들은 반드시 주님과 동행하는 법을 날마다 배워야 한다. 12단계의 각 과정들이 우리를 향한 하나님의 뜻을 충족시켜 나가는 필수적인 과정들이다. 우리의 매일 삶 가운데 우리들이 하나님으로부터 멀어져 있거나 고립되어 있을 때, 우리는 이 12단계에서 말하는 내용들을 우리가 직면해 있는 문제에 대항하기 위한 도구로 사용할 수 있다. 1단계는 우리의 무력함을 말해주고 있다. 2단계와 3단계는 하나님의 도우심을 구해야 할 것을 가르친다. 3단계에서 9단계까지는 자신에 대해서 살펴보면서 자신의 잘못을 고쳐야 하는 것을 주장한다. 10단계와 11단계는 우리가 과거의 행동으로 돌아갈 수 있는 것을 경고하면서 하나님과의 친밀한 관계를 가져야 할 것을 설명하고 있다. 이러한 단계들을 계속해서 실행에 옮기기 위하여 우리들이 관심을 가져야 하는 것은 삶 속에서 요동치지 않는 마음의 평화와 확신 그리고 정직과 사랑의 관계 안에서 우리들을 개발시켜 나가는 것이다. 이러한 여정을 성실하게 감당할수록 회복과 치유의 목적지가 더 한층 우리에게 가까이 다가오게 된다.

우리들의 영적인 각성은 새로운 관점을 우리에게 심어주는 하나의 선물이 된다. 우리 안에서 긍정적이고 도전적인 변화를 일으키는 것이다. 추구하고자 하는 목적이 분명히 세워지게 되었고 우리는 이제 회복을 기대할 수 있게 되었다. 이제 우리들은 영적인 각성을 통해서 볼 수 없는 곳까지 바라볼 수 있는 시각이 생겼다. 시작과 마침은 결코 멀리 있는 것이 아니다. 예수님은 항상 우리에게 다가오신다. 우리는 또한 하나님의 일이 시작되었다는 것을 깨닫는다. 우리들이 하나님의 임재를 확신하는 가운데 우리의 삶은 새로운 목적과 의미로 가득 차게 된다. 롬 13:11 에서 바울이 말한 대로, "또한 너희가 이 시기를 알거니와 자다가 깰 때가 벌써 되었으니 이는 이제 우리의 구원이 처음 믿을 때보다 가까웠음이라."

개인적 성찰

"행동은 말보다 더 큰 위력이 있다."라는 표현은 우리들이 다른 사람들에게 12단계의 메시지를 실제 행동으로 보이는 것이 단순히 말로 전하는 것보다 강력한 표현이 된다는 것이다. 이론을 강의 시간에 듣는 것보다 내용을 실제로 적용해보는 것이 더 효과적이다. 예를 들면, 기도와 묵상에 대한 우리가 가지고 있는 경험을 나누는 것은 단순하게 사람들에게 묵상과 기도를 말로만 가르치는 것보다 더욱 효과가 크다. 우리들이 12단계들을 진행해 나가면서 얻어진 영적인 경험들을 나누는 것이 사람들에게 메시지를 전달하기 위한 가장 효과적인 방법인 것이다. 우리들의 이야기를 하면서 그들 스스로가 자신들의 필요를 인식하는데 도움을 준다. 메시지를 실행에 옮기는 것은 12단계를 실제 우리의 삶 가운데 그대로 뿌리를 내릴 수 있는 기회를 준다. 그리고 하나님과 우리의 관계를 새롭게 갱신시켜 준다. 우리들이 12과정들을 진행해 오며 우리의 삶이 어떻게 놀랍도록 변화되었는지 보여주게 된다.

- 최근에 12단계 과정을 다른 사람들에게 소개해준 경험이 있는가?

- 12단계가 당신의 삶과 하나님과의 관계를 어떻게 변화시켰는가?

"끝으로 형제들아 무엇에든지 참되며 무엇에든지 경건하며 무엇에든지 옳으며 무엇에든지 정결하며 무엇에든지 사랑 받을 만하며 무엇에든지 칭찬 받을 만하며 무슨 덕이 있든지 무슨 기림이 있든지 이것들을 생각하라 너희는 내게 배우고 받고 듣고 본 바를 행하라 그리하면 평강의 하나님이 너희와 함께 계시리라" 빌 4:8-9

- 12단계에 하나님의 개입하신 증거로써 당신이 받은 축복들이 있는가?

성경은 인간의 삶 가운데 개입하시는 하나님에 대한 신앙 고백들을 잘 보여주고 있다. 요 4:28과 요 9:17 은 사람들의 삶 가운데 역사하시는 예수님의 모습에 대한 개인들의 경험을 말해주고 있다. 성경에서 사람들의 삶 가운데 역사하시는 주님의 사역은 사람들의 인생이 변화된 것을 통해 확증해주고 있다. 12단계 과정이 하나님의 역사와 분리되어서 진행한다고 말할 수 없다. 이 모든 과정들은 하나님의 인도의 결과이다. 12단계에서 요구하는 모든 행동들의 목적이 롬 10:10에 완벽하게 설명되어 있다. "사람이 마음으로 믿어 의에 이르고 입으로 시인하여 구원에 이르느니라."

- 12단계와 당신의 신앙 사이에 어떠한 연결점이 있다고 생각하는가?

"외인에게 대해서는 지혜로 행하여 세월을 아끼라 너희 말을 항상 은혜 가운데서 소금으로 맛을 냄과 같이 하라 그리하면 각 사람에게 마땅히 대답할 것을 알리라"
골 4:5-6

● 최근에 당신이 다른 사람에게 위로를 주었던 경험이 있는가?

_____
_____
_____

"허락하지 아니하시고 그에게 이르시되 집으로 돌아가 주께서 네게 어떻게 큰 일을 행하사 너를 불쌍히 여기신 것을 네 가족에게 알리라 하시니" 막 5:19

● 12단계를 마치면 이 과정을 소개해주고 싶은 사람이 누구이며 그 이유가 무엇인가?

_____
_____
_____

◆ ◆ ◆

12단계를 통해서 새로운 사람들을 만나고 함께 진행해 온 과정들은 매우 즐거운 일이다. 그러나 여전히 대부분의 사람들은 문제를 가지고 있으며, 고통을 경험하고 분노한다. 그들도 하나님의 인도가 필요하다. 12단계를 이해하고 참여할 수 있다면, 현재 그들에게 있는 고통을 극복하고 인생의 기쁨과 기적을 만들어 낼 수 있을 것이다. 우리들은 반드시 그들에게 친절한 격려를 아끼지 말아야 하고, 이 과정을 할 수 있도록 도와주어야 한다. 이것은 우리 자신에게도 아주 좋은 영적인 성장이 된다. 우리가 처음에 이 과정을 소개 받았을 때를 생각해 보면 처음보다 우리들의 지금의 모습들이 변화되어 있다는 것을 보여줄 수 있을 것이다. 12단계 과정의 참여를 위한 메시지를 전달할 때에 이 과정에 참여하는 것이 매우 어려운 결정이라는 것을 이해한다. 그러나 우리들이 고통과 낙심했을 때, 상처를 입고 가장 낮은 밑바닥에 내려갔을 때, 이 과정을 시작했다는 것을 강조할 필요가 있다.

● 최근에 새로운 사람에게 이 과정을 소개했을 때 당신의 감정은 어떠하였는가?

"너는 말씀을 전파하라 때를 얻든지 못 얻든지 항상 힘쓰라 범사에 오래 참음과 가르침으로 경책하며 경계하며 권하라" 딤후 4:2

● 새로운 사람들에게 12단계를 소개할 때 중점을 두어서 소개해야 할 내용은 무엇인가?

"그러므로 사랑을 받는 자녀 같이 너희는 하나님을 본받는 자가 되고 그리스도께서 너희를 사랑하신 것 같이 너희도 사랑 가운데서 행하라 그는 우리를 위하여 자신을 버리사 향기로운 제물과 희생제물로 하나님께 드리셨느니라" 엡 5:1-2

● 당신이 12단계를 삶에 적용할 때 느꼈던 경험이 있다면 기록해보시오.

◆ ◆ ◆

하나님과 우리의 관계는 이 과정을 진행해 나가는 데 있어서 가장 핵심적인 열쇠가 되며, 우리의 삶에 적용할 수 있는 기준이 된다. 예수님의 가르침에 따른 삶을 살기 위한 헌신을 게을리 하고 무관심으로 외면할 수는 없다. 성경은 우리가 그리스도 중심적인 삶을 살아갈 것을 말씀하고 있으며, 만약 우리가 실패하더라도 어떻게 다시 일어서야 하는지를 말해준다. "그 안에 거하는 자마다 범죄 하지 아니하나니 범죄 하는 자마다 그를 보지도 못하였고 그를 알지도 못하였느니라"(요일 3:6). 우리들은 인생 속에서 끊임 없는 유혹과 시련에 직면할 준비를 하고 있어야 한다. 주님의 도우심은 유혹과 시련을 성장과 위로의 순간으로 변할 수 있도록 하신다. 하나님의 은혜를 의지하지 않고는 평화와 안정을 얻을 수가 없다.

● 하나님의 은혜가 12단계를 진행하는 당신에게 어떻게 은혜를 주셨는가?

_____

_____

"만일 누가 말하려면 하나님의 말씀을 하는 것 같이 하고 누가 봉사하려면 하나님이 공급하시는 힘으로 하는 것 같이 하라 이는 범사에 예수 그리스도로 말미암아 하나님이 영광을 받으시게 하려 함이니 그에게 영광과 권능이 세세에 무궁하도록 있느니라 아멘" 벧전 4:11

● 당신과 하나님과의 관계가 12단계를 진행하면서 어떻게 깊어져 갔는가?

_____

_____

때때로 우리들은 낙심하고 방향을 잃기도 한다. 만약에 이러한 일이 발생한다면, 우리들은 지난 과거와 현재를 비교하면서 우리 자신에게 다음과 같이 질문할 수 있다.

- 우리들이 외롭지 않거나 권위를 가진 사람을 이제는 두려워하지 않을 수 있는가?
- 사람들의 인정을 구하는 행위를 멈추었는가? 우리 자신을 있는 그대로 용납하는가?
- 관계를 유지하면서 사람들과 편안한 관계를 위해 노력하는가? 관계를 가지는 동안에 자신의 정체성을 잘 유지해나가는가?
- 자신의 감정을 표현하기 위한 능력을 개발시켜 나가고 있는가?
- 사람들을 지배하기 위하여 시도하는 것을 멈추었는가?
- 의존적인 성향 때문에 친구나 배우자에게 어린아이와 같은 행동을 반복하지 않는가?

- 우리 내면의 필요성에 집중하며 민감한가?

이상은 건강하고 회복된 인생을 향하여 우리가 확인해 볼 수 있는 질문들이다.

● 당신에게는 위의 어떠한 조건들이 여전히 힘든 어려움으로 남아 있는가?

● 건강한 관계를 위하여 위의 어떠한 조건들이 당신에게 성공적인 모습으로 변화되었는가?

"형제들아 사람이 만일 무슨 범죄한 일이 드러나거든 신령한 너희는 온유한 심령으로 그러한 자를 바로잡고 너 자신을 살펴보아 너도 시험을 받을까 두려워하라" 갈 6:1

● 누군가가 잘못된 행동을 했을 때 이것을 고칠 수 있도록 당신이 도움을 주었던 적이 있는가?

◆ ◆ ◆

이 과정을 진행하는 가운데 얻을 수 있는 결과는 우리들이 이러한 과정들을 삶에 익숙하게 적용할 수 있을 때 일어나는 것이다. 우리들의 필요를 하나님의 도우심과 인도하심에 위탁하면서 문제나 여러 사항들을 해결할 수 있도록 실제로 행동에 적용한다. 우리들에게 주어지는 평화와 안정은 우리들이 문제를 직접적으로 대면할 수 있는 능력을 제공해준다. 우리들이 취하는 어떠한 행동들은 분명히 하나님의 손으로 인도되는 것이다. 우리들은 확신 있고, 두려움 없이 행동할 수 있다.

"여호와는 나의 빛이요 나의 구원이시니 내가 누구를 두려워하리요 여호와는 내 생명의 능력이시니 내가 누구를 무서워하리요" 시 27:1

- 이 과정들을 시작하기 전과 현재의 모습을 비교하면서 어떠한 차이점을 느낄 수 있는가?

- 당신이 이 과정을 마치면서도 가지고 있는 염려가 있다면 그것이 무엇인가?

"두 사람이 한 사람보다 나음은 그들이 수고함으로 좋은 상을 얻을 것임이라 혹시 그들이 넘어지면 하나가 그 동무를 붙들어 일으키려니와 홀로 있어 넘어지고 붙들어 일으킬 자가 없는 자에게는 화가 있으리라 두 사람이 함께 누우면 따뜻하거니와 한 사람이면 어찌 따뜻하랴" 전 4:9-11

- 당신이 앞으로 12단계를 다른 사람들에게 소개할 계획을 가지고 있는가?

◆ ◆ ◆

우리들은 이제 12단계의 과정들을 통해서 우리의 삶 가운데 영향을 받았던 많은 부분들을 구체적으로 설명할 수 있을 것이다. 하나님께 모든 것을 위탁 드리는 가운데 새로운 문제들을 다루어 나가게 된다. 문제를 해결하기 위하여 우리들은 하나님께서 삶의 방향을 지도해주실 것을 믿는다. 우리들은 전적으로 하나님께 맡기는 법을 배워서 영성이 자라게 된다. 이러한 과정은 점진적이다. 결코 멈출 수 없고 날마다 새로운 것이다. 사랑과 평화, 안정의 의미들을 배워서 우리의 삶이 하나님 중심적인 삶이 되어가는 것이다. 사도 바울이 말한 대로 12단계의 역동성을 다음과 같이 말할 수 있다.

"형제들아 나는 아직 내가 잡은 줄로 여기지 아니하고 오직 한 일 즉 뒤에 있는 것은 잊어버리고 앞에 있는 것을 잡으려고 푯대를 향하여 그리스도 예수 안에서 하나님이 위에서 부르신 부름의 상을 위하여 달려가노라." 빌 3:13-14

- 당신의 회복을 위하여 하나님이 지금 당신의 삶을 이끌고 있다고 확신하는가?

"누구든지 등불을 켜서 그릇으로 덮거나 평상 아래 두지 아니하고 등경 위에 두나니 이는 들어가는 자들로 그 빛을 보게 하려 함이라 숨은 것이 장차 드러나지 아니할 것이 없고 감추인 것이 장차 알려지고 나타나지 않을 것이 없느니라 그러므로 너희가 어떻게 들을까 스스로 삼가라 누구든지 있는 자는 받겠고 없는 자는 그 있는 줄로 아는 것까지 빼앗기리라 하시니라" 눅 8:16-18

- 이 과정을 마치면서 하나님께서 베풀어주신 은혜에 대한 감사의 글을 작성해보시오.

매일 매일이 하나님이 주시는 귀한 축복의 현장이며 평안을 구하는 우리의 기도에 하나님이 응답하고 계신다는 것을 우리는 인정하고 받아들인다.

평안을 비는 기도

하나님, 평안을 허락하셔서
내가 변화시킬 수 없는 것들을 받아들일 수 있게 하소서.
내가 할 수 없는 것들을 변화시킬 수 있는 용기와
차이를 깨달을 수 있는 지혜를 허락하소서.
한 번에 하루를 살고,
한 번에 한 순간을 즐기고,
고생을 평화에 이르는 오솔길로 받아들이고,
예수님처럼 이 죄에 물든 세상을
내가 바라는 대로가 아니라
있는 그대로 감당하며,
내가 당신의 뜻에 복종하면
모든 것들이 바르게 될 것을 믿사오니,
이 세상에서 알맞게 행복하고
저 세상에서 당신과 함께 영원히
말할 수 없는 행복을 누릴 것입니다. 아멘.

-라인홀드 니버-

12단계의 실습

● 최근에 당신이 느꼈던 분노와 두려움, 슬픔의 원인이 되었던 상황이나 사건은 무엇인가? 그것은 관계(가족, 직장, 성적)나 직장, 건강이나 자존감의 문제일 수도 있다.

_____
_____
_____
_____

위의 질문을 가지고 각각의 12단계들의 원칙을 적용하기 위하여 다음을 실습해보시오.

● **1단계:** 어떠한 부분에서 당신의 무력함을 느끼는가? 어떻게 그러한 상황이 당신의 무력함과 당신의 삶을 스스로 조절해 나갈 수 없다는 것을 보여주고 있는가?

_____
_____
_____
_____

● **2단계:** 당신의 문제나 상황을 회복하기 위하여 전능하신 능력자를 어떻게 생각하는가?

_____
_____
_____

● **3단계:** 돌보시는 하나님에게 당신의 삶을 위탁하는 것이 어떻게 그 문제를 다루어 나가는데 도움이 된다고 생각하는가?

_____
_____
_____
_____

● **4단계:** 당신의 잘못된 성향들(버림 받을 것에 대한 두려움, 권위를 가진 자에 대한 두려움, 조정과 지배하고 싶은 욕구, 인정을 구하는 마음, 강박적인 마음과 행동, 과도한 책임감, 감정을 표현하지 않는 것 등)이 어떻게 당신에게 나타나고 있는가?

● **5단계:** 하나님과 당신 자신에게 잘못된 부분을 인정하는가?

● **6단계:** 당신의 잘못된 성향들을 하나님께서 고쳐 주기를 간구할 준비가 되었는가?

● **7단계:** 겸손하게 하나님께 당신의 잘못된 점들을 제거해달라고 간구하는가? 만약 아니라면 아직까지 하나님께 간구하지 못하는 이유가 무엇인가?

- **8단계:** 당신이 상처를 준 사람들의 명단을 작성해보시오.

- **9단계:** 당신이 상처를 준 사람과 관계 회복을 위하여 어떻게 시도해야 하는가?

- **10단계:** 지금까지의 단계들을 진행해 오면서 지나 온 과정들을 한 번 더 살펴본다.

- **11단계:** 기도와 묵상의 시간을 가지고, 당신을 향한 하나님의 뜻을 알기 위하여 기도하라.

- **12단계:** 이해와 영적인 깨우침이 당신의 문제를 해결하는데 어떻게 도움을 주는가?

부록 1

APPENDIX ONE

진행 방법

이 교재를 효과적으로 사용할 수 있는 방법이 두 가지가 있다. 먼저는 혼자 교재를 사용해서 진행하는 방법과 그룹으로 진행하는 방법이다. 이 부록에 있는 내용을 참조해서 혼자 또는 그룹으로 교재를 가지고 진행하도록 한다. 개인 또는 그룹으로 진행하도록 한다.

개인이 진행하는 방법

단계마다 질문지를 읽기 전에 전체적인 내용을 먼저 읽어 본다. 그 다음에 개인적 성찰 부분을 읽고 각 질문들에 대한 답을 기록한다. 이것은 각 단계에서 요구하는 목적을 달성하기 위하여 전체적인 관점을 제공하는 것이다. 만약에 1단계와 2단계 그리고 3단계가 너무 어렵다고 여겨지더라도 낙심할 필요는 없다. 이것은 이 과정을 처음 하는 사람들이 흔히 경험하는 반응이다. 이 세 단계들을 마치는 것은 전체 과정의 기초를 제공해주는 것과 같다.

당신이 여러 단계들을 진행해 가면서 당신의 상황과 형편에 맞추도록 하는 것이 중요하다. 각 단계들을 마치기까지 충분한 시간이 있어야 한다. 어떠한 경우에는 하루가 걸릴 수도 있고 일주일이나 그 이상도 걸릴 수 있다. 인내와 충분한 시간을 갖고 각 단계의 내용들을 충분히 이해하며 의미들을 생각해 보아야 한다. 인내하지 못하는 것이 가장 치명적인 걸림돌이 될 수 있다.

당신이 진행하는 상황과 사정에 따라서 단계들의 진도를 결정할 수 있다. 사실 이 프로그램의 단계들은 평생에 걸리는 과정이지만 하루를 단위로 진행하기도 한다. 이 교재는 전체 12단계 프로그램의 한 부분일 뿐이다.

가능한 당신이 신뢰할 수 있는 누군가와 나누도록 한다. 사람들과의 자연스러운 의사소통은 때로는 기적을 만들어 낸다. 수많은 치유 그룹들에 참여하는 사람들은 기존의 참여했던 사람들에게 소개를 받아 참여한다. 소개해준 사람들은 이미 각 단계에 친숙한 사람들이다. 그래서 그들의 영감과 경험들은 매우 귀중하다. 그러나 당신을 치유하거나 조언하기 위한 사람이 아닌, 그저 경청자라는 사실을 인식해야 한다. 치유의 결과는 오로지 주님과 당신과의 관계에서 나오는 것이다.

만약 이 교재가 12단계에 대한 당신의 첫 번째 경험이라면 당신이 이러한 모임에 참석하는 것은 매우 중요한 일이다. 부록에 있는 자신을 도울 수 있는 자원들에 관한 내용이 당신이 이 프로그램이 어떠한 성격의 내용인지를 이해하는 데 도움을 줄 것이다. "사회적 서비스 조직" 또는 "위기 개입 시에 참고 사항"과 같은 내용들을 참고하는 것이 유용할 것이다.

그룹 진행 방법

일단 당신이 12단계 프로그램에 대한 이해를 충분히 하고 난 다음에, 이 교재를 사용하기 전에 본인의 각오와 헌신을 다지는 시간을 가진다. 다음의 정보들은 이 과정을 진행하는데 도움이 될 것이다. 부록 2는 모임을 진행하기 위한 담당자를 돕기 위해서 인도자를 위한 샘플 모임 가이드가 포함되어 있다. 이러한 정보는 이 교재를 사용하도록 하기 위한 것이다. 추가적으로 읽을 수 있는 다른 참고 문헌들이 이 교재에 포함되어 있으며, 부록 6을 보면 여기에 해당하는 자료들을 찾아 볼 수 있다.

이 과정을 시작하는 것은 어렵지는 않다. 먼저 모임에 대한 충분한 소개 시간이 필요하며 부록 1에 모임을 소개하는 샘플이 포함되어 있다. 어떠한 사람들은 모임을 살펴보기 위하여 한두 번 참석하는 경우도 있고 다시 오지 않는 경우도 있다. 그러나 세 번째 모임을 가질 때에는 처음 참석하는 사람들을 더는 받지 않을 것을 추천하고 싶다. 모임은 28주 정도 걸리는 것을 예상할 수 있는데, 부록 3에 보면 이것에 대한 자세한 사항들을 설명하고 있다.

모임이 일단 시작되고 원활하게 진행된다 하더라도, 매주 서로 다른 사람이 진행하는 것을 제안하고 싶다. 한 사람이 진행하는 것보다 그룹 안에 있는 사람들이 서로 돌아가면서 진행하는 것을 추천한다. 이렇게 해서 전체 그룹에 속한 사람들이 골고루 각자의 리더십을 사용할 수 있는 기회를 가져보는 것이다. 이러한 모임의 형식은 부록 2에서 설명한다. 그러나 이것은 의무적인 것은 아니고 그저 제안일 뿐이다. 형식을 생각해 볼 때 기억해야 하는 사항은 참가자들이 골고루 모임의 과정에 전체적으로 참여하는 것이다.

모임을 갖는 동안에 최대 7명의 사람들로 구성한 그룹 안에서 서로를 신뢰하는 분위기를 만드는 것이 필요하다. 예를 들면 만약에 24명의 사람들이 그룹에 참여하고 있다면 그 그룹을 적어도 4개 정도와 각 그룹의 인원이 6명인 그룹으로 분할해서 진행하는 것을 추천하고 싶다. 각 그룹들은 참여자들이 작성한 사항들을 가지고 모임을 가지게 되며, 각자의 주제를 가지고 서로 나눔을 갖는다. 이러한 모임의 진행이나 형태에는 완벽하고 이상적인 형식을 가지고 있는 것이 아니며, 그룹의 특성이나 상황에 적합하게 진행하면 된다.

사람들이 각 단계의 내용에 따라 진행하기 위하여 모이게 될 때에 모임에 대한 헌신을 다지는 시간은 매우 중요하다. 참가자의 헌신서가 부록 2에 있으며, 이것을 서로 읽고 서명을 하도록 하게 한다.

모임 중에는 다양한 주제들이 등장할 수 있는데 아마도 그룹 안에서 일어나는 갈등은 서로의 긴장을 야기할 수 있을 것이다. 이전의 많은 모임들 가운데 이러한 주제들이 그룹 안에서 해결된 경우가 있었다. 그룹 안에서 일어난 갈등은 원 가족의 상황을 재현하는 것과 같은 것이다. 모임을 해치지 않기 위하여 잠시 모임을 중단하는 것은 참가자들이 그들의 갈등을 해결할 수 있도록 도와주며, 그룹 안에서 서로의 연대와 성장을 강화시키도록 도와주는 역할을 한다.

하나님께 모임의 인도를 간구하면 많은 문제들이 건설적인 방법 안에서 다루어질 수 있다. 성인 아이들로 자란 우리들은 지나친 돌보는 자나 강화자 그리고 사람들을 기쁘게 해주는 자의 역할을 담당할 수 있다. 이것은 우리들이 가지고 있는, 적절하지 못하고 자기 파괴적인 행동에 사로잡힌 모습을 보여주는 것이다. 그 대신에 우리들은 사람들에게 좋은 면을 보여 주기도 한다. 안전한 환경을 만들고 유지시키기 위하여 직접적인 대면이 그룹 안에서 회피되기도 하고, 과거의 행동으로 되돌아가려는 경향도 있다. 그러나 직설적인 피드백이 때로는 중요할 수 있으며, 주어진 상황 속에서 자신의 생각을 기탄없이 말하고 표현하는 방식은 매우 필요하다.

부정적인 행위들(분개, 성적인 학대, 탐욕, 정직하지 못함, 폭식, 시기, 나태함 등)과 부정적인 감정들(자기 연민, 슬픔, 불안, 염려, 거부당할 것에 대한 두려움, 버림받을 것에 대한 두려움 등)이 초기에 노출되지만, 그러나 이 모든 현상들은 지극히 정상적인 것이다. 우리가 여러 단계들을 진행해 나가면서 이렇게 눈에 보이는 습관들이 변화되는 것이다. 우리 자신의 가치와 자존감에 대한 감정을 고양시켜 나가면서 우리 자신이 성장한다는 것을 경험하게 될 것이다. 그러므로 긍정적인 감정과 생각들을 이해하고 격려해야 한다. 모임에 참여한 사람들의 감정에 대해서 그들의 감정이 왜 그러한지에 대한 충분한 생각과 이해의 시간을 가져야 한다. 그룹을 진행해 나가면서 모임의 리더는 참가자들이 낙심되거나 의기소침 되는 요소들을 제거하고, 자신의 마음을 열고 정직하게 나눌 수 있는 분위기를 만들어 가야 한다.

이 과정을 진행해 나가는데 특별한 공식은 없다. 사람들은 자신들이 편안하게 느끼는 대로 모임에 참여를 한다. 결과는 다양하지만 참가자들은 성장과 변화를 경험하게 된다. 만약 이러한 경험이 당신의 첫 번째 경험이었다면 당신은 아마 당신이 잘 아는 사람들에게 이 과정을 소개할 수 있는 기회를 가질 것이다. 만약에 당신이 의문이나 문의 사항이 있다면 언제든 편안하게 010-5299-9506으로 연락하면 된다.

인도자를 위한 지침

그동안의 경험으로 알 수 있듯이, 그룹의 인도자로서 활동하게 되면 의미 있는 가치들을 얻을 수 있다. 인도자의 역할은 참가자들에 대해 지지와 격려하는 것이다. 이것은 집단적인 치료가 아니며, 개인들이 자신의 생각을 나누고 교환해서 개인의 치유와 성장을 위한 것이다. 인도자의 역할은 12단계를 위한 교재를 사용하는 가운데 각각의 질문들에 대한 대답을 가지고 효과적으로 진행할 수 있도록 도움을 주는 것이다. 그룹의 참가자들이 문제가 발생했을 때 그것을 나눌 수 있는 누군가가 있다는 것은 안정감을 깊게 해준다. 인도자는 그룹의 진행을 위해서 반드시 지정된 것은 아니다. 매주 서로 돌아가면서 할 수 있고 모임이 진행되는 가운데에도 서로 인도하게 된다. 인도자는 참가하는 모든 사람들의 필요에 적절하게 반응해야 한다.

다음의 사항들이 인도자들이 참고할 수 있는 내용들이다.
- 참가자들이 서로 마음을 열고 의사소통할 수 있도록 지지한다.
  - 무엇을 말하는지를 진실하게 경청한다.
  - 생각과 감정의 표현을 격려한다.
  - 인내와 공감을 적용한다.
  - 정직함에 보답하고 열린 마음을 가진다.
- 일관성을 증가시키고 그룹 안에서 일치점을 찾는다.
  - 참가자들이 능력자이신 하나님을 의지할 수 있도록 돕는다.
  - 모임의 과정 속에서 우선적으로 화합에 초점을 맞춘다.
  - 적절한 신뢰와 존경심을 고취시킨다.
- 회복의 모습을 표현하도록 한다.
  - 각각의 회복의 단계별로 참가자들을 격려한다.
  - 감정의 단계에 따라서 나누도록 격려한다.
  - 생각과 감정을 나누기 위한 방법으로서 자신의 경험을 사용한다.
- 갈등을 해결하려고 노력한다.
  - 사랑의 방식으로 갈등에 직면한다.
  - 정직과 열린 의사소통을 나누도록 격려한다.
  - 자신의 불편함을 나누는 개인들을 위한 안정적인 환경을 조성한다.
  - 개인들이 동의된 사항에 응하지 않을 때 자신의 어려움을 솔직하게 나누도록 한다.

12단계의 과정은 하나님이 전체의 과정을 인도해주시며, 그분만이 궁극적인 권위자이시며 그룹 안에 간섭하시고 함께 하신다는 믿음 위에 기초하고 있다. 인도자로서의 당신의 역할은 당신의 치유와 회복뿐만 아니라, 그룹 안에서 '사람들에 대한 메시지를 전달하는 역할'을 강화시켜 주는 것이다.

모임 소개에 대한 샘플

성인 아이 치유를 위한 12단계의 영적 치유

산타 바바라 제일 교회는 역기능적이고 정서적으로 불안정한 가족 환경에서 성장한 개인들을 위한 치유 프로그램인 본 과정을 개설하였습니다. 이 모임은 기독교적 관점에서 작성된 12단계의 영적 치유 프로그램을 사용합니다.

일시: 2020년 3월 1일(수)부터, 오후 7시부터 9시
장소: 산타 바바라 제일 교회 교육관
문의: 담당자 1-805-555-1212
교재: 성인 아이 치유를 위한 12단계의 영적 치유

이 교재는 성경을 토대로 해서 모든 인간들을 위한 하나님의 변하지 않는 사랑과 자기 자신을 진정으로 사랑하는 것을 목적으로 하고 있습니다. 다음과 같은 내용들을 포함합니다.

- 당신의 인생 속에서 성령의 열매(기쁨, 희락, 양선, 자비, 온유, 절재, 오래 참음 등)를 회복하기 위한 도구를 제공합니다.
- 하나님 앞에서 자신의 삶을 드리고, 과거를 직면하며, 회복하는 기회를 제공합니다.
- 우리의 삶이 하나님의 간섭하심 가운데 있다는 것을 재확인해줍니다.
- 12단계의 내용들과 기독교적인 삶의 실행을 강조합니다.

모임에 대한 준비 사항

다음은 참가자들이 이 과정에 참여하면서 기대할 수 있는 사항들을 요약한 것입니다.

- 맨 처음 3주 동안, 이 모임은 여러 사람들에게 열려 있습니다. 그래서 어느 누구나 관심이 있는 사람들은 언제든 이 모임에 참여하는 것을 환영합니다.
- 처음 3주가 지난 후에, 그룹이 형성됩니다. 이 그룹은 이 과정을 진행해 나가는데 매우 중요한 그룹입니다. 그리고 그룹을 진행해 가면서 서로의 지지와 신뢰의 관계를 발전시켜 나가도

록 격려할 것입니다.
- 4번째 주가 시작될 때에 모임은 그룹의 참가자들 가운데 인도자를 세우고, 인도자가 진행합니다. 인도자는 돌아가면서 맡게 됩니다. 모임의 형태에 대한 안내는 부록 2에 안내되어 있습니다.
- 매 단계별로 두 주 정도로 진행합니다.
- 교재를 충분히 읽으며 교재 안의 질문들에 대하여 기록을 하게 됩니다.
- 각 단계별로 행하는 실습 및 대답들을(부록 3)은 각 단계의 중요한 내용들입니다. 모임 이전에 작성한 내용을 가지고 참가자들이 자신의 생각들을 나눕니다.
- 가장 중요한 것은 이 과정은 당신의 성장을 위한 것이라는 사실을 기억하십시오. 당신의 상황과 여건에 알맞게 진행되며, 자신에 대한 비현실적인 기대를 하는 것은 좋지 않습니다.
- 이 프로그램은 하루에 한 번씩 해 나가는 것이 가장 효과적입니다.

모임의 일정에 대한 샘플

성인 아이 치유를 위한 12단계 영적 치유 모임 일정

주	날짜	모임 중의 과제 및 연습	가정에서 할 과제
소개 1	6/8	모임에 대한 오리엔테이션	성향들
소개 2	6/15	과제하는 방법	참가자 동의서
소개 3	6/29	과제하는 방법	1단계
4(확정)	7/6	1단계 1주	1단계
5	7/13	1단계 2주	2단계
6	7/20	2단계 1주	2단계
7	7/27	2단계 2주	3단계
8	8/3	3단계 1주	3단계
9	8/10	3단계 2주	4단계
10	8/17	4단계 1주	4단계
11	8/24	4단계 2주	4단계
12	8/31	4단계 3주	5단계

13	9/7	5단계 1주	5단계
14	9/14	5단계 2주	복습
15	9/21	특별 프로그램	6단계
16	9/28	6단계 1주	7단계
17	10/5	7단계 1주	8단계
18	10/12	8단계 1주	8단계
19	10/19	8단계 2주	9계
20	10/26	9단계 1주	9단계
21	11/2	9단계 2주	10단계
22	11/9	10단계 1주	10단계
23	11/16	10단계 2주	11단계
24	11/23	11단계 1주	11단계
25	11/30	1 단계 2주	12단계
26	12/7	12단계 1주	12단계
27	12/14	12단계 2주	모임 종강
28	12/21	모임 종강	부록 4

　이 프로그램을 진행하는 과정은 애벌레가 나비로 변형되는 과정에 비유할 수 있다. 애벌레는 아직은 분명한 모습을 가지고 있지 않지만, 곧 나비로 변하게 될 것이다. 고치에서 죽고 다시 태어나는 과정을 거치는 것이다.

　이것은 그의 정원 안에 있는 한 고목나무 속에서 누에고치를 목격한 한 사람의 이야기이다. 그가 고목나무로부터 누에고치를 주워서 그것을 바르게 세워주었을 때, 그는 입구의 끝에서 한 나비가 껍질을 벗고 나오려는 모습을 보게 되었다. 나비가 껍질을 벗고 나오려고 노력할때, 그는 나비가 껍질을 벗고 나오는 것을 도와주기 위하여 손으로 누에고치를 벌려서 나비가 나올 수 있도록 해주었다. 그러자 나비는 누에고치에서 떨어져 나오더니 몇 시간 안에 곧 죽고 말았다. 나비는 세상에서 생존하기 위하여 어느 누구의 도움도 받지 않고 스스로 생존을 위해서 투쟁하도록 하는 강한 능력이 필요했던 것이다.

　이 프로그램에 참여하는 것은 우리가 할 수 있는 능력이 있기 때문이 아니다. 우리를 위해서 사람들이 도와주려는 시도들은 우리의 회복에 대한 걸림이 될 수 있으며, 우리가 강해지려는 능력을 제한하는 결과를 낳고 만다.

부록 2
APPENDIX TWO

평안을 비는 기도

하나님, 평안을 허락하셔서
내가 변화시킬 수 없는 것들을 받아들일 수 있게 하소서,
내가 할 수 없는 것들을 변화시킬 수 있는 용기와
차이를 깨달을 수 있는 지혜를 허락하소서.
한 번에 하루를 살고,
한 번에 한 순간을 즐기고,
고생을 평화에 이르는 오솔길로 받아들이고,
예수님처럼 이 죄에 물든 세상을
내가 바라는 대로가 아니라
있는 그대로 감당하며,
내가 당신의 뜻에 복종하면
모든 것들이 바르게 될 것을 믿사오니,
이 세상에서 알맞게 행복하고
저 세상에서 당신과 함께 영원히
말할 수 없는 행복을 누릴 것입니다.
아멘

−라인홀드 니버−

회복을 위한 목표

하나님의 도우심과 12단계의 프로그램을 감당하는 우리들의 노력을 통해서 회복을 위한 목표를 가지고 다음과 같은 사항들을 성취할 것을 목표로 삼는다.

- 우리는 권위를 가진 사람 앞이나 어느 누구 앞에서도 편안한 감정을 느낀다.
- 우리는 강한 자존감을 소유하며 우리 자신을 인정한다.
- 우리는 긍정적인 방식으로 나에 대한 비판이나 피드백을 받아들인다.
- 우리는 자신의 삶을 직면하는 가운데 사람들과의 관계 속에서 우리 자신이 가지고 있는 결점들을 이해하고 또 자신이 가지고 있는 장점을 자랑스럽게 생각한다.
- 우리는 자신에 대하여 사랑하는 마음을 가짐으로써, 우리들의 생각과 행동에 대한 책임감을 받아들인다.
- 우리는 자신에 대한 긍정적인 가치관을 통해서 편안한 느낌을 가진다.
- 우리는 하나님이 우리의 회복을 인도하실 것이라는 신뢰를 가지고 평화와 안정을 즐긴다.
- 우리는 자기 자신을 사랑하고 돌볼 줄 아는 사람들을 사랑한다.
- 우리는 고통스러운 순간에도 우리의 감정을 자유롭게 느끼고 표현한다.
- 우리는 건강한 자존감이 있다.
- 우리는 생각과 계획을 시작하고 완성하기 위한 새로운 기술들을 개발시켜 나간다.
- 우리는 가능한 결과와 대안적인 행동을 생각하면서 신중한 행동을 취한다.
- 우리는 하나님이 우리의 위대한 능력자라는 것을 믿고 고백한다.

12단계

<u>1단계</u>
우리는 삶을 지배하는 문제에 대해 무력하며, 우리의 삶에 대해서 우리 스스로 삶을 조절할 수 없다는 것을 인정한다.

<u>2단계</u>
모든 능력의 근원이신 하나님이 우리를 온전한 모습으로 회복시킬 수 있다는 것을 믿는다.

3단계
우리의 의지와 삶을 돌보시는 하나님에게 맡기기로 결심한다.

4단계
우리 자신에 대해 철저하고 두려움이 없는 도덕적 목록을 만든다.

5단계
우리는 하나님과, 자신과, 다른 사람들에게 우리가 행한 잘못의 본질을 있는 그대로 인정한다.

6단계
하나님께서 이 모든 성품의 결함들을 제거해주시도록 내어 드릴 준비가 완전히 되어 있다.

7단계
우리의 결함을 제거해 주시도록 그분께 요청한다.

8단계
우리가 해를 입힌 모든 사람의 목록을 작성하고, 그들 모두에게 기꺼이 보상하기로 한다.

9단계
당사자나 다른 사람들에게 피해를 주는 때를 제외하고 가능하다면 어디에서나 그들에게 직접적으로 보상한다.

10단계
계속적으로 개인적인 목록을 작성하고 우리에게 잘못이 있을 때는 즉각적으로 그것을 인정한다.

11단계
기도와 묵상을 통해서 하나님과 의식적인 접촉을 증진시키려고 노력하면서 우리를 위한 하나님의 뜻에 대한 지식과 그것을 실행할 수 있는 능력을 위해서 기도한다.

12단계
12단계를 걸어온 결과로 영적인 각성을 통해서, 우리는 다른 사람들에게 이 메시지를 전하려고 하였으며, 또 이 원리들을 우리의 모든 문제에 적용하려고 노력한다.

12단계의 성경 구절

<u>1단계</u>
내 속 곧 내 육신에 선한 것이 거하지 아니하는 줄을 아노니 원함은 내게 있으나 선을 행하는 것은 없노라. (롬 7:18)

<u>2단계</u>
너희 안에서 행하시는 이는 하나님이시니 자기의 기쁘신 뜻을 위하여 너희에게 소원을 두고 행하게 하시나니. (빌 2:13)

<u>3단계</u>
그러므로 형제들아 내가 하나님의 모든 자비하심으로 너희를 권하노니 너희 몸을 하나님이 기뻐하시는 거룩한 산 제물로 드리라 이는 너희가 드릴 영적 예배니라. (롬 12:1)

<u>4단계</u>
우리가 스스로 우리의 행위들을 조사하고 여호와께로 돌아가자. (애 3:40)

<u>5단계</u>
이러므로 너희 죄를 서로 고백하며 병이 낫기를 위하여 서로 기도하라 의인의 간구는 역사하는 힘이 큼이니라. (약 5:16)

<u>6단계</u>
주 앞에서 낮추라 그리하면 주께서 너희를 높이시리라. (약 4:10)

<u>7단계</u>
만일 우리가 우리 죄를 자백하면 그는 미쁘시고 의로우사 우리 죄를 사하시며 우리를 모든 불의에서 깨끗하게 하실 것이요. (요일 1:9)

8단계
남에게 대접을 받고자 하는 대로 너희도 남을 대접하라 (눅 6:31)

9단계
그러므로 예물을 제단에 드리려다가 거기서 네 형제에게 원망들을 만한 일이 있는 것이 생각나거든 예물을 제단 앞에 두고 먼저 가서 형제와 화목하고 그 후에 와서 예물을 드리라 (마 5:23-24)

10단계
그런즉 선 줄로 생각하는 자는 넘어질까 조심하라 (고전 10:12)

11단계
그리스도의 말씀이 너희 속에 풍성히 거하여 모든 지혜로 피차 가르치며 권면하고 시와 찬송과 신령한 노래를 부르며 감사하는 마음으로 하나님을 찬양하고 (골 3:16)

12단계
형제들아 사람이 만일 무슨 범죄한 일이 드러나거든 신령한 너희는 온유한 심령으로 그러한 자를 바로잡고 너 자신을 살펴보아 너도 시험을 받을까 두려워하라 (갈 6:1)

참가자 헌신서

나, _____는 12단계 프로그램에 참여하는 것에 동의하며 다음과 같은 사항들에 대해서도 동의한다.

- 매주 모임 시간에 최선을 다해서 모임에 적극적으로 참여를 하며, 모임과 모임 사이의 시간들 속에서 참가자들과의 교제를 계속해서 유지해 나간다.
- 가능한 모임에 대한 비밀을 지키며 도움과 치유를 위한 하나님의 도우심을 간구한다.
- 관심과 애정을 통해서 참여하는 모든 회원들에 대한 지지를 아끼지 않는다.
- 모든 일에 가능한 정직하게 행동한다.
- 직설적이고 공격적인 이야기를 하거나 적절하지 않은 단어를 사용해서 말을 할 때에도 나의 불편한 감정을 공개적으로 나눈다.
- 모든 과정에 겸손하게 참여하고, 할 수 있는 한 부정적인 판단은 자제한다.
- 매주 모임의 시간 약속을 철저히 지키고, 그 다음에 해야 할 과제 및 실습들을 반드시 해오도록 한다.
- 12과정들을 진행하는 가운데 발생할 수 있는 불편한 행동을 이해하도록 한다.
- 매주 모이는 모임 시간에 열심히 참석해서, 다른 참여자들과 나 자신에 대한 헌신을 굳게 지킨다.
- 모임 시간에 나의 경험과 장점 그리고 희망 등을 나눈다.
- 나의 감정들(예를 들면, 기쁨, 슬픔, 우울, 분노, 사랑, 미움, 죄의식, 외로움, 불편함 등)을 나누며 그러한 감정들을 구체적으로 표현할 때 상황에 대해서 변명하거나 설명하기 위한 시도를 자제한다.
- "회복의 5가지 실습"을 나의 삶 가운데 다음과 같이 실천해 나간다.
  - 모임에 참석하기.
  - 단계들을 열심히 준비하기.
  - 매일 기도와 묵상하기.
  - 그룹의 다른 참가자들과 전화로 교제를 나누기.
  - 처음의 세 단계들을 매일 시작하고 마치기.

성인 아이의 일반적인 행동 성향

- 우리는 은혜로운 마음이 부족하며, 우리 자신과 사람들을 판단하려고 하는 낮은 자존감이 있다. 우리 자신이 완벽해지려거나, 지나치게 사람들을 돌보고 조종하려는 마음과 비난하고 변명하는 행동을 통해서 낮은 자존감을 위장하려고 노력한다.

- 우리는 사람들 특별히 권위를 가진 사람과 함께 있으면 불편함을 느끼며, 우리 자신 스스로가 고립하려고 한다.

- 우리는 계속해서 사람들의 인정을 구하며, 그들이 좋아하는 일을 위해서는 무엇이든지 하려고 한다. 그래서 우리는 과도한 충성스런 모습을 보인다.

- 우리는 우리 자신에 대해서 분노하거나 비평하는 사람들과 친숙하지 않다. 그들의 행동들은 우리들이 두려움을 가지게 하거나 예민하게 반응하도록 만든다.

- 우리는 습관적으로 정서적이고 중독적인 성향이 있는 사람들과만 관계를 가지려고 그들을 선택한다. 우리는 건강한 사람이나 자신을 돌볼 줄 아는 사람들과는 친숙하지 못하다.

- 우리는 희생자의 인생을 살아가고 사랑과 우정의 관계 속에서 다른 희생자들을 만들기도 한다. 사랑과 연민을 혼동하며, 우리가 연민과 동정심을 보일 수 있는 사람들만을 사랑하려는 경향이 있다.

- 우리는 과도한 책임감이 있거나, 무책임한 성향이 있다. 우리는 사람들의 문제를 해결하려고 고민하며, 그들의 문제를 우리 자신이 책임지려고 한다. 이것은 우리 자신의 문제나 행동을 정확하게 보지 못하도록 한다.

- 우리 자신이 떳떳한 행동을 했을 지라도 왠지 죄책감을 느낀다. 자신을 돌보는 것보다 사람들을 위해서 너무나 많은 양보와 희생을 한다.

- 우리 자신의 어린 시절에 생긴 외상의 상처로부터 생긴 감정들을 부정하거나 최소화하며 또는

억누르려 한다. 자신의 감정을 솔직하게 표현할 능력을 상실하고 말았으며, 그러한 상처들이 내 삶에 존재해 있는지 조차를 인식하지 못한다.

- 버림받고 거부당할 것에 대한 심한 두려움이 있는 사람에게 과도하게 의존적인 성향이 있다. 그들이 여전히 나에게 상처와 아픔을 주더라도, 그것이 직장 안에서의 관계이든 대인 관계이든 그 관계를 유지하려고 한다. 우리의 두려움은 상처를 받는 것에 상관하지 않고, 오직 그 관계가 중단되는 것이 가장 큰 두려움이다.

- 부정과 고립, 조종, 적절하지 않은 죄의식들은 역기능 가족에서의 증상들이다. 이러한 행동들의 결과로 우리는 무의미하고 무력하다.

- 우리는 친밀한 관계에서도 어려움이 있다. 사람들에 대한 불신과 불안이 있다. 우리 자신의 경계선을 명확하게 설정하지 못하며, 다른 사람의 필요와 바람에 우리 자신이 휘말려 들기도 한다.

- 우리는 처음부터 마지막까지 어떠한 계획을 추진하는데 어려움이 있다.

- 우리는 사람들을 조종하려고 하는 강한 욕망이 있다. 우리가 조정할 수 없는 일에 대해서 그것을 바꾸기 위하여 지나치게 집착하기도 한다.

- 우리는 무례하다. 어떠한 행동을 하기 전에 신중하게 생각하지 않고 행동부터 먼저 한다.

성인 아이 치유를 위한 12단계 영적 치유를 위한 샘플 모임

첫 주 오리엔테이션

아직 교재를 준비하지 않은 참가자들을 위하여 다음의 내용들을 복사해서 배부한다.

- 모임에 대한 준비 사항 안내
- 1단계 소개
- 12단계와 당신의 영적 치유
- 제2주의 실습지
- 성인 아이의 일반적인 행동 성향

[가급적 정시에 모임을 시작한다.]

7:00 (다음의 사항은 25분 정도가 소요된다.)
[성인 아이의 일반적인 행동 성향, 회복을 위한 목표, 12단계와 12단계의 성경 구절을 나누어 준다.]

"안녕하십니까? 저희 _____의 12단계 영적 치유의 모임에 오신 것을 환영합니다. 저의 이름은 _____입니다. 그리고 저도 성인 아이입니다. 어린 시절에 나는 중독적이고 강박적인 환경 때문에 상처를 받고, 어린 시절을 역기능적인 가족 환경에서 성장하였습니다. 그 결과로 나의 자존감은 부정적인 영향을 받게 되었습니다. 나는 이러한 역기능적인 행동이 일반적이라는 것을 인정합니다. 나의 의도는 이제 내 인생 가운데 이러한 행동 패턴의 고리를 차단하는 것입니다."

"약물에 중독되고 폭력과 각종 학대에 의존적인 부모님뿐 아니라 조부모님이나 우리의 인생 가운데 의미 있는 어른들의 영향 때문에, 우리 안에는 얼마든지 성인 아이의 성향들을 가질 수 있습니다."

"이제 우리가 이 모임 시간에 적극적으로 참여하며 이 모임을 진행하려고 합니다. 잠시 침묵의 시간을 가진 후에 평안을 구하는 기도를 하고자 합니다."

"저는 _____가 성인 아이의 일반적 행동 성향들에 대해서 읽어 주셨으면 좋겠습니다."

"저는 _____가 12단계들에 대해서 읽어 주셨으면 좋겠습니다."

"저는 _____가 12단계의 성경 구절들에 대해서 읽어 주셨으면 좋겠습니다."

"저는 _____가 회복을 위한 목표에 대해서 읽어 주셨으면 좋겠습니다."

"우리의 목적은 자신을 충분히 지지하는 것입니다. 그래서 모임에 장애가 되는 것을 방지하기 위하여 여러분 모두에게 최선을 다해서 참여해 주실 것을 부탁을 드립니다."

[여러 문서들을 읽는 것을 마치고 난 후]
"여러분의 성과 이름을 말씀해주시면서 자신에 대한 소개를 해주시기를 바랍니다. 이것은 여기에 참석하신 분들의 익명성을 존중하기 위해서입니다. 자신에 대해서 소개를 하시지만 그러나 요구 사항은 아닙니다."

[각자의 소개가 마친 후에]
"여러분 모두를 환영합니다. 이 과정은 쉽지 않습니다. 그러나 12단계의 모든 내용들을 해나가는 동안에 여러분에게 치유와 회복이 있는 것을 발견하게 될 것입니다. 각 단계들을 해 나가는 것이 회복을 위한 시작 과정에서는 매우 어려울 수 있습니다. 저는 여러분이 다른 모임에도 참석하시기를 권해 드리며, 성인 아이와 관련이 있는 여러 참고 문헌들도 읽으시면 나을 것이라고 생각합니다. 이것은 여러분이 12단계에 대한 이해의 폭을 넓혀 드리며, 이 모임에 참석하시면서 여러분의 목적을 보다 더 강화시켜 주는 역할을 할 것입니다. 회복의 첫 번째 가르침들 가운데 한 가지는 자신의 한계를 인정하는 것입니다. 여러분의 회복을 지지할 수 있는 여러 활동들에 참여하시는 것입니다."

"처음 3주 동안 여러분은 이 모임의 과정을 경험할 수 있는 기회가 될 것입니다. 여러분은 세 번째 모임에서 모임에 대한 여러분의 헌신을 다지는 서약의 시간을 가지게 됩니다. 전체적인 프로그램은 28주 정도가 소요됩니다. 여기에는 함께 교재를 보면서 공부하고, 실습하는, 개인적인 피드백의 시간들이 포함되어 있습니다."

"여러분은 모임에 참여해서 시간을 보내면서 새로운 관계를 가지게 될 것입니다. 그리고 이 모임에서 여러분들의 경험과 장점, 단점까지도 서로 나누는 시간을 가지게 될 것입니다. 이러한 관계는 여러분이 경험한 다른 모임과는 좀 다를 것입니다."

"이 모임의 기본적인 목적은 치유와 회복을 촉진시켜 나가는 것입니다. 여러분은 어떠한 친숙하지 않은 면들, 예를 들면 사람들을 신뢰하는 것, 건강하고 독립적인 행동을 실행해 보는 것, 다른 사람의 말을 경청하고 자신의 생각을 나눌 수 있는 것 등도 대면할 수 있을 것입니다. 여러분은 건강한 가족이 보여 줄 수 있는 경험을 하게 될 것입니다."

7:25 [다음의 사항들은 30분 정도가 소요된다.]

[모임에 대한 준비 사항 안내를 복사해서 나누어 준다.]
[모임에 대한 준비 사항 안내를 읽는다.]

"이 모임의 인도자로서 저는 처음 세 번의 모임을 인도할 것입니다. 네 번째 모임 시간에는 한 그룹이 형성이 되고 각 그룹에서 서로 돌아가면서 인도를 하게 될 것입니다."

"이것은 일종의 오리엔테이션으로 12단계 프로그램을 소개하기 위한 시간이기도 합니다. 교재는 성인 아이 치유를 위한 12단계 영적 치유를 사용합니다."

[1단계 소개와 12단계와 당신의 영적 치유를 나누어 준다.]

"아직 여러분들이 교재를 구입하지 못한 관계로 제가 1단계 소개와 12단계와 당신의 영적 치유의 복사본을 나누어 드리겠습니다. 혹시 교재를 가지고 있으신 분은 미리 그 다음 주의 할 내용들을 읽어 와 주시면 감사하겠습니다."

[1단계의 내용 가운데 한 부분을 읽는다.]

"각 단계의 질문에 대한 대답을 적기 전에 먼저 각 단계의 전체적인 내용을 한번 살펴보시기를 바랍니다. 각 단계에서 요구하는 질문과 내용들을 읽어 보시고, 모임에 참석하기 전에 미리 그 질문에 대한 답을 적어 오시면 됩니다. 그렇게 하신다면 여러분들은 모임에 참석하시면서 더 많은 가치 있는 경험들을 하실 수 있게 될 것입니다."

[12단계와 당신의 영적 치유의 한 부분을 읽는다.]

"각 단계들은 당신과 사람들에게 상처를 주었던 행동들을 제거해달라고 하나님께 간구하는 내용을 담고 있습니다. 이 모임에 적극적으로 참여하겠다는 여러분의 의지와 헌신이 여러분의 행동을 변화시키는데 많은 도움을 줄 것입니다. 그러나 작성하는데 너무 염려하지는 마십시오. 여러분이 할 수 있는 한 최선을 다해서 하시면 됩니다. 대답을 적으실 때, 특별한 해답이나, 이렇게 하면 잘못된 것이라고 말하는 그러한 방법은 없습니다."

"모임의 인도자로서 저의 목적은 여러분의 신뢰를 받을 수 있는 섬기는 자가 되는 것입니다. 저는 여러분의 여정에 함께 할 것입니다. 제가 여기에 있다는 것을 알아주십시오. 그리고 저의 경험과 희망, 장점도 앞으로 나누게 될 것입니다."

"기본적으로 헌신된 마음이 이 모임을 성공적으로 감당하기 위해서 제일 필요합니다. 이 모임은 하루에 한 번 진행할 수도 있습니다. 무엇보다 우리의 결과에 대해서 하나님께 신뢰하는 것이 제일 중요합니다."

7:55 [다음은 20분 정도 소요된다.]

"우리는 20여분 동안 12단계와 당신의 영적 치유에 대해서 살펴보겠습니다."

8:15 [다음은 35분 정도 소요된다.]
[모임의 마지막 부분]
[제2주 실습지를 나누어 준다.]

"교재가 없는 분들이 계시므로 제2주 실습지를 나누어 드리겠습니다."

"각 단계 별 모임 시간마다 약 10분 정도를 할당해서 이것을 작성하고 난 후에 45분 정도 서로 나누도록 하겠습니다. 나누는 시간에 우리가 나누는 주제는 교재 안에 있는 질문에 대한 대답들입니다."

"그리고 그룹 나눔 시간에 이어서 전체 그룹이 모여서 30분 정도 나누도록 하겠습니다."

"모임 시간은 7시에 시작해서 9시, 2시간 정도 진행합니다."

"모임 시간에 서로의 필요한 사항들을 말씀해주십시오."

8:50 [다음은 10분 정도 소요된다.]
[그룹 나눔 시간의 마무리]

"매주 우리가 사용하는 교재는 우리들이 각 과정의 내용들을 다룰 수 있도록 인도해줄 것입니다. 그러나 이 교재는 우리가 이 과정을 진행하기에, 필요한 모든 정보들을 다 제공해주는 것은 아닙니다."

[성인 아이의 일반적인 행동 성향을 나누어 준다.]

"다음 모임 시간을 위하여 제가 나누어 드리는 성인 아이의 일반적 행동 성향을 잘 읽어 주시기 바랍니다. 다음 모임의 주된 내용은 이것을 중심으로 진행하도록 하겠습니다."

[다른 광고 사항 전달]

"이 모임 안에서 이야기 되는 모든 이야기들은 반드시 비밀 유지를 해주셔야 합니다. 절대로 잊지 말아 주십시오. 이 이야기들은 공적인 이야기가 아닌 사적인 이야기들입니다. 이 시간의 나누는 중에 오고 간 모든 주제들에 대해서 개인적인 비밀을 존중해주시기를 부탁을 드립니다."

"앉으셨던 자리를 잘 정돈해주시고 주위를 깨끗이 해 주시기를 바랍니다."

"다음 모임에 다시 만나기를 바라며 기도로 마치겠습니다."

9:00 [폐회]

성인 아이 치유를 위한 12단계 영적 치유 샘플 모임

두 번째 주 모임

아직 교재를 준비하지 않은 참가자들을 위하여 다음을 복사해서 배부한다.
- 모임에 대한 준비 사항 안내
- 성인 아이의 일반적인 행동 성향
- 제2주 실습지

[가급적 정시에 모임을 시작한다.]

7:00 (다음의 사항은 25분 정도가 소요된다.)

[성인 아이의 일반적인 행동 성향, 회복을 위한 목표, 12단계와 12단계의 성경 구절을 나누어 준다.]

"안녕하십니까? 저희 _____의 12단계 영적 치유의 모임에 오신 것을 환영합니다. 저의 이름은 _____입니다. 그리고 저도 성인 아이입니다. 어린 시절에 저는 중독적이고 강박적인 환경 때문에 상처를 받고, 어린 시절을 역기능적인 가족 환경에서 성장하였습니다. 그 결과로 나의 자존감은 부정적인 영향을 받게 되었습니다. 나는 이러한 역기능적인 행동이 일반적이라는 것을 인정합니다. 저의 의도는 제 인생 가운데 이러한 행동 패턴의 고리를 차단하는 것입니다."

"약물에 중독되고 폭력과 각종 학대에 의존적인 부모뿐 아니라, 조부모님이나 우리의 인생 가운데 의미 있는 어른들의 영향 때문에, 얼마든지 우리 안에는 성인 아이의 성향들을 가질 수 있습니다."

"이제 우리가 함께 시간을 가지며 모임 시간에 적극적으로 참여하며 이 모임을 진행하고자 합니다. 잠시 침묵의 시간을 가진 후에 평안을 구하는 기도를 하고자 합니다."

"저는 _____가 성인 아이의 일반적 행동 성향들에 대해서 읽어 주셨으면 좋겠습니다."

"저는 _____가 12단계들에 대해서 읽어 주셨으면 좋겠습니다."

"저는 _____가 12단계의 성경 구절들에 대해서 읽어 주셨으면 좋겠습니다."

"저는 _____가 회복을 위한 목표에 대해서 읽어 주셨으면 좋겠습니다."

"우리의 목적은 자신을 충분히 지지할 수 있는 상태가 되는 것입니다. 그래서 모임에 장애가 되는 것을 방지하기 위하여 여러분 모두에게 최선을 다해서 참여해 주실 것을 부탁을 드립니다."

[여러 문서들을 읽는 것을 마치고 난 후]

"여러분의 성과 이름을 말씀해주시면서 자신에 대한 소개를 해주시기를 바랍니다. 이것은 여기에 참석하신 분들의 익명성을 존중하기 위해서입니다. 자신에 대해서 소개를 하시지만 그러나 요구사항은 아닙니다."

[각자의 소개가 마친 후에]

"여러분 모두를 환영합니다. 이 교재는 쉽지 않습니다. 그러나 이 12단계의 모든 내용들을 해나가는 동안에 여러분에게 엄청난 치유와 회복이 있다는 것을 알게 될 것입니다. 각 단계들을 해 나가는 것이 여러분의 회복을 위한 시작 과정에서는 어려울 수 있습니다. 우리는 여러분들이 다른 모임에도 참석하시기를 권해드리며, 성인 아이와 관련이 있는 여러 참고 문헌들도 읽으시면 나을 것이라고 생각합니다. 이것은 여러분이 이 12단계에 대한 이해의 폭을 넓혀 드리며, 이 모임에 참석하시면서 여러분의 목적을 강화시켜 주는 역할을 할 것입니다. 회복의 첫 번째 가르침들 가운데 한 가지는 여러분 자신의 한계를 인정하는 것이고, 여러분의 회복을 지지할 수 있는 여러 활동들에 참여하시는 것입니다."

"처음 3주 동안 여러분들은 이 모임의 과정을 경험할 수 있는 기회를 가질 것입니다. 여러분은 세 번째 모임에서 모임에 대한 여러분의 헌신을 다지는 서약의 시간이 있을 것입니다. 전체적인 프로그램은 28주 정도가 소요됩니다. 여기에는 함께 교재를 보면서 공부하고 실습하며, 개인적인 피드백의 시간들이 포함되어 있습니다."

"여러분은 이 모임에 참여하여 시간을 보내면서 새로운 관계를 가지게 될 것입니다. 이 모임에서 여러분들의 경험과 장점, 단점까지도 서로 나누는 시간이 있을 것입니다. 이러한 관계는 여러분들이 경험한 다른 모임과는 다릅니다."

"이 모임의 기본적인 목적은 치유와 회복을 촉진시켜 나가는 것입니다. 여러분은 친숙하지 않은 면들, 예를 들면 사람들을 신뢰하는 것, 건강하고 독립적인 행동을 실행해 보는 것, 다른 사람의 말을 경청하고 자신의 생각을 나눌 수 있는 것 등도 경험할 수 있을 것입니다. 여러분은 건강한 가족이 보여줄 수 있는 경험들을 하시게 될 것입니다."

"만약 이 모임에 참석하기로 결심하셨다면, 다음의 몇 가지 헌신에 동의해주시면 감사하겠습니다."

- 모든 과정에 성실하게 최선을 다한다. 때로는 과정 중에 불편한 상황도 발생할 수 있다는 것을 충분히 이해한다.

- 모임에 규칙적으로 참여한다. (몸도 마음도 다 같이 집중한다.)
  - 모임에 참여해서 열심히 나눈다.
  - 당신이 필요로 하는 일에 대한 책임감을 가진다.
- 변화를 허용하고 용기를 내며 인내를 가진다. 모든 것을 혼자, 즉시 다 할 필요는 없다. 다음을 기억해야 한다.
  - 건강한 것을 선택하는 것이 고통스러울 수 있으며, 때때로 사람들의 비난을 듣거나 비정상적으로 보일 수도 있다.
- 건강한 가족의 상호 관계로 참여한다.
  - 진실하게 말하고 자신이 한 말에 대해서 지키도록 한다.
  - 기꺼이 다른 사람의 지지를 받아들이고 배려하기도 한다.
  - 인생을 살아가는 가운데 어느 누구도 실수할 때가 있는 법이다.
  - 자신과 다른 사람들의 정신적이고 신체적이며, 정서적인 한계를 받아들인다.
- 이 과정은 영적인 과정이라는 사실을 인정한다. 우리의 능력자이신 하나님은 인생을 변화시키고, 인생을 확고하게 만들어 가시는 분이라는 것을 믿는다.
  - 성령 하나님의 능력으로 치유가 된다는 것을 인정한다.
  - 하나님은 그분의 자녀들을 위한 하나님의 뜻을 성취하기 위하여 때로는 우리의 부족함도 사용하시는 분이시라는 것을 믿는다.
  - 예수 그리스도를 통해서 하나님의 사랑을 받고 있는 모두 사람은 동등하다고 믿는다.
- '죄의 짐'과 구별된 '회복의 과정'으로 인식한다.
  - 당신이 참여하고 있는 이 과정이 과거의 중독적이고, 강박적인 습관들을 치유하기 위하여 어떻게 작용하고 있는지 서로 나누도록 한다.
  - '죄의 짐'은 이 과정을 회복을 위한 과정으로 보기 보다는 문제를 드러내고, 당신 자신을 피해자로 바라보도록 만든다.

7:25 [다음의 사항들은 30분 정도가 소요된다.]
[모임에 대한 준비 사항 안내를 복사해서 나누어 준다.]
[모임에 대한 준비 사항 안내를 읽는다.]

7:35 [다음은 15분 정도 소요된다.]
[4개 또는 6개의 작은 그룹으로 나눈다. 이것은 인원수에 따라서 결정한다.]

[성인 아이의 일반적인 행동 성향과 제2주 실습지를 나누어 준다.]
"우리가 다음 과정을 시작하기 전에 성인 아이의 일반적인 행동 성향을 읽어 주시기를 바랍니다."
[그 다음 과정을 진행한다.]
(가능하면 음악을 틀어 놓고 분위기를 부드럽게 한다.)
"10분 정도가 아마 이 과정을 진행하는데 필요할 것입니다. 혹시 시간이 더 필요하시면 2분을 더 드리겠습니다."

7:50 [다음은 25분 정도 소요된다.]
[모임의 마지막 부분]
"각자의 작은 그룹 안에서 여러분의 생각을 서로 나누는 것은 25분 정도 소요될 것입니다. 여러분이 작성한 것을 가지고 사람들과 함께 나누어 주십시오. 모든 사람들이 각자의 이야기를 다 나누기 전까지 서로 다른 이야기를 하지 않도록 해주십시오. 여기서 서로 이야기를 하는 것은 그룹의 사람들이 배제된 상황에서 두 사람이 서로 이야기를 나누는 것을 말합니다. 여러분의 개인적인 경험에 대해서 말할 때 너무 시간을 초과하지 않도록 해주십시오. 여러분이 나눔을 가질 때 각자에게 3분 정도의 시간을 드리도록 하겠습니다."

"나눔을 가질 때 너무 위장해서 말하려고 하지 마시고, 그냥 자연스럽게 말하도록 해주십시오. 여러분이 작성한 가운데 느낀 감정들(슬픔, 분노, 사랑, 죄의식, 상처, 외로움 등)을 가지고 나누도록 해주십시오."

8:15 [다음은 35분 정도 소요된다.]
[그룹 나눔 시간을 마친다.]
"다시 의자를 돌려서 큰 원을 만들어 주십시오. 이제부터 큰 원을 중심으로 만든 그룹에서 서로 나눔을 갖도록 하겠습니다."

8:50 [다음은 10분 정도 소요된다.]
[큰 그룹의 나눔을 마친다.]
"매주 우리가 사용하는 교재는 우리들이 각 과정의 내용들을 다룰 수 있도록 인도해줄 것입니다. 그러나 이 교재는 우리가 이 과정을 진행하기에 필요한 모든 정보들을 다 제공해주는 것은 아닙니다."
"다음 주 모임을 위한 논의는 1단계를 중심으로 진행하도록 하겠습니다. 저는 여러분들에게 성인 아이 치유를 위한 12단계의 영적 치유의 교재를 구입하시기를 부탁을 드립니다. 그리고 이 교재를 구입하시고 난 후에 1단계를 미리 준비해주시면 감사하겠습니다."

[다른 광고 사항 전달]

"새로 오신 분들을 언제든 환영합니다. 모임 이후에 혹시 어떠한 문의 사항이 있으시면 언제든 말씀해주십시오."

"이 모임 안에서의 모든 이야기들은 반드시 비밀 유지를 해주셔야 합니다. 절대로 잊지 말아 주십시오. 이 이야기들은 공적인 이야기가 아닌 사적인 이야기들입니다. 이 시간 나누는 중에 오고 간 모든 주제들에 대해서 개인적인 비밀을 존중해주시기를 부탁을 드립니다."

"앉으셨던 자리를 잘 정돈해주시고 주위를 깨끗이 해 주시기를 바랍니다."

"다음 모임에 다시 만나기를 바라며 기도로 마치겠습니다."

9:00 [폐회]

성인 아이 치유를 위한 12단계 영적 치유 샘플 모임

세 번째 주 모임

아직 교재를 준비하지 않은 참가자들을 위하여 다음의 내용들을 복사해서 배부한다.

- 참가자 헌신서
- 제3주 실습지
- 인도자 지침서(선택사항)

[참가자들에게 3x5 크기의 카드를 작성하게 한다.]
[가급적 정시에 모임을 시작한다.]
7:00 (다음의 사항은 25분 정도가 소요된다.)
[성인 아이의 일반적인 행동 성향, 회복을 위한 목표, 12단계와 12단계의 성경 구절을 나누어 준다.]

"안녕하십니까? 저희 _____의 12단계 영적 치유의 모임에 오신 것을 환영합니다. 저의 이름은 _____입니다. 그리고 저도 성인 아이입니다. 저의 어린 시절에 저는 중독적이고 강박적인 환경 때문에 상처를 받고 어린 시절을 역기능적인 가족 환경에서 성장하였습니다. 그 결과로 저의 자존감은 부정적인 영향을 받게 되었습니다. 저는 이러한 역기능적인 행동이 일반적이라는 것을 인정합니다. 저의 의도는 이제 제 인생 가운데 이러한 행동 패턴의 고리를 차단하는 것입니다."

"약물에 중독되고 폭력과 각종 학대에 의존적인 부모뿐 아니라, 조부모님이나 우리의 인생 가운데 의미 있는 어른들의 영향 때문에, 얼마든지 우리 안에는 성인 아이의 성향들이 있을 수 있습니다."

"이제 우리가 함께 시간을 가지고 모임 시간에 적극적으로 참여하며 이 모임을 진행하려고 합니다. 잠시 침묵의 시간을 가진 후에 평안을 구하는 기도를 하고자 합니다."

"저는 _____가 성인 아이의 일반적 행동 성향들에 대해서 읽어 주셨으면 좋겠습니다."

"저는 _____가 12단계들에 대해서 읽어 주셨으면 좋겠습니다."

"저는 _____가 12단계의 성경 구절들에 대해서 읽어 주셨으면 좋겠습니다."

"저는 _____가 회복을 위한 목표에 대해서 읽어 주셨으면 좋겠습니다."

"우리의 목적은 자신을 충분히 지지할 수 있는 상태가 되는 것입니다. 그래서 모임에 장애가 되는 것을 방지하기 위하여 여러분 모두에게 최선을 다해서 참여해 주실 것을 부탁을 드립니다."

[여러 문서들을 읽는 것을 마치고 난 후]

"여러분의 성과 이름을 말씀해주시면서 자신에 대한 소개를 해주시기를 바랍니다. 이것은 여기에 참석하신 분들의 익명성을 존중하기 위해서입니다. 자신에 대해서 소개를 하시지만 그러나 요구사항은 아닙니다."

[각자의 소개가 마친 후에]

"여러분 모두를 환영합니다. 이 교재는 쉽지 않습니다. 그러나 이 12단계의 모든 내용들을 해나가는 동안에 여러분에게 엄청난 치유와 회복이 있다는 것을 깨닫게 될 것입니다. 각 단계들을 해 나가는 것이 처음 여러분의 회복을 위한 시작 과정에서는 어려울 수 있습니다. 우리는 여러분들이 다른 모임에도 참석하시기를 권해드립니다. 성인 아이와 관련이 있는 여러 참고 문헌들도 읽으시면 나을 것입니다. 이것은 여러분들이 12단계에 대한 이해의 폭을 넓혀 드리며 이 모임에 참석하시면서 여러분의 목적을 강화시켜 주는 역할을 할 것입니다. 회복의 첫 번째 가르침들 가운데 한 가지는 여러분 자신의 한계를 인정하는 것입니다. 또한 여러분의 회복을 지지할 수 있는 여러 활동들에 참여하시는 것입니다."

"이 모임은 모임 중의 과정에 대해서 여러분이 경험할 수 있는 기회를 드리는 마지막 오픈 모임입니다. 이 모임 시간에 여러분들은 모임에 대한 여러분의 헌신을 다짐하는 헌신서를 작성하시게 됩니다. 이 모임의 전체적인 내용들 속에서 28주가 소요되는데 여기에는 교재 진행과 실습 그리고 나눔의 시간 등이 포함되어 있습니다. 이번이 세 번째 모임이며 새로 참가하는 분들에게는 이번 모임까지 참가가 허용됩니다."

"처음 3주 동안 여러분들은 이 모임의 과정들을 경험할 수 있는 기회가 있을 것입니다. 여러분은 세 번째 모임에서 모임에 대한 여러분의 헌신을 다지는 서약의 시간이 있습니다. 전체적인 과정은 28주 정도가 소요되며, 여기에는 함께 교재를 보면서 공부하고 실습하며, 개인적인 피드백의 시간들이 포함되어 있습니다."

"여러분은 모임에 참여해서 시간을 보내면서 새로운 관계를 가지게 될 것입니다. 그리고 이 모임에서 여러분들의 경험과 장점, 단점까지도 나누는 시간을 가지게 될 것입니다. 이러한 관계는 여러분들이 경험한 다른 모임의 성질과는 다릅니다."

"이 모임의 기본적인 목적은 치유와 회복을 촉진시켜 나가는 것입니다. 여러분은 친숙하지 않은 면들, 예를 들면 다른 사람을 신뢰하는 것, 건강하고 독립적인 행동을 실행해 보는 것, 다른 사람의 말을 경청하고 자신의 생각을 나눌 수 있는 것 등도 경험할 수 있을 것입니다. 여러분은 건강한 가족이 보여 줄 수 있는 경험을 하시게 될 것입니다."

7:25 [다음의 사항들은 30분 정도가 소요된다.]

"몇 분 정도 여러분들에게 참가자 헌신서를 나누어 드리겠습니다. 이 헌신서는 모임을 진행하는 동안 사용할 지침서에 대한 동의를 구하는 것입니다. 이 과정의 효과와 성공은 여러분들이 얼마나 동의한 내용들을 잘 이행하는 것에 따라 결정됩니다. 여러분의 선택을 존중합니다. 여러분의 성공은 여러분들이 얼마나 이 과정에 협조하며 충실하게 감당하는 것과 다른 참가자들을 얼마나 지지해주느냐에 달려 있습니다. 오늘 이것을 집에 가지고 가셔서 잘 생각하시고, 다음 주 모임에 오실 때에 꼭 가지고 오시기를 바랍니다."

"각 그룹의 회원은 개인별로 이름을 적은 카드를 선택하시게 됩니다. 그리고 동등한 인원수대로 그룹을 결정할 것입니다. 이 과정은 이상하게 보일지 모르지만, 최대한 안전하고 편견 없이 진행하려고 하는 것입니다. 이것은 자신의 것을 내려놓는 첫 과제입니다."

[전체 그룹을 4개나 6개의 그룹으로 나눈다. 그룹의 인원수에 따라서 결정한다.]
[참가자 헌신서를 언급한다.]
[인도자 지침서를 사용해서 참가자 헌신서를 읽는다.]
[참가자 헌신서와 제3주 실습지를 나누어 준다.]
[3x5 크기의 카드를 나누어 주고 카드에 자신의 이름을 적도록 한다. 이름과 자신의 전화번호를 적는다. 이 카드는 각 그룹을 편성할 때 사용되며, 다음 모임 시간에 편성된 그룹을 사람들에게 공지한다.]

7:45 [다음은 10분 정도 소요된다.]
[그 다음 과정을 진행한다.]
(가능하면 음악을 틀어 놓고 분위기를 부드럽게 한다.)

"10분 정도가 아마 이 과정을 진행하는데 필요할 것입니다. 혹시 시간이 더 필요하시면 2분을 더 드리겠습니다."

7:55 [다음은 25분 정도 소요된다.]
[모임의 마지막 부분]

"각자의 그룹 안에서 여러분의 생각을 서로 나누는 것은 25분 정도 소요될 것입니다. 여러분이 작성한 것을 가지고 모든 사람들과 함께 나누어 주십시오. 모든 사람들이 각자의 이야기를 다 나누기 전까지 서로 다른 이야기를 하지 않도록 해주십시오. 여기서 서로 이야기하는 것이란 그룹의 사람들이 배제된 상황에서 두 사람이 서로 이야기를 나누는 것을 말합니다. 당신의 개인적인 경험에 대해서 말할 때 너무 시간을 초과하지 않도록 해주십시오. 여러분이 나누실 때 각자에게 3분 정도의 시간을 드리도록 하겠습니다."

"나누실 때 너무 위장해서 말하지 마시고, 그냥 자연스럽게 말하도록 해주십시오. 당신이 작성한 가운데 느낀 감정들(슬픔, 분노, 사랑, 죄의식, 상처, 외로움 등)을 가지고 나누도록 해주십시오."

8:20 [다음은 30분 정도 소요된다.]
[그룹 나눔 시간을 마친다.]

"다시 의자를 돌려서 큰 원을 만들어 주십시오. 이제부터 큰 원을 중심으로 만든 그룹에서 나누도록 하겠습니다."

8:50 [다음은 10분 정도 소요된다.]
[큰 그룹의 나눔을 마친다.]

"우리가 사용하는 교재는 우리들이 각 과정의 내용들을 다룰 수 있도록 인도해줄 것입니다. 그러나 이 교재는 우리가 이 과정을 진행하기에 필요한 모든 정보들을 다 제공해주는 것이 아닙니다."

[다른 광고 사항 전달]

"이 모임 안의 모든 이야기들은 반드시 비밀 유지를 해주셔야 합니다. 절대로 잊지 말아 주십시오. 이 이야기들은 공적인 이야기가 아닌 사적인 이야기들입니다. 이 시간 나누는 중에 오고 간 모든 주제들에 대해서 개인적인 비밀을 존중해주시기를 부탁을 드립니다."

"앉으셨던 자리를 잘 정돈해주시고 주위를 깨끗이 해 주시기를 바랍니다."

"다음 모임에 다시 만나기를 바라며 기도로 마치겠습니다."

9:00 [폐회]

제4주 모임을 위한 준비

- 3x5 크기로 참가자들의 이름이 적힌 카드를 임의적으로 골라서 그룹을 편성한다.
- 작성한 카드 안에는 참가자의 이름과 전화번호가 적혀 있으며, 이 이름들을 대상으로 순번을 각 그룹 안에서 정한다.
- 참가자들 자신이 어느 그룹에 소속되었는지를 알 수 있는 그룹 편성표를 복사, 배부한다.
- 가능하다면 여성이나 남성이나 이성에 대해서 배타적인 성향이 있는 사람들은 동성 그룹에 편성하도록 한다.

인도자를 위한 참조 사항

교재를 사용한 참가자 동의서

참가자 동의서를 살펴 볼 때에 참가자 동의서의 중요성을 인정하고 설명하기 위하여 다음의 사항들을 참조하면 도움이 될 것이다.

매주 모이는 모임의 참가자들이 적극적으로 열심히 참여할 수 있도록 동기를 부여하며, 주중에 회원들 간의 상호 교제를 격려한다.

- 1단계와 2단계 그리고 3단계는 전체 단계들의 기초가 된다.
  - 예수님과 우리들의 관계를 발전시키기 위한 능력을 격려한다.
  - 2단계와 3단계를 성실하게 완료하지 않는다면 나중에 문제와 혼란을 야기할 수 있다.
- 건강함과 회복을 선택하며, 우리들은 다음을 위하여 준비해야 한다.
  - 우리의 여정 가운데 발생된 변화의 결과 때문에 고통스러울 수 있다.
  - 우리들의 변화된 행위와 새로운 패턴과 습관들 때문에, 사람들로부터 비난을 받을 수 있다.
  - 우리들의 역기능적인 행위들이 사람들이나 주위에 있는 사람들로부터 정상으로 보였기 때문에 새로운 인생을 위한 우리의 선택이 비정상적으로 보일 수도 있다.

가능한 비밀을 유지하는 가운데 하나님께 치유와 도움을 구한다.

- 하나님은 그분의 자녀들을 위한 목적을 성취하기 위하여 우리의 부족함마저 사용하신다.
- 우리는 모두 예수님을 통한 하나님의 사랑을 받는 자녀들이다.

- 1단계를 하는 가운데 자신의 모습을 인정하며 겸손한 자세를 취한다. 성령은 우리의 삶 가운데 1단계를 치유를 행하시는 분이시라는 것을 기억해야 한다. 이러한 치유를 위해서는;
  - 꾸준하게 각 단계들을 진행해 나간다.
  - 치유와 회복을 위하여 기도한다.
- 모임 가운데 우리의 의도는 우리의 능력을 강화시킬 관계와 기술을 개발시킨다.
  - 우리 자신을 양육하고 성장시켜 나간다.
  - 우리 자신과 사람들을 위한 지지의 관계망을 구축해 나간다.

관심을 각 회원들에게 베풀어 주며 그룹을 더욱 세워 나가기
- 양육과 성장 그리고 치유를 위해서 우리가 반드시 해야 할 일들.
  - 간섭하지 않는다.
  - 사례를 들어서 친절하게 설명한다.
  - 성령께서 역사하셔서 모든 장애물들을 제거해주신 것을 깨닫는다.
  - 판단이나 편견을 제쳐둔다.
  - 사람들이 문제를 회피하거나 외면하는 행동에 대해서 지지하지 않는다.

매사에 가능하면 정직하도록 한다.
- 우리가 알고 있는 대로 진실을 말하려고 한다.
- 우리 자신이나 다른 사람들에게 정직할 때 어려움이 올 수도 있다.

누군가 비평적인 말을 하거나 적절하지 않은 언어를 사용할 때, 나의 불편한 감정을 사실 그대로 표현한다.
- 사람들과의 의사소통 가운데 우리가 경험한 것을 진실하게 인정한다. 이것은 개인의 필요성을 존중해주는 태도이다.
  - 우리는 이제 언어적 학대를 용납하지 않는다.
  - 우리는 사람들이 우리에 대하여 공격적인 언어를 사용하는 것을 용납하지 않는다.

겸손하게 모든 과정을 하나님께 맡기고, 부정적인 판단은 최선을 다해서 피하도록 한다.
- 우리가 무엇을 느끼는가에 따라서 모임에 참여하는 태도가 달라질 수 있다.
- 모임의 형태는 모이는 인원수에 따라서 결정된다. 모임의 과정은 모임이 추구하는 목적과 관련이 있다.

- 모임과 다른 12단계 그룹의 차이점은 다음과 같다.
  - 열심히 참석하고 주어진 질문들에 대한 작성이 요구된다. 이것은 우리가 동의를 하든지, 하지 않든지 상관없이 매우 중요하다.
  - 모임의 분위기가 산만해진다면 다른 선택을 할 수도 있다. 그것은 다른 인도자를 선정한다든지 아니면 다른 그룹에 참여해보는 것이다.

매주 모이는 모임 사이에도 별도의 모임을 가지고, 정해진 시간은 성실하게 참여하고 준비한다.
- 정규적인 모임 시간 이전에 비공식적으로 모임을 가지는 것은 모임에서 제공할 수 없는 상호 관계의 특성들을 경험해준다. 그룹 안에서 서로를 효과적으로 알아갈 수 있도록 도와준다.
- 치유의 과정 안에서 가장 중요한 이해는 내면의 치유이다. 이것은 성령의 역사로 교재를 준비하는 가운데에도 얻을 수 있다. 적절한 보조 교재들을 위하여 부록 7을 참조하기 바란다.

12단계의 과정을 진행하는 가운데 동반될 수 있는 불편하고 불안정한 행동들을 받아들인다.
- 치유의 과정 속에서 일어날 수 있는 일반적인 실수들을 피하라. 이러한 실수들은 고통으로부터 벗어나기 위한 일종의 중독적이고 강박적이며 망상적인 행위일 수 있다.
- 이러한 과정 속에서도 가장 위대한 변화를 만들기 위해서는 새롭고 친밀한 관계를 개발시키도록 노력한다. 이것은 회복에 대한 우리의 헌신으로부터 나오는 것이다.
- 친밀한 우정은 과정 안에서 개발될 수 있다. 과정을 진행하는 가운데 지지를 위한 새로운 관계를 만들어 나간다.

매주 모이는 정규 모임에 참석해서 그룹의 참가자들과 나 자신에 대한 헌신을 기억하라.
- 모임 사이에 다른 교제의 시간들을 가진다.
  - 오직 응급적인 상황인 경우에만 정규 모임의 불참을 허용한다.
- 과정의 결과는 그룹의 참여자들이 모임 중간에도 서로 교제하고 친밀함을 유지한다.

모임 시간에 자신의 장점과 희망, 경험을 서로 나눈다.
- 우리는 다음과 같은 면들을 지지한다.
  - 충고나 조언을 삼가 한다.
  - 다른 사람들의 잘못을 수정하는 것보다 자기 자신에 대해서 책임을 진다.
  - 정직하게 대한다.

- 판단을 금한다. 다른 사람의 행동에 대해서 무엇이 잘못되었는지를 지적하는 것은 도움이 되지 않는다.
■ 사람들이 자신들의 삶이나 모임 가운데서 자신들이 무엇을 필요로 하는지를 알게 된다. 우리는 그들의 필요를 채우려는 책임감을 가질 필요가 없다.

나눌 때 어떠한 상황들을 설명하기 위한 시도를 자제할 필요가 있다. 그리고 여러 감정들(기쁨, 슬픔, 우울, 분노, 사랑, 미움, 죄의식, 외로움, 부적합성 등)을 나누고 최선을 다해서 표현하도록 한다.
■ 감정을 느낄 때에 분석해서는 안 된다. 반응만을 요구할 뿐이다.
■ 우리의 몸이 무엇을 말하는 것에 대한 관심을 가진다. 우리들은 다른 사람들과 나의 필요를 구분하지 못한다. 우리가 이 과정을 진행하면서 감정의 적절한 표현을 개발시킨다.

"회복의 5 가지 실습"을 우리의 생활 속에서 실행해 본다.
■ 우리는 사람들로부터 배우고, 사람들도 우리에게서 배운다. 회복의 경험을 나누기 위하여 가장 유용한 것은 모임의 각 단계들을 성실하게 실행하는 것이다.
■ 각 단계의 내용들을 충분히 이해하며, 각 단계에서 요구하는 것을 성실히 행한다.
■ 하나님은 항상 우리들을 위해서 기다려주시며, 우리는 기도와 묵상을 통해서 하나님과 교제를 나눈다.
■ 우리가 필요로 할 때 그것을 요청하기 위한 가장 최선의 방법은 전화를 사용하는 것이다. 이것은 우리의 삶에 중요하게 여기는 누군가를 지금 생각하고 있다는 것이다. 전화는 가장 유용한 방식이다.
■ 모든 증거들은 우리가 매일 직면하는 상황을 통해서 알 수가 있다. 주님과의 관계는 처음의 세 단계들을 통해서 우리 자신을 살펴보기 시작할 때 더욱 강해진다.

성인 아이 치유를 위한 12단계 영적 치유 샘플 모임

네 번째 주 모임
(주의: 이 샘플은 초기에 작성한 모임 형식의 수정된 내용이다.)
[가급적 정시에 모임을 시작한다.]
7:00 (다음 사항은 15분 정도가 소요된다.)

[회복을 위한 목표, 12단계와 12단계의 성경 구절을 나누어 준다.]
"여러분 모두는 각자의 자리에 앉아 주시기를 바랍니다."
"안녕하십니까? 저희 _____의 12단계 영적 치유의 모임에 오신 것을 환영합니다. 저의 이름은 _____입니다. 저는 오늘 밤 여러분을 섬기는 종으로서 이 자리에 서 있습니다."

[인도자로서 기도를 하실 때 침묵하시거나 소리를 내서 하시는 것은 여러분들의 자유입니다.]
"잠시 기도하는 시간을 갖기를 원합니다. 그 이후에 평화를 구하는 기도를 다 같이 낭독하겠습니다."
"저는 _____가 회복을 위한 목표에 대해서 읽어 주셨으면 좋겠습니다."
"저는 _____가 12단계들에 대해서 읽어 주셨으면 좋겠습니다."
"저는 _____가 12단계의 성경 구절들에 대해서 읽어 주셨으면 좋겠습니다."
"우리의 목적은 자신을 충분히 지지할 수 있는 상태가 되는 것입니다. 그래서 모임에 장애가 되는 것을 방지하기 위하여 여러분 모두에게 최선을 다해서 참여해 주실 것을 부탁을 드립니다."

7:10 [다음의 사항은 10분이 소요된다.]
[작성된 대답을 가지고 나눔을 갖기 전에]
(가능하면 음악을 틀어 놓고 분위기를 부드럽게 한다.)
"10분 정도가 아마 이 과정을 진행하는데 필요할 것입니다. 그 다음에 40분 정도 나눔의 시간을 가지도록 하겠습니다. 그리고 20분 정도 기도하는 시간을 갖겠습니다."
"오늘 이 시간에 작성하고 나누는 주제는 _____입니다. 여러분이 작성한 내용에 집중해서 모든 사람들과 나누도록 해주십시오. 한번 나누실 때 한 가지 주제를 가지고 말씀해주시기를 바랍니다. 모든 사람들이 나누실 때까지 곁에 있는 분들끼리의 대화는 자제해주십시오. 나누시는 시간은 여러분들의 생각이나 경험에 한계가 있기 때문에 그 한계를 극복할 수 있도록 당신에 대한 의견을 들려주는 귀중한 시간들이 될 것입니다. 저는 개인 당 나누시는데 3분을 드릴 것입니다."
[음악을 튼다.]
[작성이 마칠 때 3분 정도 시간을 남기고 3분이 남았다고 말해준다.]

7:20 [다음은 40분 정도 그룹 나눔의 시간에 할애한다.]
나눔 시간이 3분 정도 남기고 있을 때 시간이 3분 남았다고 말해준다.

8:00 [기도 제목을 나누는데 5분 정도 소요된다.]
"자 이제 우리는 다음 5분 동안 기도 제목들을 받겠습니다. 서로의 기도 제목을 나누어 주십시오."

8:05 [기도 나눔을 갖는데 5분 정도 소요된다.]
"다음 15분 동안은 각자를 위해서 기도하는 시간을 갖겠습니다."
[기도 시간이 2분 남았을 때 2분 남았다고 말해준다.]

8:20 [5분 휴식 시간의 시작]
"이제 8시 25분까지 휴식 시간입니다. 그리고 나서 원을 만들 수 있도록 자리를 정도해주십시오."

8:25 [큰 원을 만든다.]
"나누기 전에 각자에 대해서 소개를 해주시기를 바랍니다. 가급적 많은 분들이 나눌 수 있도록 개별적으로 나누실 때 시간제한을 할 수도 있습니다. 혹시 기도 요청에 대한 기도 응답이나 회복에 대한 경험, 참여하시면서 개인적으로 얻은 생각들이나 지난주의 모임에 대해서 자신의 생각이나 경험을 나누어 주실 분이 계신지요?"

8:55 [전체 그룹의 나눔을 마친다.]
"이제 여러분 모두는 더 많은 치유의 경험을 얻기 위하여 매주 모이는 모임 시간 외에도 별도로 모임의 시간을 가지시면서 더 많은 교제를 나누시기를 부탁드리겠습니다. 이러한 모임들은 여러분들의 교재의 깊이를 더욱 깊어지게 하며 신뢰를 더 강하게 해드릴 것입니다. 그러한 모임을 위해서 대표하실 분의 전화번호를 알아주시기를 바랍니다."
"혹시 다른 광고가 있습니까?"
"다음 주 전체 그룹 모임을 인도하실 분은 _____ 입니다."
"아, 반드시 잊지 말아 주십시오. 이 모임에서 들었던 모든 내용들은 반드시 비밀입니다. 어느 누구에게도 여러분들이 이 시간에 나누었던 이야기들을 말하시면 안 됩니다. 반드시 나누는 시간에 주고받은 대화에 대한 비밀을 존중해주십시오."
"여러분 모두에게 다음을 위해서 자리를 정돈해주시기를 부탁드립니다."
"이 시간 마침 기도는 _____이 해주시겠습니다." (선택 사항으로 평화를 구하는 기도나 성 프란시스의 기도를 할 수도 있다.)

9:00 [폐회]

인도자를 위한 모임 샘플

다음의 가이드라인은 모임을 인도하는 인도자가 사용할 수 있도록 고안된 샘플이다.

- 정규적인 모임을 가지기 전에 각 단계의 내용들과 성경 구절들을 충분히 읽도록 한다.
- 혹시 결석한 참가자가 있다면 다음 모임의 참석을 위하여 전화를 한다.
- 단계별로 진행할 때 개인별 나누는 시간을 충실하게 가지는 것에 초점을 두어야 한다. 그래서 다음의 사항들을 격려하도록 한다.
  - 나눔은 개인들의 경험이나 프로그램을 진행해가면서 얻은 희망과 장점에 초점을 맞춘다.
  - 사람들이 모두 나누는 것이 꼭 필요한 것은 아니다.
  - 서로가 나눌 때 가급적 동일한 시간을 각자에게 할애한다.
- 그룹의 참여자들이 서로의 연대와 신뢰를 강화시킬 수 있도록 정규적 모임 이외의 별도로 모임을 주선하고 만나도록 격려한다. 이러한 모임은 전화로 약속을 정한다. 이에 대한 자세한 사항은 부록 6을 참조하면 된다.
- 참여자들이 서로 읽었던 책들을 나누도록 격려한다. 참고 서적들을 나누는 것은 성경과 각 단계들에서 이해한 바를 더 깊이 할 수 있다.
- 사랑과 지지 그리고 긍정적인 자세로 하지만 항상 이러한 자세를 유지할 수는 없다.
- 신실한 경청자가 되며 섣부른 충고나 조언은 금하도록 한다.

부록 3

APPENDIX THREE

# 일반 행동 성향들

제2주 과정을 위한 질문과 대답지

● 성인 아이의 일반적인 행동 성향에 대해서 읽어보고 당신에게 해당되는 성향이 무엇이며 그러한 성향이 당신의 인생에 어떠한 영향을 미쳤는지를 기록해보시오.

_____
_____
_____
_____
_____

● 과정을 마칠 때에 그 결과가 당신의 삶에서 어떠한 변화로 나타나길 원하는가?

_____
_____
_____
_____
_____

● 주님과의 관계가 치유를 향해 나아가는데 어떠한 도움을 줄 수 있을 것이라 생각하는가?

_____
_____
_____
_____
_____

● 지난 주 교재의 내용을 가지고 진행하는 가운데 당신이 느낀 생각은 무엇이었는가?

_____
_____
_____
_____
_____

각 참여자들에게 동일한 시간을 주고 작성할 수 있도록 한다. 각 질문들에 대한 대답이 참여자들마다 다를 수 있다. 각자가 나눈 후에 전체 그룹에서도 나눈다.

전체 그룹을 위한 소개, 지지와 회복

전체 그룹 안에서 참가자들 간의 효과적인 의사소통을 위해서는 교재 안의 각 단계들의 질문들에 대한 내답을 성실하게 작성하고 나누는 것이 본질이다. 당신이 이 글을 자세히 읽기 전에 부록 1의 학습 방법에 관한 전체 그룹 참가자들의 경험을 읽어 보기를 권한다.

모임을 위한 교재의 내용을 작성하는 것은 현재의 자신의 삶에 영향을 미치고 있는 과거의 행동에서 비롯된 고통스러운 경험들을 되돌아보는 것이다. 각 단계별로 진행되는 내용들을 읽고 서로 나누는 것은 자신에 대해서 알아가는 과정과 자신을 이해하는 과정이 포함된다. 전체 그룹 안에서 자신의 이야기를 나누며, 자신과 사람들에 대한 지식들이 얼마나 잘못된 정보에 기초하고 있었는지를 발견하게 될 것이다. 이러한 정보들은 부모나 친척 그리고 가족 구성원들 즉, 자신의 가치와 진가에 대하여 알지 못하거나 발견하지 못했던 사람들로부터 비롯된 것이다.

각 단계에서 이러한 과정들을 진행하면서 우리들은 수치와 고통, 두려움, 염려로 가득 찬 시선으로 보는 것이 아닌, 성인의 시선을 통해서 인생을 보는 것을 배우게 될 것이다. 우리는 이 프로그램 속에서 우리 자신을 이제 희생자의 시각에서 보려고 하지 않는다. 우리는 이제 지나간 과거의 사실들을 인정하고, 12단계의 과정들을 통하여 현재의 삶의 질을 변화시키며 강화시키려고 노력하는 것이다.

전체 그룹의 참여자들과 함께 우리가 어떻게 치유가 되고 있는지를 나누게 된다. 과거의 분노와 두려움을 구체화하며, 우리 자신과 사람들을 지지하는 것은 역기능과 우리 자신의 중독적인 성향의 강박적인 사이클을 차단하도록 도움을 준다. 만약에 우리들이 온전한 회복을 추구하지 않는다면, 우리 내면의 어린 아이는 부정적인 행동을 할 것이다.

모임에 참여하는 참가자들에게 도전을 받으며, 서로에 대한 회복의 욕구로, 매주 모이는 모임과 별도의 모임에서 나누는 대화 속에서 서로를 더 깊이 이해할 수 있다. 이것은 이 책에서 주장하는 가장 중요한 요소이다. 우리는 사람들이 자신의 삶을 개선시키는데 적극적인 관심을 가지는 것에 대해서 익숙하지 않을 수도 있다. 전체 그룹에서 나누는 것은 서로 간의 지지적인 관계를 연결해 줄 수 있다. 매주 모이는 모임에서의 나눔과 별도의 모임 시간에 나누는 교재는 '회복 안에서의 우정'을 깨닫게 해준다.

성공적으로 나누는 것은 그룹의 참가자들의 생각을 모두 이해할 수는 없다는 생각에서부터 시작한다. 사람들이 자신의 문제에 대해서 반응을 하지 않는 것은 자신도 모르고 사람들도 모르기 때문에 반응을 하지 않는 것이다. 중요한 것은 말을 해야 한다는 점이다. 과거에 조심스럽게 말한 내용들이 비밀 유지가 되지 않아서 실망을 했기 때문일 수 있다. 신뢰할 수 있는 분위기가 아니기 때문에 나누는 것을 주저한다면, 지금이 바로 신뢰를 회복할 수 있는 기회가 될 수 있다. 자신의 생각과 마음이 무엇인가에 대해서 솔직하게 자신이 발견한대로 나누는 것은 중요하다. 자신을 드러내는 역동성(정확하게 우리가 무엇을 느끼고 생각하는 것)은 서로 간의 진솔한 의사소통 속에서 이루어진다. 나누는 것을 통해서 얻어진 용기로, 우리에게 있는 두려움을 몰아 낼 수 있는 것이다. 사람들의 지지를 통해서 우리들은 이미 과거에 연연하는 것이 아닌, 새로운 미래를 위한 인생을 개척할 수 있게 된다.

모임 속에서 교재의 내용을 작성하고 나누면, 우리의 이야기들은 새로운 의미가 된다. 과거의 행위들을 재평가하면서 그것을 나누는 것은 매우 중요하다. 여기에는 행복한 이야기 그리고 행복하지 않은 이야기, 말하고 싶거나 말하고 싶지 않은 이야기 등 심지어는 고통스러운 어린 시절의 이야기들도 포함될 수 있다. 만약에 우리의 이야기들이 자주 반복된다면, 우리들은 그 이야기가 다시 말해지는 것을 통해서 거짓으로 포장되지 않았는가를 확인해 볼 수 있을 것이다. 과거의 이야기들을 다시 말하려는 이유가 무엇인지 살펴보아야 한다. 우리가 마치 피해자처럼 느끼기 때문에 사람들을 비난할 수도 있다. 여전히 비참한 과거에 뒹굴고 있거나, 오래된 분노에 괴로워하는 것이다. 회복은 과거의 행위들을 제거하는 것이다. 이것은 우리가 무엇을 나누는 것과 전체 그룹의 참가자들이 서로에 대해서 어떻게 반응을 보이는지에 대해서 주의 깊게 살펴 볼 수 있는 시간이라는 점이다. 회복과 상관없는 일에 관해서 말하려고 한다면 그것은 필요하지가 않다.

우리들 가운데 어떠한 사람들은 자신의 진실한 감정을 표현하려는 용기를 가져본 적인 없는 경우도 있을 것이다. 우리는 이렇게 용기를 내지 못하는 것을 거짓으로 위장하며 정당화하기도 한다. 그러나 핵심은 우리들이 정직하게 나누는 가운데 결정되기 때문에 우리들은 반드시 전체 그룹 안에서 어떻게 우리 자신을 드러내고 나눌 수 있는지를 배워야 한다. 이것은 실패를 낳는 또 다른 실패의 파괴적인 사이클을 차단하는 중요한 디딤돌이 된다. 솔직하게 자신을 개방하고 나누면, 우리가 그룹의 참가자들을 신뢰하고 있으며 그들에게 상처가 되지 않도록 주의한다는 모습을 보여주는 것이다. 우리의 진정한 자아를 드러내는 것에 대한 용기를 가지고 있다면, 우리는 이미 치유와 사랑을 받을 수 있는 자리에 서 있는 것이다.

이러한 작업은 또한 성인 아이로서 자신을 새롭게 인식하려는 사람들에 대한 인도자의 역할을 하도록 해준다. 모임 가운데서 우리 자신에 대해서 배운 바를 사람들에게 보여준다. 우리들은 사람들에게 본이 되며 영향을 주기도 한다. 이러한 과정 속에 있는 사람들은 자신들의 경험과 희망, 장점들을 나누며, 어떻게 해나가야 하는지를 알 수 있게 된다. 우리는 사람들을 통해서도 배우게 되며, 그들로부터 건강하고 긍정적인 방식들을 본받게 된다. 상처와 아픔을 치유하려는 지속적인 헌신 때문에, 우리 자신에게 위로와 지혜를 공급해주는 자기 자신을 발견하게 될 것이다.

이 과정에 참여하는 대부분의 사람들은 자신의 친 가족들이나 형제들을 이 모임에 데리고 오기를 원할 수도 있다. 이 모임이 보여주는 것이 그룹 안에서 건강하고 긍정적인 가족의 시스템을 세워주기 때문에, 그들의 가족들도 참여하면 좋겠다는 소원과 의지가 생기기 때문이다. 우리들은 가족들과 이 과정을 성공적으로 감당할 수 있을 것이며, 가족 구성원들이 서로 사랑하는 관계 속에 있다는 것을 발견하게 될 것이다. 휴일이나 다른 가족의 기념일에 새로운 가족 참가자들과 함께 시간을 가질 수도 있다. 우리의 친 가족들과 또 우리가 모임 중에 연결된 많은 그룹의 참가자들과도 서로 사랑으로 관계를 가질 수도 있다. 이것은 분명하게 우리가 참여하고 있는 이 과정이 회복과 치유를 위한 사랑으로 맺어지는 관계라는 것이다.

별도의 그룹 모임을 위한 기록

매주 모이는 시간과 별도로 전체 그룹 안에서 지지하고, 서로를 격려하는 관계를 개발시키기 위하여 별도의 교제 시간이 필요하다. 전화로 만나는 것도 하나의 방법이 된다. 모임에 대한 기록은 5번째 주에 시작해서, 그룹 참가자들의 의사소통의 내용들을 살펴볼 수 있는 좋은 도구가 된다. 참가자들의 대화를 기록하는 것은 매주 모이는 모임에서 참가자들이 세부적으로 나눌 수 있는 사항들에 대한 정보들을 제공해준다. 대화를 나누고 난 후에 새로 깨닫게 된 생각들이나 느낌들을 전체 그룹 모임 시간에 나눌 수 있다. 가장 중요한 것은 이러한 회복의 과정을 통하여 치유를 인식하고 유지해나가는 것이다.

모임을 위한 참가자 동의서

제2주 과정을 위한 질문과 대답

● 당신이 이 모임에 참석하고자 하는 가장 중요한 목적은 무엇인가?

● 당신이 12주 동안 이 과정에 참석하는 것에 대하여 염려되는 부분은 무엇인가?

● 참가자 동의서를 보고 충분한 지지가 가능한 부분은 무엇인가?

● 참가자 동의서의 내용을 보고 지지할 수 없는 부분은 무엇인가?

참여자들에게 동일한 시간을 주고 작성하도록 한다. 질문들에 대한 대답이 각 참여자들마다 다를 수 있다. 각자가 나눈 후에 전체 그룹에서도 나눌 수 있는 시간을 갖는다.

제1단계

제4주 과정을 위한 질문과 대답 (제1단계-제1주)
**우리는 삶을 지배하는 문제에 대해 무력하며,
우리의 삶에 대해서 우리 스스로 삶을 조절할 수 없다는 것을 인정한다.**

"내 속 곧 내 육신에 선한 것이 거하지 아니하는 줄을 아노니 원함은 내게 있으나
선을 행하는 것은 없노라" 롬 7:18

● 당신의 삶 가운데서 치유를 바라는 부분은 무엇인가?

● 당신은 자신의 삶을 선택할 수 있는 능력이 있다는 것을 인정해야 한다. 그러나 당신이 희망하는 대로 되지 않기 때문에 당신이 무능력하다고 생각되는 부분은 무엇인가?

● 롬 7:18의 사도 바울의 내면의 갈등이 당신과 비슷한가?

● 당신 자신을 위한 당신의 기도 제목은 무엇인가?

● 당신이 누군가를 위해서 기도한다면 그 기도의 제목은 무엇인가?

참여자들에게 동일한 시간을 주고 작성하게 한다. 각 질문들에 대한 대답이 각 참여자들마다 다를 수 있다. 각자가 나눈 후에 전체 그룹에서도 나눌 수 있도록 한다.

제1단계

제5주 과정을 위한 질문과 대답 [제1단계-제2주]
**우리는 삶을 지배하는 문제에 대해 무력하며,
우리의 삶에 대해서 우리 스스로 삶을 조절할 수 없다는 것을 인정한다.**
"내 속 곧 내 육신에 선한 것이 거하지 아니하는 줄을 아노니 원함은 내게 있으나
선을 행하는 것은 없노라" 롬 7:18

● 당신의 삶 가운데서 무력함을 보여주었던 사건들이 있다면 그것이 무엇인가?

● 삶을 스스로 조절해 갈 수 없다는 것을 보여주었던 사건이 있다면 그것은 무엇인가?

● 롬 7:18의 갈등에 관하여 나누는 것에 있어서 당신의 어려움은 무엇인가?

● 당신 자신을 위한 당신의 기도 제목은 무엇인가?

● 당신이 누군가를 위해서 기도한다면 그 기도의 제목은 무엇인가?

참여자들에게 동일한 시간을 주고 작성하게 한다. 각 질문들에 대한 대답이 각 참여자들마다 다를 수 있다. 각자가 나눈 후에 전체 그룹에서도 나눌 수 있는 시간을 준다.

제2단계

제6주 과정을 위한 질문과 대답 (제2단계-제2주)
모든 능력의 근원이신 하나님이
우리를 온전한 모습으로 회복시킬 수 있다는 것을 믿는다.

"너희 안에서 행하시는 이는 하나님이시니 자기의 기쁘신 뜻을 위하여
너희에게 소원을 두고 행하게 하시나니" 빌 2:13

● 당신이 그룹 모임에 참여하고 나누는 가장 중요한 목적은 무엇인가?

● 이번 주 중에 만약에 당신이 부적절한 행동을 하였다면 그것은 무엇인가?

● 빌 2:13과 같이 주님께서 당신의 삶을 위하여 어떻게 도와주신다고 생각하는가?

● 당신 자신을 위한 당신의 기도 제목은 무엇인가?

● 당신이 누군가를 위해서 기도한다면 그 기도의 제목은 무엇인가?

참여자들에게 동일한 시간을 주고 작성하게 한다. 각 질문들에 대한 대답이 각 참여자들마다 다를 수 있다. 각자가 나눈 후에 전체 그룹에서도 나눌 수 있는 시간을 준다.

그룹 모임을 위한 기록

제7주

날짜 _____ 이름 _____ 주제 _____

모임의 결과 및 주요 활동

_____
_____
_____
_____

모임 중에 느낀 경험 (사랑, 분노, 고통, 지지, 인정)

_____
_____
_____
_____

그룹 및 프로그램을 위한 기도제목

_____
_____
_____
_____

기도 응답이나 감사의 제목

_____
_____
_____

전체 그룹 모임에 대해서

우리들은 원하는 대로 자유롭게 모임에 참여하게 된다. 가고 싶을 때 갈 수 있고 머물고 싶을 때 머물 수 있다. 전체 그룹 모임의 참여자들에게 여러 질문들을 할 수도 있다. 그룹의 참여자들은 같이 모이는 것에 대해서 편하게 생각할 수도 있지만, 자신의 원가족들과 함께 있는 것을 좋아하지 않는 것처럼 불편해 할 수도 있다. 만약 당신이 그룹 모임에서 고통이나 당혹감, 불편함을 과정 가운데 경험한다면 낙심 또는 두려움이 있을 것이다. 그래서 과정에 참여하는 자체가 힘들 수도 있다. 만약에 당신이 그룹 안에서 관계에 대해서 어려움을 겪게 된다면, 다음의 사항들을 생각해 보기를 바란다.

만약에 다음의 감정들을 경험한다면 다음과 같은 사항들을 적극적으로 권면하고 싶다.
1. 위험을 감수하라; 사람들에게 다가가서 당신의 감정을 솔직하게 나누어 본다.
2. 먼저 주님께 도움을 구하고, 그 다음에 가장 최선이 무엇인지를 선택한다.

만약에 당신이 그만 두기로 최종 결정을 내린다면, 그룹의 참가자들에게 그 사실을 알리는 것이 좋다. 그래서 그들도 나름대로의 생각을 할 수 있도록 한다. 그들의 반응에 대해서 걱정할 필요는 없다. 무엇보다 중요한 것은 당신의 필요와 바람을 솔직하게 표현하고 그 가운데 당신을 지지할 수 있는 사람이 있는지 알아보는 것이다. 이것은 건강한 관계를 만들어 가는 중요한 방법이며, 당신이 모임에 참석하지 않기로 한 결과에 대한 당신의 감정, 예를 들면 버림 받은 것 같은 감정을 최소화하는데 도움을 준다.

제2단계

제7주 과정을 위한 질문과 대답 (제2단계-제2주)
모든 능력의 근원이신 하나님이 우리를 온전한 모습으로 회복시킬 수 있다는 것을 믿는다.

"너희 안에서 행하시는 이는 하나님이시니 자기의 기쁘신 뜻을 위하여
너희에게 소원을 두고 행하게 하시나니" 빌 2:13

● 어린 시절 당신과 하나님의 관계에 대해서 기술해보시오.

● 당신과 하나님의 관계를 방해하는 사건이 있었다면 그것은 무엇인가?

● 회복을 위한 하나님의 능력을 신뢰하는데 방해가 되는 요인은 무엇인가? (빌 2:13)

● 당신 자신을 위한 당신의 기도 제목은 무엇인가?

● 당신이 누군가를 위해서 기도한다면 그 기도의 제목은 무엇인가?

참여자들에게 동일한 시간을 주고 작성하게 한다. 각 질문들에 대한 대답이 각 참여자들마다 다를 수 있다. 각자가 나눈 후에 전체 그룹에서도 나눌 수 있는 시간을 준다.

그룹 모임을 위한 기록

제8주

날짜 _____ 이름 _____ 주제 _____

모임의 결과 및 주요 활동

모임 중 느낀 경험 (사랑, 분노, 고통, 지지, 인정)

날짜 _____ 이름 _____ 주제 _____

모임의 결과 및 주요 활동

모임 중 느낀 경험 (사랑, 분노, 고통, 지지, 인정)

그룹 및 프로그램을 위한 기도제목

기도 응답이나 감사의 제목

제8주의 실습은 하나님의 능력에 초점을 둔다.

제3단계

제8주 과정을 위한 질문과 대답 (제3단계-제1주)
우리의 의지와 삶을 돌보시는 하나님에게 맡기기로 결심한다.

"그러므로 형제들아 내가 하나님의 모든 자비하심으로 너희를 권하노니
너희 몸을 하나님이 기뻐하시는 거룩한 산 제물로 드리라 이는 너희가 드릴 영적 예배니라" 롬 12:1

● 당신의 삶의 영역들 가운데 하나님께 내려놓아야 하는 부분은 무엇인가?

● 돌보시는 하나님에게 당신의 인생을 맡길 때, 기대할 수 있는 결과는 무엇인가?

● 3단계를 하는 가운데 당신은 롬 12:1을 어떻게 이해하고 있는가?

● 당신 자신을 위한 당신의 기도 제목은 무엇인가?

● 당신이 누군가를 위해서 기도한다면 그 기도의 제목은 무엇인가?

참여자들에게 동일한 시간을 주고 작성하게 한다. 각 질문들에 대한 대답이 각 참여자들마다 다를 수 있다. 각자가 나눈 후에 전체 그룹에서도 나눌 수 있는 시간을 준다.

그룹 모임을 위한 기록

제9주

날짜 _____ 이름 _____ 주제 _____

모임의 결과 및 주요 활동
_____
_____
_____

모임 중 느낀 경험 (사랑, 분노, 고통, 지지, 인정)
_____
_____
_____

날짜 _____ 이름 _____ 주제 _____

모임의 결과 및 주요 활동
_____
_____
_____

모임 중 느낀 경험 (사랑, 분노, 고통, 지지, 인정)
_____
_____
_____

그룹 및 프로그램을 위한 기도제목
_____
_____

기도 응답이나 감사의 제목
_____
_____
_____

제3단계

제9주 과정을 위한 질문과 대답 (제3단계-제2주)
우리의 의지와 삶을 돌보시는 하나님께 맡기기로 결심한다.
"그러므로 형제들아 내가 하나님의 모든 자비하심으로 너희를 권하노니 너희 몸을 하나님이 기뻐하시는 거룩한 산 제물로 드리라 이는 너희가 드릴 영적 예배니라" 롬 12:1

● 당신의 자유 의지가 돌보시는 하나님께 위탁하기를 원하는 당신의 결심을 방해했던 상황들이 있었다면 그러한 상황들에 대해서 기술해보시오.

● 당신이 성공적으로 3단계를 진행했다고 생각하는 이유는 무엇인가?

● 롬 12:2에서 바울은 "너희는 이 세대를 본받지 말고 오직 마음을 새롭게 함으로 변화를 받아 하나님의 선하시고 기뻐하시고 온전하신 뜻이 무엇인지 분별하도록 하라"에서 '이 세대를 본받지 말라'는 의미는 무엇인가?

● 당신 자신을 위한 당신의 기도 제목은 무엇인가?

● 당신이 누군가를 위해서 기도한다면 그 기도의 제목은 무엇인가?

참여자들에게 동일한 시간을 주고 작성하게 한다. 각 질문들에 대한 대답이 각 참여자들마다 다를 수 있다. 각자가 나눈 후에 전체 그룹에서도 나눌 수 있는 시간을 준다.

그룹 모임을 위한 기록

제10주

날짜   이름   주제

모임의 결과 및 주요 활동

모임 중 느낀 경험 (사랑, 분노, 고통, 지지, 인정)

날짜   이름   주제

모임의 결과 및 주요 활동

모임 중 느낀 경험 (사랑, 분노, 고통, 지지, 인정)

그룹 및 프로그램을 위한 기도제목

기도 응답이나 감사의 제목

제11주의 초점은 분노와 두려움을 다루는 법을 배우는 것이다. 당신의 목록을 작성해 나갈 때에 당신에게 자주 발생하는 감정에 대해서 먼저 다루도록 한다. 이러한 작업은 당신의 목록을 작성하는 과정에서 감정이 편안하도록 도움을 줄 것이다.

제4단계

제10주 과정을 위한 질문과 대답 (제4단계-제1주)
우리 자신에 대해 철저하고 두려움이 없는 도덕적 목록을 만든다.

"우리가 스스로 우리의 행위들을 조사하고 여호와께로 돌아가자" 애 3:40

- 당신이 부정이나 합리화를 사용했던 경험에 대해서 기록해보시오.

- 4단계를 마치기 위하여 그룹의 참가자들로부터 지지(전화 지지, 정규 모임 외의 별도의 모임을 통한 교제 등)를 받기를 원하는가?

- (애 3:40) 자신의 행위를 살피는 것을 통해 우리가 하나님께로 돌아가야 하는 이유는?

- 당신 자신을 위한 당신의 기도 제목은 무엇인가?

- 당신이 누군가를 위해서 기도한다면 그 기도의 제목은 무엇인가?

참여자들에게 동일한 시간을 주고 작성하게 한다. 각 질문들에 대한 대답이 각 참여자들마다 다를 수 있다. 각자가 나눈 후에 전체 그룹에서도 나눌 수 있는 시간을 준다.

그룹 모임을 위한 기록

제11주

날짜   이름   주제

모임의 결과 및 주요 활동

모임 중 느낀 경험 (사랑, 분노, 고통, 지지, 인정)

날짜   이름   주제

모임의 결과 및 주요 활동

모임 중 느낀 경험 (사랑, 분노, 고통, 지지, 인정)

그룹 및 프로그램을 위한 기도제목

기도 응답이나 감사의 제목

제4단계

제11주 과정을 위한 질문과 대답 (제4단계-제2주)
우리 자신에 대해 철저하고 두려움이 없는 도덕적 목록을 만든다.

"우리가 스스로 우리의 행위들을 조사하고 여호와께로 돌아가자" 애 3:40

● 4단계의 목록을 준비하는 가운데 불편하거나 어려움 점은 무엇인가?

● 당신이 가장 분노하는 경우와 두려운 경우는 무엇인가?

● 만약 당신이 하나님을 벗어나 있다면, 어떻게 하나님께로 돌아 갈 것인가? (애 3:40)

● 당신 자신을 위한 당신의 기도 제목은 무엇인가?

● 당신이 누군가를 위해서 기도한다면 그 기도의 제목은 무엇인가?

참여자들에게 동일한 시간을 주고 작성하게 한다. 각 질문들에 대한 대답이 각 참여자들마다 다를 수 있다. 각자가 나눈 후에 전체 그룹에서도 나눌 수 있는 시간을 준다.

그룹 모임을 위한 기록

제12주

날짜   이름   주제

모임의 결과 및 주요 활동

모임 중 느낀 경험 (사랑, 분노, 고통, 지지, 인정)

날짜   이름   주제

모임의 결과 및 주요 활동

모임 중 느낀 경험 (사랑, 분노, 고통, 지지, 인정)

그룹 및 프로그램을 위한 기도제목

기도 응답이나 감사의 제목

제4단계

제12주 과정을 위한 질문과 대답 (제4단계-제3주)
우리 자신에 대해 철저하고 두려움이 없는 도덕적 목록을 만든다.

"우리가 스스로 우리의 행위들을 조사하고 여호와께로 돌아가자" 애 3:40

- 당신의 4단계 목록 작업이 주님과의 관계를 깊게 하는데 어떻게 도움을 주었는가?

- 당신이 주님과의 관계를 깊이 있게 가짐을 통해서 당신에게 유익이 되었던 부분이 무엇인가?

- 마 26:41, "시험에 들지 않게 깨어 있어 기도하라 마음에는 원이로되 육신이 약하도다 하시고" 당신의 어떠한 부분 때문에 당신이 어려움을 경험하는가?

- 당신 자신을 위한 당신의 기도 제목은 무엇인가?

- 당신이 누군가를 위해서 기도한다면 그 기도의 제목은 무엇인가?

참여자들에게 동일한 시간을 주고 작성하게 한다. 각 질문들에 대한 대답이 각 참여자들마다 다를 수 있다. 각자가 나눈 후에 전체 그룹에서도 나눌 수 있는 시간을 준다.

그룹 모임을 위한 기록

제13주

날짜   이름   주제

모임의 결과 및 주요 활동

모임 중 느낀 경험 (사랑, 분노, 고통, 지지, 인정)

날짜   이름   주제

모임의 결과 및 주요 활동

모임 중 느낀 경험 (사랑, 분노, 고통, 지지, 인정)

그룹 및 프로그램을 위한 기도제목

기도 응답이나 감사의 제목

제14주는 당신의 5단계를 준비하기 위한 가이드라인을 제공해주는데 초점을 둔다.

제5단계

제13주 과정을 위한 질문과 대답 (제5단계-제1주)
우리는 하나님과 자신 그리고 다른 사람들에게
우리가 행한 잘못의 본질을 있는 그대로 인정한다.

"이러므로 너희 죄를 서로 고백하며 병이 낫기를 위하여 서로 기도하라
의인의 간구는 역사하는 힘이 큼이니라" 약 5:16

● 잠 28:13, "자기의 죄를 숨기는 자는 형통하지 못하나 죄를 자복하고 버리는 자는 불쌍히 여김을 받으리라." 죄를 숨기는 것이 치유를 위한 과정에 어떠한 영향을 미치는가?

● 그룹 참가자들에 대한 당신의 느낌은 어떠한가?

● 그룹 참가자들에게 바라는 사항이 있는가?

● 그룹 참가자들에게 당신이 해주고 싶은 사항이 있는가?

● 당신 자신을 위한 당신의 기도 제목은 무엇인가?

● 당신이 누군가를 위해서 기도한다면 그 기도의 제목은 무엇인가?

참여자들에게 동일한 시간을 주고 작성하게 한다. 각 질문들에 대한 대답이 각 참여자들마다 다를 수 있다. 각자가 나눈 후에 전체 그룹에서도 나눌 수 있는 시간을 준다.

그룹 모임을 위한 기록

제14주

날짜 _____ 이름 _____ 주제 _____

모임의 결과 및 주요 활동

모임 중 느낀 경험 (사랑, 분노, 고통, 지지, 인정)

날짜 _____ 이름 _____ 주제 _____

모임의 결과 및 주요 활동

모임 중 느낀 경험 (사랑, 분노, 고통, 지지, 인정)

그룹 및 프로그램을 위한 기도제목

기도 응답이나 감사의 제목

제15주는 그룹의 참가자들을 위한 쉼을 가질 수 있는 기회를 제공해준다.

제5단계

제14주 과정을 위한 질문과 대답 [제5단계-제2주]
우리는 하나님, 자신과, 다른 사람들에게 우리가 행한 잘못의 본질을 있는 그대로 인정한다.

"이러므로 너희 죄를 서로 고백하며 병이 낫기를 위하여 서로 기도하라
의인의 간구는 역사하는 힘이 큼이니라" 약 5:16

● 당신의 5단계 준비를 위한 가이드라인을 참조하면서 5단계에 대한 계획이 있는가?

● 약 5:16을 살펴보면서, 당신의 인격적 성장을 위해서 필요한 것이 무엇인가?

● 당신 자신을 위한 당신의 기도 제목은 무엇인가?

● 당신이 누군가를 위해서 기도한다면 그 기도의 제목은 무엇인가?

특별한 주의:

당신이 그룹 모임에서 나눔을 가질 때에 당신의 파트너와 5단계의 내용들로 나눈다. 이러한 과정은 사람들과 5단계를 진행해 나갈 때에 도움을 줄 것이다. 나눔을 갖는 과정속에서 사람들과의 상호관계에 대한 당신의 경험을 나누는 것도 좋다.
참여자들에게 동일한 시간을 주고 작성하게 한다. 각 질문들에 대한 대답이 각 참여자들마다 다를 수 있다. 각자가 나눈 후에 전체 그룹에서도 나눌 수 있는 시간을 준다.

그룹 모임을 위한 기록

제15주

날짜 _____ 이름 _____ 주제 _____

모임의 결과 및 주요 활동

_____
_____
_____

모임 중 느낀 경험 (사랑, 분노, 고통, 지지, 인정)

_____
_____
_____

날짜 _____ 이름 _____ 주제 _____

모임의 결과 및 주요 활동

_____
_____
_____

모임 중 느낀 경험 (사랑, 분노, 고통, 지지, 인정)

_____
_____

그룹 및 프로그램을 위한 기도제목

_____
_____

기도 응답이나 감사의 제목

_____
_____
_____

제15주

그룹 모임 가운데 별도의 교제를 위한 제안

그룹 모임이 진행되면서 정규 모임 이외의 별도로 교제를 위한 모임을 계획해 보는 것은 이 과정을 위하여 도움이 된다. 4단계와 5단계 사이에 별도의 교제를 갖는 것은 참가자들이 지금까지의 경험들을 서로 말해주고 그동안 나누지 못한 이야기들도 나눌 수 있는 경험이 된다. 이러한 교제의 모임은 전체 그룹의 참가자들이 서로에 대해서 더 깊이 알게 해 준다. 또한 정규적인 모임 이외에 할 수 없었던 교제를 깊이 있게 해 줄 수 있는 기회가 될 것이다. 몇 가지 사항들을 제안하면 다음과 같다.

- 저녁 모임을 계획하거나 편안한 분위기의 음식점에서 식사 또는 신나는 놀이 등을 한다.
- 서로 음식을 가지고 와서 공원이나 편안한 장소에서 나누어 먹는다.
- 격식 있는 저녁 식사 계획을 세운다. 각 그룹에서 준비한 여러 순서들도 준비한다.
- 운동이나 게임들을 계획한다.
- 영화관에 가서 영화를 보거나 영화를 빌려서 함께 음식을 나누어 먹는다.
- 공원이나 해변에 가서 함께 시간을 보낸다.
- 아이들을 위한 생일 파티를 해주면서 시간을 보낸다.

그룹 모임을 위한 기록

제16주

날짜 _____ 이름 _____ 주제 _____

모임의 결과 및 주요 활동

모임 중의 느낀 경험 (사랑, 분노, 고통, 지지, 인정)

날짜 _____ 이름 _____ 주제 _____

모임의 결과 및 주요 활동

모임 중의 느낀 경험 (사랑, 분노, 고통, 지지, 인정)

그룹 및 프로그램을 위한 기도제목

기도 응답이나 감사의 제목

제6단계

제16주 과정을 위한 질문과 대답 [제6단계-제1주]
하나님께서 이 모든 성품의 결함들을 제거해주시도록 내어 드릴 준비가 완전히 되어 있다.

"주 앞에서 낮추라 그리하면 주께서 너희를 높이시리라" 약4:10

"깨어진 꿈"

아이들이 눈물을 흘리며 자신의 부서져버린 인형을 고치기 위하여 가지고 가는 것 같이
나도 깨어진 꿈을 가지고 하나님께로 갑니다. 왜냐하면 그분이 나의 친구이기 때문입니다.
그분은 평화로이 일하시며, 나의 소원을 아시며, 나를 안으시고 도와주십니다.
그러나 나는 인형을 잡고 울면서 "어떻게 그렇게 천천히 하세요?" 하고 말합니다.
그분은 "사랑하는 아이야, 내가 무엇을 해 주었지? 너는 마음을 내려놓지 못하는구나."

작자 미상

● "깨어진 꿈"의 시가 당신의 내려놓지 못하는 마음을 어떻게 표현하고 있는가?

● 당신은 하나님을 높이는가? 하나님을 높이기 위해서 무엇을 할 수 있는가? (약 4:10)

● 당신 자신을 위한 당신의 기도 제목은 무엇인가?

● 당신이 누군가를 위해서 기도한다면 그 기도의 제목은 무엇인가?

특별한 주의:
당신이 그룹 모임에서 나눔을 가지는 동안 당신의 파트너와 5단계의 내용들을 가지고 나눈다. 이러한 과정은 사람들과 5단계를 진행해 나가는데 도움을 줄 것이다. 나누며 사람들과의 상호관계에 대한 당신의 경험을 나누는 것도 좋다.
참여자들에게 동일한 시간을 주고 작성하게 한다. 각 질문들에 대한 대답이 각 참여자들마다 다를 수 있다. 각자가 나눈 후에 전체 그룹에서도 나눌 수 있는 시간을 준다.

그룹 모임을 위한 기록

제17주

날짜   이름   주제

모임의 결과 및 주요 활동

모임 중 느낀 경험 (사랑, 분노, 고통, 지지, 인정)

날짜   이름   주제

모임의 결과 및 주요 활동

모임 중 느낀 경험 (사랑, 분노, 고통, 지지, 인정)

그룹 및 프로그램을 위한 기도제목

기도 응답이나 감사의 제목

제7단계

제17주 과정을 위한 질문과 대답 (제7단계-제1주)

우리의 결함을 제거해 주시도록 그분께 요청한다.

"만일 우리가 우리 죄를 자백하면 그는 미쁘시고 의로우사 우리 죄를 사하시며
우리를 모든 불의에서 깨끗하게 하실 것이요" 요일 1:9

"기도의 역설"

내가 성공할 수 있는 능력을 하나님께 구했으나
나는 약하여서 순종할 수 있는 겸손을 배울 수 있었으며,
세상의 어떠한 일도 감당할 수 있는 건강을 구했으나
나는 부족하여서 진실한 사람이 될 수 있었으며,
나는 행복해지기 위하여 이 세상의 부를 구했으나
나는 가난하여서 지혜를 얻게 되었으며,
나는 사람들의 인정을 받을 만한 능력을 구했으나
나는 무능해서 하나님의 도우심을 요구하게 되었으며,
나는 인생을 즐길 수 있는 모든 것을 구했으나
내가 즐길 수 있는 나만의 인생을 얻게 되었다.
내가 구한 것은 다 이루어진 것이 아무것도 없지만,
그러나 내가 바라는 것은 다 이루어졌다.
나 자신과 내가 말하지 않은 기도의 모든 제목들마저도
모두 다 응답을 받은 나는 정말 행복한 사람이다.

- "기도의 역설"이 당신의 기도 생활에 어떠한 영향을 줄 수 있는가?

● 당신이 하나님께 죄를 고백할 때 당신의 감정은 어떠한가? (요일 1:9)

● 당신 자신을 위한 당신의 기도 제목은 무엇인가?

● 당신이 누군가를 위해서 기도한다면 그 기도의 제목은 무엇인가?

특별한 주의:
　　　당신이 그룹 모임에서 나누는 동안 당신의 파트너와 5단계의 내용들을 가지고 나눈다. 이러한 과정은 당신이 사람들과 5단계를 진행해 나가는데 도움을 줄 것이다. 나눌 때 사람들과의 상호관계에 대한 당신의 경험을 나누는 것도 좋다.
참여자들에게 동일한 시간을 주고 작성하게 한다. 각 질문들에 대한 대답이 각 참여자들마다 다를 수 있다. 각자가 나눈 후에 전체 그룹에서도 나눌 수 있는 시간을 준다.

그룹 모임을 위한 기록

제18주

날짜   이름   주제

모임의 결과 및 주요 활동

모임 중 느낀 경험 (사랑, 분노, 고통, 지지, 인정)

날짜   이름   주제

모임의 결과 및 주요 활동

모임 중 느낀 경험 (사랑, 분노, 고통, 지지, 인정)

그룹 및 프로그램을 위한 기도제목

기도 응답이나 감사의 제목

제8단계

제18주 과정을 위한 질문과 대답 (제8단계-제1주)

우리가 해를 입힌 모든 사람의 목록을 작성하고 그들 모두에게 기꺼이 보상하기로 한다.

"남에게 대접을 받고자 하는 대로 너희도 남을 대접하라" 눅 6:31

- 당신이 상처를 준 사람들의 이름과 내용을 기술하라.

- 당신의 행동이 그 사람에게 어떠한 영향을 주었는가?

- 당신의 행동이 당신 자신에게 어떠한 영향을 주었는가?

- 당신은 왜 자신이 치유가 되어야 한다고 생각하는가?

- "남에게 대접을 받고자 하는 대로 너희도 남을 대접하라"(눅 6:31) 의 경험이 있는가?

- 자신을 위한 당신의 기도 제목은 무엇인가?

- 당신이 누군가를 위해서 기도한다면 그 기도의 제목은 무엇인가?

특별한 주의:

당신이 그룹 모임에서 나누는 동안 당신의 파트너와 5단계의 내용들을 가지고 나눈다. 이러한 과정은 당신이 사람들과 5단계를 진행해 나가는데 도움을 줄 것이다. 나눌 때 사람들과의 상호 관계에 대한 당신의 경험을 나누는 것도 좋다.

참여자들에게 동일한 시간을 주고 작성하게 한다. 각 질문들에 대한 대답이 각 참여자들마다 다를 수 있다. 각자가 나눈 후에 전체 그룹에서도 나눌 수 있는 시간을 준다.

그룹 모임을 위한 기록

제19주

날짜   이름   주제

모임의 결과 및 주요 활동

모임 중 느낀 경험 (사랑, 분노, 고통, 지지, 인정)

날짜   이름   주제

모임의 결과 및 주요 활동

모임 중 느낀 경험 (사랑, 분노, 고통, 지지, 인정)

그룹 및 프로그램을 위한 기도제목

기도 응답이나 감사의 제목

20주는 다른 사람들에 대한 행동의 변화에 초점을 맞춘다.

제8단계

제19주 과정을 위한 질문과 대답 (제8단계-제2주)

우리가 해를 입힌 모든 사람의 목록을 작성하고 그들 모두에게 기꺼이 보상하기로 한다.

"남에게 대접을 받고자 하는 대로 너희도 남을 대접하라" 눅 6:31

'건강한 가족의 습관'이라는 Dolores Curan 의 책 안에 다음과 같은 내용이 있다.

의사소통 (습관 1): '건강한' 가족들은 의사소통이 편안하다.

확증과 지지하기 (습관 2): '건강한' 가족들은 서로를 확증해주고 지지해준다.

서로 도와주기 (습관 3): '건강한' 가족들은 문제를 인정하고 도움을 구한다.

● 당신이 목록을 작성하는 과정에서 누구와 만나기를 원하는가?

● 그룹에서 주고받은 의사소통에 대한 당신의 느낌이 어떠한가?

● "모든 일을 원망과 시비가 없이 하라"(빌 2:14)에서 당신의 회복을 위하여 주저하는 것이 있다면 그것이 무엇인가

- 당신 자신을 위한 당신의 기도 제목은 무엇인가?

- 당신이 누군가를 위해서 기도한다면 그 기도의 제목은 무엇인가?

특별한 주의:
  당신이 그룹 모임에서 나눔을 가지는 동안 당신의 파트너와 5단계의 내용들을 가지고 나눈다. 이러한 과정은 당신이 사람들과 5단계를 진행해 나가는데 도움을 줄 것이다. 나눌 때 사람들과의 상호 관계에 대한 당신의 경험을 나누는 것도 좋다.
참여자들에게 동일한 시간을 주고 작성하게 한다. 각 질문들에 대한 대답이 각 참여자들마다 다를 수 있다. 각자가 나눈 후에 전체 그룹에서도 나눌 수 있는 시간을 준다.

그룹 모임을 위한 기록

제20주

날짜   이름   주제

모임의 결과 및 주요 활동

모임 중 느낀 경험 (사랑, 분노, 고통, 지지, 인정)

날짜   이름   주제

모임의 결과 및 주요 활동

모임 중 느낀 경험 (사랑, 분노, 고통, 지지, 인정)

그룹 및 프로그램을 위한 기도제목

기도 응답이나 감사의 제목

21주는 자신의 변화에 초점을 맞춘다.

제9단계

제20주 과정을 위한 질문과 대답 (제9단계-제1주)

당사자나 다른 사람들에게 피해를 주는 때를 제외하고 가능하다면
어디에서나 그들에게 직접적으로 보상한다.

"그러므로 예물을 제단에 드리려다가 거기서 네 형제에게 원망들을 만한 일이 있는 것이
생각나거든 예물을 제단 앞에 두고 먼저 가서 형제와 화목하고 그 후에 와서 예물을 드리라" 마 5:23-24

● 관계 회복이 필요한 사람이 누구이며, 관계 회복을 위하여 어떻게 해야 하는가?

● 마 5:24은 우리가 하나님께 가기 전에 먼저 화해를 할 것을 말씀해주고 있다. 이 말씀이 당신의 상황 속에 적용되었던 경험이 있는가?

● 당신 자신을 위한 당신의 기도 제목은 무엇인가?

● 당신이 누군가를 위해서 기도한다면 그 기도의 제목은 무엇인가?

특별한 주의:

그룹 모임에서 나누는 동안 당신의 파트너와 5단계의 내용들을 가지고 나눈다. 이러한 과정은 당신이 사람들과 5단계를 진행해 나가는데 도움을 줄 것이다. 나눌 때 사람들과의 상호 관계에 대한 당신의 경험을 나누는 것도 좋다.

참여자들에게 동일한 시간을 주고 작성하게 한다. 각 질문들에 대한 대답이 각 참여자들마다 다를 수 있다. 각자가 나눈 후에 전체 그룹에서도 나눌 수 있는 시간을 준다.

그룹 모임을 위한 기록

제21주

날짜_____ 이름_____ 주제_____

모임의 결과 및 주요 활동

_____
_____
_____

모임 중 느낀 경험 (사랑, 분노, 고통, 지지, 인정)

_____
_____
_____

날짜_____ 이름_____ 주제_____

모임의 결과 및 주요 활동

_____
_____
_____

모임 중 느낀 경험 (사랑, 분노, 고통, 지지, 인정)

_____
_____
_____

그룹 및 프로그램을 위한 기도제목

_____
_____
_____

기도 응답이나 감사의 제목

_____

22주는 매일 작성하는 일기에 초점을 맞춘다.

제9단계

제21주 과정을 위한 질문과 대답 (제9단계-제2주)

당사자나 다른 사람들에게 피해를 주는 때를 제외하고 가능하다면
어디에서나 그들에게 직접적으로 보상한다.

"그러므로 예물을 제단에 드리려다가 거기서 네 형제에게 원망들을 만한 일이 있는 것이 생각나거든
예물을 제단 앞에 두고 먼저 가서 형제와 화목하고 그 후에 와서 예물을 드리라" 마 5:23-24

- 당신 자신에게 화해를 위한 편지를 작성해보시오. (자신과의 관계 회복 참조)

- "할 수 있거든 너희로서는 모든 사람으로 더불어 평화 하라."(롬 12:18) 이 말씀이 당신에게 적용할 점이 있다면 그것은 무엇인가?

- 당신 자신을 위한 당신의 기도 제목은 무엇인가?

- 당신이 누군가를 위해서 기도한다면 그 기도의 제목은 무엇인가?

특별한 주의:

그룹 모임에서 나눔을 가지는 동안 당신의 파트너와 5단계의 내용들을 가지고 나눔을 갖는다. 이러한 과정은 당신이 사람들과 5단계를 진행해 나가는데 도움을 줄 것이다. 나눌 때 사람들과의 상호 관계에 대한 당신의 경험을 나누는 것도 좋다.
참여자들에게 동일한 시간을 주고 작성하게 한다. 각 질문들에 대한 대답이 각 참여자들마다 다를 수 있다. 각자가 나눈 후에 전체 그룹에서도 나눌 수 있는 시간을 준다.

그룹 모임을 위한 기록

제 22 주

날짜 _____ 이름 _____ 주제 _____

모임의 결과 및 주요 활동

_____
_____
_____
_____

모임 중 느낀 경험 (사랑, 분노, 고통, 지지, 인정)

_____
_____
_____
_____

날짜 _____ 이름 _____ 주제 _____

모임의 결과 및 주요 활동

_____
_____
_____
_____

모임 중 느낀 경험 (사랑, 분노, 고통, 지지, 인정)

_____
_____
_____
_____

그룹 및 프로그램을 위한 기도제목

_____
_____
_____

기도 응답이나 감사의 제목

_____
_____

제10단계

제22주 과정을 위한 질문과 대답 (제10단계-제1주)
계속적으로 개인적인 목록을 작성하고 우리에게 잘못이 있을 때는 즉각적으로 인정한다.
"그런즉 선 줄로 생각하는 자는 넘어질까 조심하라" 고전 10:12

- 지난주의 행동을 살펴봤을 때, 만족스러운 행동과 만족스럽지 못한 행동은 무엇이었는가?

- 당신의 삶 가운데 하나님이 개입하셨던 경험을 기록해보시오.

- 고전 10:12, 당신이 넘어진 경험이 있는가? 그 순간 당신은 어떻게 대처 하였는가?

- 당신 자신을 위한 당신의 기도 제목은 무엇인가?

- 당신이 누군가를 위해서 기도한다면 그 기도의 제목은 무엇인가?

특별한 주의:
　　당신이 그룹 모임에서 나눔을 가지는 동안 당신의 파트너와 5단계의 내용들을 가지고 나눈다. 이러한 과정은 당신이 사람들과 5단계를 진행해 나가는데 도움을 줄 것이다. 나눌 때 사람들과의 상호 관계에 대한 당신의 경험을 나누는 것도 좋다.
참여자들에게 동일한 시간을 주고 작성하게 한다. 각 질문들에 대한 대답이 각 참여자들마다 다를 수 있다. 각자가 나눈 후에 전체 그룹에서도 나눌 수 있는 시간을 준다.

그룹 모임을 위한 기록

제23주

날짜   이름   주제

모임의 결과 및 주요 활동

모임 중 느낀 경험 (사랑, 분노, 고통, 지지, 인정)

날짜   이름   주제

모임의 결과 및 주요 활동

모임 중 느낀 경험 (사랑, 분노, 고통, 지지, 인정)

그룹 및 프로그램을 위한 기도제목

기도 응답이나 감사의 제목

제10단계

제23주 과정을 위한 질문과 대답 (제10단계-제2주)

계속적으로 개인적인 목록을 작성하고 우리에게 잘못이 있을 때는 즉각적으로 인정한다.

"그런즉 선 줄로 생각하는 자는 넘어질까 조심하라" 고전 10:12

● 다음의 항목에 대한 생각이나 행동에 대해서 기록하시오.

이기심

거짓

분노

두려움

● 다음의 항목에 대한 생각이나 행동에 대해서 기록하시오.

관용

정직

평안

용기

● 당신 자신을 위한 당신의 기도 제목은 무엇인가?

● 당신이 누군가를 위해서 기도한다면 그 기도의 제목은 무엇인가?

특별한 주의:
　　　당신이 그룹 모임에서 나눔을 가지는 동안 당신의 파트너와 5단계의 내용들을 가지고 나눈다. 이러한 과정은 당신이 사람들과 5단계를 진행해 나가는데 도움을 줄 것이다. 나눌 때 사람들과의 상호 관계에 대한 당신의 경험을 나누는 것도 좋다.
참여자들에게 동일한 시간을 주고 작성하게 한다. 각 질문들에 대한 대답이 각 참여자들마다 다를 수 있다. 각자가 나눈 후에 전체 그룹에서도 나눌 수 있는 시간을 준다.

그룹 모임을 위한 기록

제24주

날짜　　　　　　　　　이름　　　　　　　　　주세

모임의 결과 및 주요 활동

모임 중 느낀 경험 (사랑, 분노, 고통, 지지, 인정)

날짜　　　　　　　　　이름　　　　　　　　　주제

모임의 결과 및 주요 활동

모임 중 느낀 경험 (사랑, 분노, 고통, 지지, 인정)

그룹 및 프로그램을 위한 기도제목

기도 응답이나 감사의 제목

제11단계

제24주 과정을 위한 질문과 대답 (제11단계-제1주)

기도와 묵상을 통해서 하나님과 의식적인 접촉을 증진시키려고 노력한다. 또한 우리를 위한 하나님의 뜻에 대한 지식과 그것을 실행할 수 있는 능력을 위해서 기도한다.

"그리스도의 말씀이 너희 속에 풍성히 거하여 모든 지혜로 피차 가르치며 권면하고 시와 찬송과 신령한 노래를 부르며 감사하는 마음으로 하나님을 찬양하고" 골 3:16

- 하나님의 의지보다 자신의 의지를 더욱 의지했던 경험이 있는가?

- 당신의 기도와 묵상 생활의 유용한 점들은 무엇인가?

- "삼가 말씀에 주의하는 자는 좋은 것을 얻나니 여호와를 의지하는 자는 복이 있느니라."(잠 16:20) 11단계와 이 말씀이 어떠한 연관성이 있는가?

● 당신 자신을 위한 당신의 기도 제목은 무엇인가?

● 당신이 누군가를 위해서 기도한다면 그 기도의 제목은 무엇인가?

특별한 주의:

    당신이 그룹 모임에서 나눔을 가지는 동안 당신의 파트너와 5단계의 내용들을 가지고 나눈다. 이러한 과정은 당신이 사람들과 5단계를 진행해 나가는데 도움을 줄 것이다. 나눌 때 사람들과의 상호 관계에 대한 당신의 경험을 나누는 것도 좋다.

참여자들에게 동일한 시간을 주고 작성하게 한다. 각 질문들에 대한 대답이 각 참여자들마다 다를 수 있다. 각자가 나눈 후에 전체 그룹에서도 나눌 수 있는 시간을 준다.

그룹 모임을 위한 기록

제25주

날짜 _____ 이름 _____ 주제 _____

모임의 결과 및 주요 활동
_____
_____
_____

모임 중 느낀 경험 (사랑, 분노, 고통, 지지, 인정)
_____
_____
_____

날짜 _____ 이름 _____ 주제 _____

모임의 결과 및 주요 활동
_____
_____
_____

모임 중 느낀 경험 (사랑, 분노, 고통, 지지, 인정)
_____
_____
_____

그룹 및 프로그램을 위한 기도제목
_____
_____

기도 응답이나 감사의 제목
_____
_____

제11단계

제25주 과정을 위한 질문과 대답 (제11단계-제2주)

기도와 묵상을 통해서 하나님과 의식적인 접촉을 증진시키려고 노력한다. 또한 우리를 위한
하나님의 뜻에 대한 지식과 그것을 실행할 수 있는 능력을 위해서 기도한다.
"그리스도의 말씀이 너희 속에 풍성히 거하여 모든 지혜로 피차 가르치며 권면하고
시와 찬송과 신령한 노래를 부르며 감사하는 마음으로 하나님을 찬양하고" 골 3:16

"성 프란시스의 기도"

주여, 나를 평화의 도구로 써 주소서
미움이 있는 곳에 사랑을
상처가 있는 곳에 용서를
의심이 있는 곳에 믿음을
절망이 있는 곳에 희망을
어둠이 있는 곳에 빛을
슬픔이 있는 곳에 기쁨을 심게 하소서

거룩하신 주여, 제가 위로 받기보다는 위로하고
사랑 받기보다는 사랑하게 하소서
이는 줌으로써 받고
용서함으로써 용서받으며
죽음으로써 영원한 생명을 얻기 때문입니다.
아멘

● 성 프란시스의 기도와 골 3:16 은 어떠한 연관성이 있는가?

- 하나님의 뜻을 알고자 시도했던 경험과 그 결과는 무엇이었는가?

- 당신 자신을 위한 당신의 기도 제목은 무엇인가?

- 당신이 누군가를 위해서 기도한다면 그 기도의 제목은 무엇인가?

특별한 주의:

당신이 그룹 모임에서 나눔을 가지는 동안 당신의 파트너와 5단계의 내용들을 가지고 나눈다. 이러한 과정은 당신이 사람들과 5단계를 진행해 나가는데 도움을 줄 것이다. 나눌 때 사람들과의 상호 관계에 대한 당신의 경험을 나누는 것도 좋다.

참여자들에게 동일한 시간을 주고 작성하게 한다. 각 질문들에 대한 대답이 각 참여자들마다 다를 수 있다. 각자가 나눈 후에 전체 그룹에서도 나눌 수 있는 시간을 준다.

그룹 모임을 위한 기록

제26주

날짜   이름   주제

모임의 결과 및 주요 활동

모임 중의 느낀 경험 (사랑, 분노, 고통, 지지, 인정)

날짜   이름   주제

모임의 결과 및 주요 활동

모임 중의 느낀 경험 (사랑, 분노, 고통, 지지, 인정)

그룹 및 프로그램을 위한 기도제목

기도 응답이나 감사의 제목

27주는 12단계의 연습에 초점을 맞춘다.

제12단계

제26주 과정을 위한 질문과 대답 (제12단계-제1주)

12단계를 걸어온 결과로 영적인 각성을 통해서 우리는 사람들에게
이 메시지를 전하려고 하였다. 또 이 원리들을 우리의 모든 문제에 적용하려고 노력한다.
"형제들아 사람이 만일 무슨 범죄한 일이 드러나거든 신령한 너희는 온유한 심령으로
그러한 자를 바로잡고 너 자신을 살펴보아 너도 시험을 받을까 두려워하라" 갈 6:1

● 매일 당신의 삶 가운데 12단계를 적용하는 이유가 무엇인가?

● 12단계의 연습이 당신의 삶에 어떠한 긍정적인 영향을 주었는가?

● "혹시 그들이 넘어지면 하나가 그 동무를 붙들어 일으키려니와 홀로 있어 넘어지고 붙들어 일으킬 자가 없는 자에게는 화가 있으리라."(전 4:10) 이 말씀이 12단계와 관련이 있는가?

● 당신 자신을 위한 당신의 기도 제목은 무엇인가?

● 당신이 누군가를 위해서 기도한다면 그 기도의 제목은 무엇인가?

특별한 주의:

　　당신이 그룹 모임에서 나눔을 가지는 동안 당신의 파트너와 5단계의 내용들을 가지고 나눈다. 이러한 과정은 당신이 사람들과 5단계를 진행해 나가는데 도움을 줄 것이다. 나눌 때 사람들과의 상호 관계에 대한 당신의 경험을 나누는 것도 좋다.

참여자들에게 동일한 시간을 주고 작성하게 한다. 각 질문들에 대한 대답이 각 참여자들마다 다를 수 있다. 각자가 나눈 후에 전체 그룹에서도 나눌 수 있는 시간을 준다.

그룹 모임을 위한 기록

제27주

날짜   이름   주제

모임의 결과 및 주요 활동

모임 중의 느낀 경험 (사랑, 분노, 고통, 지지, 인정)

날짜   이름   주제

모임의 결과 및 주요 활동

모임 중의 느낀 경험 (사랑, 분노, 고통, 지지, 인정)

그룹 및 프로그램을 위한 기도제목

기도 응답이나 감사의 제목

제12단계

제27주 과정을 위한 질문과 대답 (제12단계-제2주)

12단계를 걸어온 결과로 영적인 각성을 통해서 우리는 다른 사람들에게
이 메시지를 전하려고 하였다. 또 이 원리들을 우리의 모든 문제에 적용하려고 노력한다.

"형제들아 사람이 만일 무슨 범죄한 일이 드러나거든 신령한 너희는 온유한 심령으로
그러한 자를 바로잡고 너 자신을 살펴보아 너도 시험을 받을까 두려워하라" 갈 6:1

이 과정은 12단계의 마지막 과정이다. 건강한 삶을 살기 원하는 헌신된 사람들과의 교제와 지속적인 관계는 당신이 이 과정을 마칠 수 있는 용기를 줄 것이다.

당신의 인생을 되돌아보면서 다음의 사항들을 작성해본다.

● 내가 어린아이였을 때, 나는

● 내가 성인이 되어서, 나는

● 나의 행동에 대한 패턴들을 인식했을 때, 나는

● 이 과정을 마치면서 나는

이제 우리 자신의 삶을 살펴보며, 전능하신 하나님이 우리들의 삶의 이야기를 쓰고 계신다는 것을 알게 되었다. 우리들이 진행했던 단계들과 모임들은 하나님과 깊은 관계에 도움을 주었다. 경험과 희망, 장점들을 나누는 것은 하나님을 향한 우리들의 믿음을 더욱 확장시켜 주었으며, 하나님의 무조건적인 사랑을 알게 해주었다.

그룹의 참가자들에게 하고 싶은 말이나 사람들에게 하고 싶은 말은 무엇인가?
- 당신이 영적으로 깨달은 것

- 당신을 위한 다른 사람들의 조언에 대한 감사

- 당신이 이 과정을 계속해서 진행하려는 각오와 헌신

참여자들에게 동일한 시간을 주고 작성하게 한다. 각 질문들에 대한 대답이 각 참여자들마다 다를 수 있다. 각자가 나눈 후에 전체 그룹에서도 나눌 수 있는 시간을 준다.

마침을 위한 중요한 정보

만약에 각 그룹 안에서 비공식적인 교제를 하기 원한다면, 이러한 모임을 위하여 구체적인 정보들을 제공하려고 한다.

부록 4는 12단계 과정 안에서 활발하게 모임을 가지기 원하는 사람들이 별도의 교제의 시간을 가질 수 있는 모임의 형태를 포함하고 있다. 중요한 관계는 이 과정 속에서 형성되며 보다 친밀한 교제를 위한 접촉은 12단계에서 배웠던 원칙들을 지속적으로 적용해나가는 것이다.

이러한 과정들을 지속적으로 진행하여 나가는 것의 중요성은 이 책의 내용 속에서 계속해서 강조되어온 사실이다. 이러한 주장을 반복하는 것은 개인의 치유를 위해서 가치 있는 과정이며, 그 결과 회복의 목적을 달성해 나갈 수 있게 되는 것이다.

모임을 종료하기

제28주 과정을 위한 질문과 대답

마지막 모임의 인도자는 마지막 모임 시간에도 전체 그룹 모임의 참가자들이 서로 작성한 내용을 나누는 시간을 동일하게 가질 수 있다.

이러한 모임은 당신이 12단계에서 했던 내용들을 중심으로 진행해 나간다.

각 참가자들은 기쁨과 아쉬움을 가지고 작별의 인사를 나눌 수 있다. 만약에 모든 참가자들이 다음의 질문들을 생각하고 작성하는 시간을 충분히 가졌다면, 이제 성공적으로 마칠 수 있는 것이다. 개인적으로 작별의 인사를 나누고 특별한 인사는 필요하지 않다. 감사의 느낌은 질문들에 대하여 반응하는 가운데 표현할 수도 있다.

● 나는 이 과정을 마치는 나의 심정을 다음과 같이 표현하고 싶습니다.

● 작별의 인사를 하는 가운데 마지막에 대한 나의 감정을 나누고 싶습니다. (당신의 현재 감정을 솔직하게 표현하도록 한다. 어떠한 감정이든, 예를 들면, 슬픔, 상실, 두려움, 기쁨, 기대, 감사 등, 이러한 감정들을 표현하는 것은 건강한 방식이다.)

그룹 모임의 마침 기도

다음의 마침 기도는 전체 그룹 모임의 마치는 시간에 적합한 기도의 형태이다. 순서들 가운데 감사나 기도 및 축사 등은 서로 역할을 담당하며 진행할 수 있다.

"하늘에 계신 아버지, 예수 그리스도의 사랑과 돌보심에 감사를 드립니다. 모든 치유가 당신의 역사하심에 있다는 것을 고백합니다. 내가 가지고 있는 작은 것에서부터 큰 것에 이르는 모든 염려와 생각들을 당신께 내려놓기를 원합니다. 나의 의지와 생각은 이미 나의 신념이나 생각, 행동을 좌우할 수 없으며 오직 당신의 능력만이 나의 모든 것 가운데 역사하실 수 있다는 것을 고백합니다. 매일 나에게 주어지는 거룩한 성령님으로 인하여 감사를 드리며, 성령께서 나의 삶을 더 깊이 치유하시는 것을 믿습니다. 당신이 나와 함께 계신다는 것을 알고 있으며, 내가 직면하는 모든 고통을 당신이 직접 개입하시고 치유하실 것을 나는 믿습니다. 나의 치유는 바로 하나님의 놀라운 은혜의 결과라는 것을 증명하며, 당신의 은혜가 나의 기쁨과 안전의 근원인 것을 믿습니다. 매일 나의 회복을 위한 기쁨과 진리를 받아들일 수 있도록 나의 마음을 열어주소서. 예수 그리스도의 이름으로 기도드립니다. 아멘!"

모임을 마치면서 개인적인 기도문을 적어 보시오.

_____
_____
_____
_____
_____

참여자들에게 동일한 시간을 주고 작성하게 한다. 각 질문들에 대한 대답이 각 참여자들마다 다를 수 있다. 각자가 나눈 후에 전체 그룹에서도 나눌 수 있는 시간을 준다.

부록 4

APPENDIX FOUR
SUGGESTED FORMAT FOR AN ONGOING CHRISTIAN STEP STUDY

그룹 진행을 위한 기본 형식

교재의 마지막 순서에 참가자들은 지지와 도움을 위한 모임을 가질 수 있다. 이러한 모임을 위해서, 시간을 정하고 개인적인 사항들을 참고하여 모임을 진행해 나간다. 다음과 같은 순서로 모임의 형식을 정할 수 있다.

- 여는 기도
- 각 단계의 해당하는 성경 구절 읽기
- 성경 구절이 의미하는 바를 생각해 보기
- 개인의 경험 나누기
- 문제나 관련되는 염려 사항 나누기
- 회복을 위한 각자의 헌신 진술서
- 마침 기도

여는 기도

"사랑하는 주님, 오늘도 귀한 날을 주시고 우리에게 귀한 선물을 주신 주님께 감사를 드립니다. 우리와 함께 하시는 당신을 찬양하며, 우리를 치유하시며 우리의 삶 가운데 당신의 뜻을 발견하기를 원합니다. 우리 자신을 돌아보며 다른 사람들을 돌아볼 수 있도록, 우리에게 능력과 축복을 주시기를 바랍니다.

아버지 하나님, 우리들이 이곳에 당신의 자녀로서 서 있습니다. 도우시는 당신을 통해, 우리를 인도하시는 그 놀라운 지식을 알게 하여 주시옵소서. 우리가 다른 사람들을 도울 수 있도록 우리를 도와주시옵소서. 예수 그리스도의 이름으로 기도드립니다. 아멘!"

각 단계의 해당하는 성경 구절 읽기

각 단계에 해당하는 성경 구절을 찾아서 모임 시간 중에 읽는다. 여기에 해당하는 성경 구절은 12단계의 성경 구절을 참조하면 된다. 해당하는 성경 구절을 찾아서 누군가가 소리 내어서 읽도록 한다.

성경 구절이 의미하는 바를 생각해 보기

선택한 성경 구절을 생각해보는 것은 어떻게 각 단계가 성경 구절과 연관을 맺고 있는지를 살필 수 있도록 해 준다. 이것은 개인의 영적인 삶을 발전시켜 나가는데 도움을 준다.

- 각 단계와 성경 구절은 나와 나의 인생에 의미가 있는데 그 이유는 다음과 같다.
- 각 단계의 성경 구절의 의미가 나의 치유에 도움이 되는데 그 이유는 다음과 같다.

- 나는 이 단계에 대한 이해를 깊이 있게 하기를 원한다. 그리고 주님께서 나에게 주시는 심정을 가지기를 원한다. 그 이유는 다음과 같다.

개인의 경험 나누기

그룹의 참가자들은 각 단계들을 하면서 느낀 경험들을 서로 나누며 주님과 연합의 관계를 더욱 풍성하게 할 수 있는 영적인 자원들을 서로 나눈다.

문제나 관련되는 염려 사항 나누기

가족이나 개인적인 사항으로 인한 생각이나 염려들을 나누기를 원하는 참가자들을 격려한다.

회복을 위한 각자의 헌신 진술서

"전능하신 하나님, 우리의 온전한 치유를 위하여 우리 자신이 강해질 수 있도록 도와주시기를 기도드립니다. 당신으로부터 멀어지려는 행동에 대항하는 우리의 수고와 노력을 붙잡아 주소서. 우리 마음과 심정에 당신의 뜻으로 채울 수 있도록 도와주시고, 당신의 아들 예수 그리스도의 영광을 위하여 우리의 치유와 회복을 도와주소서. 우리도 사람들을 돕고, 그들을 위해서 헌신하는 사람들이 되게 하소서. 예수 그리스도의 이름으로 기도드립니다. 아멘!"

이 부분에서 각자의 기도 제목들을 서로 나눌 수도 있다.

마침 기도

"주님, 우리가 다른 길로 갈지라도 언제나 우리와 함께 하시옵소서. 우리를 강하게 하시며, 회복을 위한 우리의 계획을 인도하소서. 우리가 유혹에 직면할 때 용기를 가질 수 있도록 도와주시고, 온전한 회복에 대한 치유의 약속을 기억하여 주옵소서. 우리가 돌봄을 받고 또 돌봄을 제공하는 사람이 될 수 있도록 우리를 축복하소서. 예수 그리스도의 이름으로 기도드립니다. 아멘!"

"아버지, 하나님, 우리가 이제 이 모임을 떠나 세상으로 향하는 우리들을 축복하여 주옵소서. 우리와 함께 하시고 우리를 강하게 하시며, 회복에 대하여 우리가 기꺼이 헌신할 수 있도록 도와주옵소서. 우리가 가진 지식과 주님의 사랑을 다른 하나님의 자녀들과 나눌 수 있도록 도와주시옵소서. 우리에게 평화와 은혜를 허락하시옵소서. 예수 그리스도의 이름으로 기도드립니다. 아멘!"

서약서

다음의 서약에 대한 진술은 참가자들이 서로를 향해서 소리를 내거나 아니면 침묵으로 자신의 헌신을 표현할 수 있다.

서약
하나님과 분리되어 내가 할 수 있는 것은 아무것도 없습니다. 나는 당신을 인격을 가진 한 사람으로 사랑할 것이며, 당신을 위하여 하나님의 영원한 사랑 안에서 내가 할 수 있는 일들을 통해서 노력해 나갈 것입니다.

기도
우리를 돌보시는 하나님께서 하나님의 자녀인 당신을 위해 기도하는 것을 원하시기 때문에 나는 당신을 위해서 기도할 것을 약속합니다. 그리고 나는 당신의 인생 가운데 하나님의 축복이 항상 임하기를 위해서 기도합니다.

개방
나는 할 수 있는 한 사람들에게 나의 감정과 고민, 기쁨과 그리고 상처까지도 공개할 것을 약속합니다. 그래서 나의 문제와 꿈에 대해서 당신에게 말할 수 있다면, 그것도 나에게는 하나의 치유가 되는 것입니다. 나의 신뢰를 당신에게 보여줄 것이며, 주님과 동행하는 나의 여정 속에서 당신을 귀중한 동반자로서 인정할 것입니다.

비밀 보장
우리들의 이야기를 개방할 수 있는 신뢰할 수 있는 분위기를 만들기 위해서, 나는 그룹 안에서 무슨 이야기를 나누었든지 이 모든 것을 비밀로 유지할 것을 약속합니다.

가용성
내가 가능한 시간, 정열, 통찰 등 모든 것을 최선을 다해서 헌신할 것입니다. 이러한 마음으로 정규 모임과 기도, 별도의 모임 시간에 기꺼이 헌신할 것입니다.

정직

내가 알고 있는 대로, 심지어 그것이 나에게 해가 될지라도 최선을 다해서 정직하게 사실을 말할 것입니다. 해가 있을 지라도 나는 우리의 관계를 신뢰할 것이며, 사랑 안에서 진실을 말하는 것이 그리스도 안에서 모든 것을 회복할 수 있는 지름길이라 믿습니다. 나는 민감하거나 친숙한 관계에서도 정직하게 표현하도록 노력할 것입니다.

민감성

나의 소원은 당신에 대해서 알고 이해하려는 것입니다. 나의 능력이 미치는 데까지 당신의 필요를 깊이 이해할 수 있도록 노력할 것입니다.

책임성

나는 성령을 통한 예수 그리스도의 자유하게 하시는 능력과 나의 친구들과의 사랑의 나눔을 위하여 기도할 것입니다. 그래서 당신에게 내 자신을 기꺼이 드릴 것입니다. 하나님의 사랑하는 자녀인 내가 하나님 앞에서 중요한 책임을 가지고 있다는 것을 기억합니다.

APPENDIX FIVE
SELF-HELP RESOURCES

성인 아이 치유를 위한 연락처

일반 모임

Adult Children of Alcoholics
Central Service Board
P.O. Box 3216
Torrance, California 90505
(213) 534-1815

Al-Anon/Alateen
Family Group Headquarters, Inc.
Madison Square Station
New York, New York 10010
(212) 683-1771

Alcoholics Anonymous
World Services, Inc.
468 Park Avenue South
New York, New York 10016
(212) 686-1100

Co-Dependents Anonymous
P.O. Box 33577
(602) 944-0141

Debtors Anonymous
P.O. Box 20322
New York, New York 10025-9992

Emotions Anonymous
P.O. Box 4245
Los Angeles, California 90017

Narcotics Anonymous
World Service Office
16155 Wyandotte Street
Van Nuys, California 91406
(818) 780-3951

National Association for Children of Alcoholics
31706 Coast Highway, Suite 201
South Laguna, California 92677
(714) 499-3889

Overeaters Anonymous
World Service Office
2190 190th Street
Torrance, California 90504
(213) 320-7941

Sexaholics Anonymous
P.O. Box 300
Simi Valley, California 93062

기독교 모임

Alcoholics Victorious
National Headquarters
9370 S.W. Greenburg Rd., Suite 411
Tigard, Oregon 97323
(503) 245-9629

Changing Lives Ministries
8196 Grapewin
P.O. Box 2325
Corona, California 91718
(714) 734-4300

Christian Alcoholics Rehabilitation Association
FOA Road
Pocahontas, Mississippi 39072

Liontamers
2801 North Brea Blvd.
Fullerton, California 92635-2799
(714) 529-5544

New Life Treatment Center
P.O. Box 38
Woodstock, Minnesota 56186

Overcomers Outreach, Inc
2290 West Whittier Blvd.
La Habra, California 90631
(213) 697-3994

Substance Abusers Victorious
One Cascade Plaza
Akron, Ohio 44308

부록 6

APPENDIX SIX
SUGGESTED READING

추천 도서

Alcoholics Anonymous. The Big Book. New York, NY: Alcoholics Anonymous World Services, Inc.

Alcoholics Anonymous. Twelve Steps —Twelve Traditions. New York, NY: Alcoholics Anonymous World Services, Inc.

Beattie, Melody. Codependent No More. New York, NY Harper Collins Publishers.

Black, Claudia. It Will Never Happen To Me. New York, NY Ballantine Books.

Bradshaw, John. Bradshaw on The Family. Deerfield Beach, FL: Health Communications, Inc.

Covington, Stephanie & Beckett, Liana. Leaving The Enchanted Forest: The Path From Relationship Addiction To Intimacy. New York, NY: Harper Collins Publishers.

Fishel, Ruth. The Journey Within—A Spiritual Path To Recovery. Deerfield Beach, FL: Health Communications, Inc.

Friel, John and Friel, Linda. Adult Children—The Secrets of Dysfunctional Families. Deer —field Beach, FL: Health Communications, Inc.

Friends in Recovery. The 2 Steps for Adult Children. San Diego, CA: Recovery Publications, Inc.

Friends in Recovery. The 2 Steps for Adult Children. San Diego, CA: Recovery Publications, Inc.

Friends in Recovery. The Twelve Steps—A Way Out. San Diegom CA: Recovery Publications, Inc.

Friends in Recovery. The Twelve Steps for Christians. San Diego, CA: Recovery Publications, Inc.

Hill, Sally. New Clothes from Old Threads. San Diego, CA: Recovery Publications, Inc.

Kritsberg, Wayne. The Adult Children of Alcoholics Syndrome. Deerfield Beach, FL: Health Communications, Inc.

Larson, Earnie and Hegarty, Carol. Days of Healing—Days of Joy. New York, NY: Harper/Hazelden.

Lasater, Lane. Recovery From Compulsive Behavior. Deerfield Beach, FL Health Communications, Inc.

Lerner, Rokelle. Daily Affirmations—For Adult Children of Alcoholics. Deerfield Beach, FL Health Communications, Inc.

Pollard, Dr. John K., III. Self Parenting: Your Complete Guide to Inner Conversations. Malibu, CA: Generic Human Studies Publishing.

Ross, Ron. When I Grow Up… I Want To Be an Adult. San Diego, CA: Recovery Publications, Inc.

Smith, Ann W. Grandchildren of Alcoholics—Another Generation of Codependency. Deerfield Beach, FL Health Communications, Ind.

Wegscheider—Cruse, Sharon. Learning To Love Yourself. Deerfield Beach, FL: Health Communications, Inc.

Whitfield, Charles. Healing the Child Within. Deerfield Beach, FL: Health Communications, Inc.

Whitfield, Charles. Healing the Child Within. Deerfield Beach, FL Health Communications, Inc.

Woititz, Janet. Adult Childern of Alcoholics. Deerfield Beach, FL: Health Communications, Inc.

Woititz, Janet G. Struggle For Intimacy. Deerfield Beach, FL Health Communications, Inc.

APPENDIX SEVEN
FAMILY GROUP TELEPHONE LIST

그룹 모임 연락처

| | 성 명 | 전화번호(직장/핸드폰) | e-메일 |

1.
2.
3.
4.
5.
6.
7.
8.
9.
10.
11.
12.
13.
14.
15.
16.

그룹 모임 연락처

| 성 명 | 전화번호(직장/핸드폰) | e-메일 |

17.
18.
19.
20.
21.
22.
23.
24.
25.
26.
27.
28.
29.
30.
31.
32.

그룹 모임의 참가자들의 전화 연락처

	성 명	전화번호(직장/핸드폰)	e-메일
1.			
2.			
3.			
4.			
5.			
6.			
7.			
8.			
9.			
10.			
11.			
12.			
13.			
14.			
15.			
16.			

그룹 모임의 참가자들의 전화 연락처

| 성 명 | 전화번호(직장/핸드폰) | e-메일 |

17.

18.

19.

20.

21.

22.

23.

24.

25.

26.

27.

28.

29.

30.

31.

32.